京郊农民远程教育研究

——北京市农广校成立25周年优秀论文汇编

郑伯坤　主编

中国农业大学出版社

前　言

2008年是北京市农业广播电视学校成立25周年。25年来，北京农广人始终遵循“面向农村、面向农民、面向基层”的办学方针，忠实履行“利用现代远程教育手段，对农民实施终身教育”的职能。为郊区培养了大批专业技术人才和管理人才，截止到2008年底，北京农广校已向郊区输送了40 200名中等专业毕业生，11 000多名专、本科人才。此外北京农广校系统近年还承担了新型农民培训、农村实用人才培训、农村劳动力转移培训、一产从业农民职业技术培训等农民教育培训工程。2004年以来，受训农民达274 000人次。北京农广校已成为京郊培养农村技术人才、管理人才的重要基地，为京郊农村经济社会的发展提供了人才保障与智力支持。

为总结农广校开展农村远程教育的成功经验，推动农广事业再创辉煌，我们组织了纪念北京市农广校成立25周年优秀论文评选活动。全市有11所分校，100多名干部、教师提交了论文。经评审委员会评审评选出优秀论文43篇，现汇编成集，予以出版。期望以此为契机，激发体系内广大员工的理论研讨积极性，加强现代农村远程教育理论研究，推动北京市农业广播电视教育事业健康发展。

编　者

2009年7月

目　录

构建现代农村远程教育培训体系刍议

郑伯坤　北京市农广校

摘要　本文所论及的现代农村远程教育培训体系是指直接为乡村经济建设和社会发展服务的以成人教育为主体的现代农村远程教育培训体系建设问题。培养新型农村人才即新农民是新农村建设最为迫切的要求，也是新农村建设最本质、最核心的内容。新型农民培养需要有科学有效的教育培训体系做保障。构建现代远程教育培训体系在北京郊区既有必要性，也有现实可行性。

构建现代农村远程教育培训体系必须以邓小平理论和"三个代表"重要思想为指导，全面贯彻市七大精神，以村级干部队伍建设为核心，以实用人才培养为主体，以服务"三农"为宗旨，以现代远程信息传输手段为基础，以农科教统筹为保障，推动农村学习化社会建设，促进城乡统筹协调发展，推动首都全面建设小康社会、率先实现现代化的进程！

现代农村远程教育培训体系，由三个子系统构成：

(1)信息传输系统。现代信息传输，技术已经十分成熟，广播、电视、卫星通讯、互联网成了基本的传输手段，这是开展远程教育的物质基础。

(2)组织管理系统。农村人才教育培训工作，必须有统一领导。根据党管人才的原则，各地应建立有组织部门牵头，农业、教育、科技、劳动等部门统筹协调的管理机制，这是构建现代农村远程教育培训体系的组织保障。

(3)教学管理体系。农村人才教育培训工作，不是个别部门、个别学校所能独立承担的，必须动员郊区一切教育资源，共同实施这一系统工程。要构建以成教为基础，有普教、职教共同参与的教学体系。

关键词　新型农民培养　农村远程教育　体系建设

要使农村远程教育得以健康发展，核心工作是构建科学高效的现代农村远程教育培训体系，加大新型农村人才培养的力度。这里所说的"新型农村人才"，主要是指在农村经济社会发展特别是在社会主义新农村建设中起骨干作用的各类人才。主要包括：村级干部、后备干部；各种经济合作组织的经营管理人员、技术人员；各种专业户、大户的"户主"；科技致富带头人等。农村人才的教育培训体系，广义地说，包括农村普教系统、职教系统和成人教育系统。这里着重研究的是直接为乡村经济建设和社会发展服务的以成人教育为主体的现代农村远程教育体系的构建问题。

一、构建农村远程教育培训体系的重要性和必要性

《国务院关于进一步加强农村教育工作的决定》明确指出，农村教育在全面建设小康社会中具有基础性、先导性、全局性的重要作用，要把农村教育作为教育工作的重中之重。党的十六届五中全会，提出了建设社会主义新农村的重大历史任务。建设社会主义新农村，是新的历史条件下做好三农工作总指针，也是农村实现工业化、城镇化、现代化的必由之路。

建设社会主义新农村是涉及千百万农民切身利益的伟大事业。农民是建设社会主义新农村的主体。建设新农村，关键是要调动农民的积极性、主动性和创造性，没有农民的参与，新农村建设只能停留在政府文件或图纸上。

建设社会主义新农村，不仅需要有农民的积极性、主动性，而且需要有农民的智慧，即农民的素质和技能。从一定程度上说，农民的文化素质、技术能力和思想道德水平，直接决定新农村建设的兴衰，决定新农村建设的成败。因此，提高农民的综合素质和职业能力是新农村建设的前提和条件，建设新农村首要环节就是提高农民素质，培养新型农民。可以说培养新型农村人才即新农民是新农村建设最为迫切的要求，也是新农村建设最本质、最核心的内容。

(一)构建现代农村远程教育培训体系是贯彻落实科学发展观的需要

实现全面、协调、可持续发展问题，是我国现代化建设面临的重大课题。科学发展观强调人口、资源、环境对发展的约束，打破此约束的动力和潜力来自科学技术的进步和教育的发展。因此，实施科学发展，必须加快科技创新步伐，大力发展各类教育，尤其是劳动者的终身教育。将人口压力转化为丰富人力资源和人才资源，是实施科学发展战略的基本要求。要全面提高农村劳动者的总和素质，仅仅依靠现有农村教育资源是不行的，由于历史上长期实行城乡二元结构，广大农村经济文化落后，教育资源不足，导致农民的教育水平远远低于城镇居民。教育资源集中于城市，农村教育资源短缺，至今还是阻碍农村经济社会发展的重要因素。要培养千百万新型农村人才，造就亿万新型农民，就必须首先迅速增加农村教育资源的数量，提升农村教育资源的质量。目前，能够以较少投入尽快获取较大效益的途径是构建现代农村远程教育培训体系。以广播、电视、卫星通讯、互联网为载体，实现农村教育、农民终身教育的现代化，全面提高农村劳动者科学文化水平和综合素质，将庞大的农村人口转化为人力资源，是关系京郊实现全面、协调、可持续发展战略的重要课题。

(二)构建现代农村远程教育培训体系是京郊城乡统筹发展率先实现现代化的需要

随着全面建设小康社会、率先实现现代化进程的发展，我市农业现代化、农村工业化、郊区城市化的步伐越来越快。而郊区劳动者文化技术层次落后于首都社会经济发展的要求，人才和科技储备不足已成为京郊经济社会快速发展的一个瓶颈和制约因素，因此进一步提高农村劳动者的科技文化素质势在必行。构建农村远程教育培训体系，可以加快对农村劳动者的培训力度和速度，更快地提高其科技文化素质，促进“农村三化”，更好地为首都经济社会发展服务。

(三)构建现代农村远程教育培训体系是构建学习型社会的需要

北京是全国的政治中心和文化中心。市委、市政府在《关于深化教育改革，全面推进素质教育的意见》中提出要在2010年“率先基本实现以建立终身学习制度和进入学习化社会为主要目标的教育现代化”，其中农民教育和培训是终身教育体系和学习化社会的重要组成部分。构建农村远程教育培训体系是构筑21世纪终身学习体系的重要措施，因此，已经成为加速实现教育现代化，促进首都学习化社会形成的重要途径之一。

二、京郊农村远程教育培训体系建设的现状及问题分析

构建现代农村远程教育培训体系，必须整合现有现有教育资源。为此需要研究我市相关教育资源及教育培训工作的现状，分析存在问题，从而探索构建现代农村远程教育教育培训体系的途径。

(一)我市涉农教育资源现状

目前，我市直接为农村和农民终身教育服务的教育资源主要有：

1.全日制职教系统。市属高等院校两所，即北京农学院和北京农业职业学院。两校学生来源主要在郊区，毕业生就业方向亦以郊区为主，是我市各区县各种专业技术人才的重要教育基地。两校均设有成教部，是京郊乡镇干部的终身教育培训基地。

市属中等职业学校两所，即北京水利水电学校、北京园林学校，此外另有农职院中专部(原北京市农业学校、北京市八一农业机械化学校)三校在校中专生总数约7 000人，占全市中专在校生的6.2%，其中涉农类学科在校生占23%。

区县属中等职业学校20余所，在校生20 000人。区县所属中等职业学校，大多面向本地招生，招生对象是应届初中毕业生，所设专业多属二三产业，涉农专业为数不多。学生毕业后，大多到二三产业就业，这些学校是农村人口市民化、农业人口向二三产业转移的重要通道，但是，不能承担农村劳动者终身教育主渠道的

职能。

2.成人教育系统。目前，被教委认证有招生资格的市属成人中专14所，可以招办成人班的全日制中专31所，但是，农业成人中专学校只有一所，即北京市农业广播电视学校。农广校属体系办学，现有区县分校13所，直属教学点4个。全系统在校生12 000人，年培训农民60 000人次。

乡成人学校190所，每年开展农民培训在60 000人次以上，各种学历班在10 000人左右，

村农民技术学校1 900所，年培训30 000人次左右。

此外，区县各部门、各系统的培训学校510所，其中只有1/3左右以农民为培训对象，年培训规模约在10 000人次。

(二)新型农民培养工作存在的主要问题

京郊新型农民培养工作存在的主要问题有：

1.农民教育培训缺乏统筹规划。目前，以农民为对象的教育培训，是许多部门的工作"热点"，教育、农业、劳动、科技、组织、妇联、共青团等部门都在自上而下地规划部署农民教育培训工作，各种"工程"令人目不暇接。由于各成体系，缺少协调，经常出现培训内容交叉重复的现象，造成教育资源的浪费。

"上面千条线，下面一根针"，农民教育培训最终都要由乡镇来实施，上面部署的"培训工程"搞多了，下面应接不暇，只能干出许多滥竽充数的事来。许多"工程"的培训效果只反映在统计数字上。

2.教育资源缺乏整合。目前，本市涉农教育资源，分属于教育、农业、劳动、乡企等部门。由于条块分割、部门利益等因素的作用，各个学校、培训机构各自封闭，互不通气。一方面关门搞教育，另一方面相互之间展开无序竞争，使得有限的教育资源不能充分发挥作用。

3.成人教育地位下降，部分乡镇成人学校成为虚设。农民教育培训工作主要由成人教育机构承担。然而，最近几年，成人教育的地位大不如从前。在教育体制改革、教育资源整合中，成人教育，特别是农村成人教育，已经被边缘化了。20世纪90年代，我市成人中专有100多所，目前，教委公示的有招生资格的只剩14所。农业成人中专也从几十所缩减到农广校一家。成人教育特别是农业成人教育被边缘化，不能不说是改革的误区，对农村劳动者终身教育的发展造成了极为不利的影响。

我市现有乡镇成人学校190所，其中不乏办出水平、办出特色，在农村两个文明建设中发挥重要作用者，但是，目前相当一部分乡镇成人学校只有四五间教室，三两名兼职管理人员，常年不开展教学培训活动。

乡镇成人学校的窘境，与整个成人教育的现状有关，也与乡镇成人学校体制有关。目前，乡镇成人学校由乡镇政府主管，其经费投入主要由乡镇财政承担。这样，乡镇成人学校的状况就直接与当地领导的重视程度和财政状况相关。在许多乡镇，成人学校成了“无编制、无经费、无管理人员”的三无虚设机构。因此，乡镇成人学校不能发挥应有作用也就是必然的了。

4. 教育理念需要更新、教育内容脱离农民需要。改革虽然已有二十几年的历史，但是，计划经济的管理理念在许多地方依然根深蒂固。有关主管部门，用管理普通教育的方式管理农民教育，在专业设置、教学方式、学籍管理方面，脱离农民、农村干部的实际情况片面强调系统、规范，这是亟待解决的问题。

目前，有些部门设计的教育培训内容与农民的实际需要脱节，也是目前农村人才教育培训中的严重问题。譬如，以农民或村级干部为对象的成人学历教育，必须开设 1/3 文化基础课；给普通农民讲世贸规则、给村级干部讲西方经济学。这样的教育培训脱离村级经济社会发展实际的需要，很难激发农民的学习热情，这些情况导致许多教育对象萌生学与不学区别不大、学多学少一个样的错误认识。给农村基层人才教育培训体系建设造成了极大的负面影响。

5. 经费投入不足。目前，各区县教育经费中用于成教的经费比例偏低，且增长较慢。在为数不多的成教经费中，用于农民终身教育的部分就更难以满足需要了。

三、现代农村远程教育培训体系建设的基本构想

(一)指导思想

构建现代农村远程教育培训体系必须以邓小平理论和“三个代表”重要思想为指导，全面贯彻市七大精神，以村级干部队伍建设为核心，以实用人才培养为主体，以服务“三农”为宗旨，以现代远程信息传输手段为基础，以农科教统筹为保障，推动农村学习化社会建设，促进城乡统筹协调发展，推动首都全面建设小康社会、率先实现现代化的进程！

新型农民或农村人才的主体是以科技致富带头人为代表的农村实用人才。他们是农村先进生产力的代表，是京郊经济社会发展的推动力量。现代农村远程教育培训体系建设，要以农村实用人才的教育培训为重点，造就一批科技致富带头人、生产经营大户、专业户、企业家。推动农村生产力快速发展。

构建现代农村远程教育培训体系的宗旨是解决三农问题。三农问题历来是党和政府关注的焦点问题。解决三农问题的根本途径是发展农村生产力。人所共知，农村生产力发展的“瓶颈”是农民素质问题，构建农村基层人才教育培训体系的出发点就是全面提高农民的整体素质。因此，构建现代农村远程教育培训体系，面

向全体农民开展教育培训，可以有效地提高农村人口素质，促进现代科学技术迅速转化为农村生产力，为农业增效、农民增收服务，为郊区农村经济社会的和谐发展开拓广阔的前景。

现代农村远程教育培训体系建设，是涉及农业、教育等多部门的综合系统工程，不是哪一个部门可以独立完成的，必须建立农科教统筹机制；实行基础教育、职业教育和成人教育的“三教结合”，有效整合、协调教育资源和资金投入，充分发挥农村教育资源的综合功能，才能在较短时间内建立起一个高效实用的农民教育培训体系。

(二)现代农村远程教育培训体系的基本框架

现代农村远程教育培训体系，由三个子系统构成：

1.信息传输系统。现代信息传输，技术已经十分成熟，广播、电视、卫星通讯、互联网成了基本的传输手段，这是开展远程教育的物质基础。目前，各地依托上述传输技术的远程教育体系如同雨后春笋，发展速度之迅猛大大超出人们的预期。尤其是卫星技术、宽带技术的普及，为信息的快速大量传输进而为现代远程教育的发展开拓了广阔的前景。

目前各级政府、各类教育培训机构多建有自己的网络站点，许多地区实现了卫星、宽带村村通。就是说农村远程教育的技术系统已经建成或正在建设。全面开展农村远程教育的物质基础已经具备。

2.组织管理系统。农村人才教育培训工作，必须有统一领导。根据党管人才的原则，各地应建立有组织部门牵头，农业、教育、科技、劳动等部门统筹协调的管理机制，这是构建现代农村远程教育培训体系的组织保障。

就组织形式而言，要整合现有教育资源，形成省、市、县、乡(镇)、村五级教育培训体系。五级教育培训体系可以“培训中心”形式设立，省市级培训中心通过整合当地高等教育资源形成。

县(市)可依托当地社区教育中心(学院)或成人教育中心，整合本地区各部门的培训学校，构成县级农村人才教育培训中心。常设机构可设在社区教育中心。

乡镇以乡镇成人学校为基础。整合当地其他教育培训资源，构成乡镇实用人才教育培训中心，常设机构设在乡镇成人学校。

行政村在村民科技培训学校基础上，增加村级人才培训中心职能，承担本村实用人才的教育培训职责。

为提高教育培训质量，实施以技能为核心的教育培训模式，各级教育培训基地，要相应地加强实验实训基地建设，保证培训对象获得与职业、岗位相关的实用技能培训。

3. 教学管理体系。农村人才教育培训工作，不是个别部门、个别学校所能独立承担的，必须动员郊区一切教育资源，共同实施这一系统工程。要构建以成教为基础，有普教、职教共同参与的教学体系。县市可以社区教育中心（成教中心）为主要教学机构，动员当地职业学校及各类培训学校积极承担培训任务；乡镇以成人学校为主要教学机构，同时，推行普通中小学“一校挂两牌、一长管两校、一师任两教”的做法，利用普教资源承担实用人才培训的教学任务。

（三）现代农村远程教育培训体系的功能、培训对象、培训内容和方式

1. 功能。现代农村远程教育培训体系的功能是，应用现代远程教育手段对农村干部、农村劳动者实施终身教育，培育适应“农村三化”需要的各类人才。

2. 培训对象。现代农村远程教育培训体系的培训对象包括：村级干部，即村级两委（党支部、村委会）班子的成员及后备干部；各种专业经济合作组织的管理人员、技术人员；各种专业户、大户的主要成员；待向二三产业转移的农村富余劳动力。

3. 培训内容。针对不同培训对象的主要培训内容是：党的路线、方针、政策；国家的相关法律法规；农村经济经营管理知识；现代农业科技知识；市场营销知识；各项专业技能；现代生活常识。

4. 培训方式。现代农村远程教育培训体系的强调以远程教育为主、以个性化学习为主、以服务为主。

在教学手段方面，应充分利用各种现代远程教育手段，以远程教育为主，以直接面授为辅；在学习形式方面，应以学员自助学习、个性化学习为主，以集中集训式学习为辅；在教学组织管理方面应以服务为主，管理为辅，尤其是市县两级培训基地的主要职责应是为农村各类人才提供学习资源和实训场所，这种学习资源包括文字教材、音像资料、教学课件也包括网上咨询、服务平台等。

（四）现代农村远程教育培训体系的主要任务

建立健全现代农村远程教育培训体系是为完成如下培训任务：

1. 村级干部培训。现代农村远程教育培训体系的首要任务就是加大对农村干部的培训力度。要对以村党支部书记为重点的基层干部进行在岗职业能力培训，使农村基层干部的素质和能力更加符合履行岗位职责的需要，要有计划、有步骤地建设一只素质高、事业心强的农村基层干部队伍，以推动农村基层组织建设，促进农村经济社会的协调发展。

2. 新型农民综合素质培养。通过系统教育使农民在文化素养、道德素养、法制素养、职业能力等方面得到全面提高，使农民的受教育年限提高 2～3 年。

3. 现代农业科技培训。要以短期实用技术培训的形式，结合农村经济结构调整和农业现代化的发展，把有关农村发展、农业生产的新知识新技术及时送到农民之中。

继续实施绿色证书培训工程，应把绿色证书培训作为农民科技培训制度长期坚持下去。今后几年内，绿色证书培训全市每年培训不少于2万人次。

4.创业技能培训。要有计划地对从第一产业转移出来，立足与本乡本土开展创业的农村劳动者进行创业技能培训。

5.农村劳动力转移培训。农村劳动力向二三产业转移是建设现代农业，解决三农问题，促进城乡协调发展的重要途径。要保证90%的农村富余劳动力和“农转居”人员都得到不少于三个月的职业技能培训。

四、现代农村远程教育培训体系建设的对策建议

(一)建立农科教联席会制度

现代农村远程教育培训体系建设的关键是领导体制。要改变农民教育培训政出多门的混乱局面，需要建立农科教统筹机制。农科教联席会承担当地农民教育培训的规划、部署、管理职责。联席会下设办公室，负责农民教育培训的日常管理工作，办公室可设在农委。农科教联席会成立后，可同时代行各种农民培训工程领导小组的职能，实行“数块牌子，一套人马”。

(二)加强农民终身教育研究

在现有农民终身教育研究会的基础上，加大工作力度。一是加强农科教联席会对研究会的指导；二是扩大研究会的规模，改变其构成，吸收有经验的农民终身教育的领导、专家学者、实际工作者参加研究会；三是进一步明确研究会的职能，即进行农民终身教育理论、机制和工作研究，提出关于农民终身教育特别是农村人才远程教育培训的发展战略目标、战略部署、阶段任务、培训规划计划及实施方案。

(三)建立农民终身教育培训师资库

动员农业院校及各类涉农教育、科研培训机构的专业人员，建立各级师资库。市级师资库的主要任务，是承担域内教育培训的教学、教材编写及课件制作任务，同时承担为县级培训师资的任务；区县也应建立本地农村基层人才教育培训师资库，承担本县有关培训的教学、辅导和实训指导任务。区县级师资库应根据本地的产业发展需要组建，本地区专业人才不足的可聘外区县或市内人员。已经建立相关师资库的区县应加大工作力度和管理力度，充分发挥其作用。

(四)大力开发教学资源

组织编辑出版符合当地农村经济社会发展需要的“本土教材”，开发学习资源，支持农村人才远程教育体系的健康运转。

构建现代农村远程教育培训体系，是培养千百万社会主义新型农民，造就一大批现代农村人才的需要；是推动京郊现代化、城市化、工业化进程，加速社会主义新农村建设，发展都市型现代农业的基础性工作。根据北京地区经济社会发展水平与速度，完全具备在较短时间内构建完善的现代农村远程教育培训体系的人力、物力、财力及技术条件，政府有关部门应统筹规划，督导实施，尽快完成服务于新型农民及农村各类人才培养的现代农村远程教育培训体建设。

情感教学是治疗厌学症的一剂良药

李振国　北京市房山农广校

提要　学生中的厌学症是较为普遍的一种社会现象，原因是多方面的，就学校自身工作来说，往往是教学只重视智力因素，而忽视了非智力因素，忽视了情感的教学。语文教学内容中蕴含着丰富的道德情感和审美情感。只有把情感运用到教学中，才能充分调动学生学习的积极性和主动性，才能治疗厌学症，才能提高学生的成绩。具体做法是：一是以爱心对待每一个学生，加强情感上的交流。二是激发学生的学习热情，培养学生良好的学习习惯。三是利用情感艺术导入新课，创造课堂上生气勃勃、兴趣盎然的学习气氛。四是授课时要形象生动，富于感情。五是注重课堂外的情感投入。实践证明，进行有效的情感投入在课堂教学中会产生巨大的作用。教师通过自己积极的情感投入求得学生的回应，互相感染，达到良性循环，营造良好的氛围。情感教学最能调动非智力因素，最能启迪人的心灵，挖掘学生的潜力，它是治疗厌学症的一剂良药。

关键词　情感教学　治疗　厌学症　良药

学生中的厌学症是较为普遍的一种社会现象，原因是多方面的，有主观上的原因，也有客观上的原因，就学校自身工作来说，往往是教学只重视智力因素，而忽视了非智力因素，忽视了情感的教学。正如苏联教育家斯卡特金说的那样：“在学校的实际工作中，对情感在教学中的作用显然是估计不足的。我们建立了很合理的、很有逻辑性的教学过程，但它给积极情感的粮食很少，因而引起很多学生的苦恼、恐惧和别的消极感受，阻碍着他们全力以赴地去学习。这样的教学过程同生活对教育年青一代的新要求是背道而驰的。”

情感属于非智力因素。列宁说：“没有人的感情，就从来没有也不可能有人对真理的追求。”学习的认识过程，始终伴随有情感、意志的过程，认识、情感、意志是心理的整体过程。只有把情感运用到教学中，才能充分调动学生学习的积极性和主动性，才能治疗厌学症，才能提高学生的成绩。

针对我校学生中的厌学症，具体做法是：

一、以爱心对待每一个学生，加强情感上的交流

情感的核心是“爱”。托尔斯泰说过：“如果一个老师热爱事业与学生结合起

来，他就是一个完善的老师。”一个老师真正爱学生，他的爱应该是广泛的，也就是要做到一碗水端平，对好学生的优点不夸大，对其缺点也不放过、不迁就；对后进生，既要看到他们的短处，也要看到他们的长处。寻找一切机会和他们交谈，目的是为了沟通师生的情感。教师对学生的关怀、爱护、理解和友谊必然会引起学生相应的情感反应。后进生也会由爱老师，延伸到爱学习，进而延伸到欣然接受教师所传授的知识，这是一个令人神往、令人陶醉的过程。学生也会感到是一件十分幸福的事情。

例如，我对烹饪班的几个双差生，对他们批评帮助时，从不讽刺、挖苦、不歧视，努力寻找他们的闪光点，及时发现，予以表扬。使他们在心理上树起我和别的学生一样，不是差生的信心；为调动后进生的学习积极性，我想方设法给他们讲学习语文课的重要性，它是一切学科的基础。告诉他们如何把握文章的主旨。在备课时，设计一些差生通过动脑也能想出来的问题，在其他学生思考时，我单独走到他们跟前，帮助他们开拓思路。在回答问题时，让他们在全体学生面前，信心十足地回答出来，并给予肯定。经过多次努力，他们不仅在同学面前抬起了头，而且学习积极性也提高了。学习成绩由原来的不及格，到及格，到期末考试时，几个差生的语文成绩取得了 80 分以上，有的还得了 92 分的好成绩。就连智能低一点的曹兴同学每次考试都能在 60 分以上。

良好的师生关系，是唤起学生学习兴趣的基础。师生通过情感的交流，不仅能使学生更好地接受知识，而且会使学生在无意中接受教师良好的个性影响，自觉地接受老师的政治思想教育，使情感教学收到了事半功倍的效果。

二、利用情感艺术导入新课，创造课堂上生气勃勃、兴趣盎然的学习气氛

以情感艺术导入新课，更能以情激情，创设出好的课堂气氛，有利于教学过程的顺利进行。

我在讲“念奴娇·赤壁怀古”一课时，借用了一位老师先给学生讲了一段趣事：音乐家想把《赤壁怀古》谱上曲子，作为“话说长江”主题音乐会的歌曲，他们嫌这首词太长，于是有人提议浓缩一半，当他们和几位诗人商量时，诗人们哈哈大笑：“把苏东坡的《念奴娇》改短了，这是千古绝唱，别说减一半，谁改得动一个字？即使是改了，这算古人之作，还是今人之作？”最后只好作罢。现在我们来学习这一字难改的千古绝唱吧！同学们在笑声中，轻轻地步入阅读中。这一堂课很顺利的完成了，达到了预期的目的。

又如讲《琵琶行》时，在介绍作者白居易的作品中，如何解释《长恨歌》之“恨”的

意义？我简单讲了“恨”字的三种解释：①恨，仇恨也；②恨，怨恨也；③恨，遗憾也。但这三种意义都不足解释《长恨歌》之“恨”义。《白居易诗选》,《唐诗选》等书，也没有对此有适当的解释。答案在哪里，只能到《长恨歌》中去找答案。此诗结尾四句为：“在天愿为比翼鸟，在地愿为连理枝。天长地久有时尽，此恨绵绵无绝期。”这是唐明皇李隆基和贵妃杨玉环深深相爱，在“七月七日长生殿，夜半无人私语时”所作的海誓山盟。后两句的意思是：尽管天长地久也有穷尽的时候，但这种“相思”都是绵绵无尽期的。这里的“恨”只能解释为“相思”。这种解释还可以从《唐五代词：长相思》中，“思悠悠，恨悠悠，恨到归时方始休，月明人倚楼”得到例证。《长恨歌》释为“长相思的歌行体”就比较妥帖了。这短短的一叙，就激起学生学习“琵琶行”的兴趣。

以情感创造融洽的、生气勃勃，兴趣盎然的课堂气氛，更能提高学生的学习热情，更能调动学生的学习积极性，使他们的注意力更加集中，还可以把学生的心一下子收回来，使他们对新课产生浓厚的兴趣，学生不论在听讲、讨论、回答教师的问题，思维都处在积极的状态。每节课下来都能给学生留下很深的印象。

三、形象生动，富于感情

教学内容中蕴含着丰富的道德情感和审美情感。

在钻研教材及授课时，既要注意教材的科学性和思想性，又要重视蕴含在教材中的情感性。语文教材有相当一部分是以形象思维为主的课程。教材中每一个人物、景物、场面、环境和一切有形之物，都是艺术形象，教师就是运用这些形象来思维及丰富的想象力。知识和情感是融合在一起的。一篇小说、一篇散文、一首诗词，每个形象都饱含着作者的丰富情感。教师要通过文章生动、可感的形象，把这种可感的有血有肉的感情传染给学生。

如在讲“林黛玉进贾府”时，分析完林黛玉这个人物时，我采取了鲁迅给学生讲《红楼梦》的一段有趣的对话，鲁迅问学生：“爱不爱林黛玉？”学生笑了。当时学生问：“周先生爱不爱林黛玉？”鲁迅毫不迟疑地答道：“我不爱。”又问：“为什么？”答曰：“我嫌她哭哭啼啼。”这一歪打正着的发问，引起了学生的极大兴趣，给学生脑海里留下了很深的印象，为分析下面的人物做了很好的铺垫。

通过语文课的情感教学，极大地调动了学生的学习兴趣，学生由讨厌语文课到爱上语文课。机制班的学生对我说：“老师，怎么不教我们了？……，我们是多么想再听您讲的语文课。”外事班的学生在上岗实习的前夕，满怀深情地对我说：“我们真不想离开学校，真想再学几年语文课。”通过语文课的情感教学，学生的成绩有了明显的提高，在本次期末考试中，所教的班级，语文及格率都达到了 100％，优秀率都在 42%以上,收到了好的教学效果。

美国教育家罗索说过:“一切学科本质上应该从心智启迪时开始。”而情感教学最能调动非智力因素,最能启迪人的心灵,挖掘学生的潜力,它是治疗厌学的一剂良药。

参考文献

1. 温寒江. 论教师的素质. 北京燕山出版社,1991
2. 张宝臣、张宝森、王秀兰. 课堂教学艺术. 哈尔滨工业大学出版社,1994
3. 孙培青、赵荣昌. 教育名言集. 上海教育出版社,1984

浅析开展农村学历教育的制约因素

杨福金　北京市门头沟农广校

摘要　农村学历教育的开展，主要受思想观念、环境条件和支持服务等方面因素的影响和制约。农民的思想认识和农村干部的重视程度，是起决定性作用的影响因素；学习环境和就学者自身的条件与能力，作为基础性、关键性因素，在很大程度上形成制约；各项优惠的照顾政策、办法和服务性举措，作为引导性、保障性因素，其明显的促进效应在日益显示出来。

关键词　农村　学历教育　制约因素

在深入贯彻落实科学发展观、积极推进社会主义新农村建设和学习型城市建设的大背景下，在本区农村劳动力仍以初中文化程度为主体的文化素质状况下，结合成教各办学部门和相关单位近几年农村学历教育的开展情况，开展农村劳动者中专及以上学历教育的实践研究，具有重要的现实意义和深远的历史意义。

近几年的农村学历教育实践证明，农民接受学历教育受多方面因素的影响和制约，其中，思想观念、环境条件和支持服务等方面因素的影响最大，制约性最强。

一、思想认识要端正

首先，农村从业者的思想观念困扰着农村学历教育的开展。农民普遍存在着这样的心理：作为农村的普通一员，只要在自己经营的项目上有所作为就可以了，再提高学历层次，也很难改变自己的身份，不会有什么更好的前途。因此，他们对送上门来的学历教育不感兴趣，区农广校下镇入村进行的中专招生就是有力的证明。以 2006 年春季开始到 2008 年秋季的 6 次招生为例，在全区的 9 个镇普遍进行过深入细致的招生宣传，在此基础上，还深入到近 50 个村开展了更为具体的座谈解释工作，虽然经过多次反复宣传动员，在 10 多个村开设了中专班，学习人数达到了 400 人以上，但群众对开展学历教育的普遍反应至今令人难忘，“我们上中专有什么用？还不是照样当农民”？这种典型心理，具有一定的代表性，并且很难扭转，已经成为困扰农村学历教育发展的最大难题。

其次，农村干部的认识水平制约着农村学历教育的开展。镇级干部在时刻期望着镇辖各村从业者综合素质的不断提升，尤其能够积极配合成教等相关部门，开展不同层次和类型的农村学历教育工作。总的来看，多数干部能够站在培养新型农民的高度，结合地区发展特点，积极推进农村学历教育。但不可否认，一些干部对学历教育的认识仍停留在期望和应付层面，缺乏总体规划和具体部署，尤其在逐步转变村民学习观念方面，还缺乏深入细致的工作。下表是2003年以来本区各镇开展学历教育的情况，虽然各镇人口分布数量、劳动力文化结构和发展特点有别，但在一定程度上仍可反映出各镇对开展农村学历教育的重视程度。

近五年来各镇开展农村学历教育情况统计

2008.8.23

人

		清水	斋堂	雁翅	王平	妙峰山	军庄	龙泉	永定	潭柘寺	合计
中专	在校	55	58	75	26	46	56		36	46	398
	毕业	20		30		24	29		90		193
专科	在校	28	33	46	43	97	7	37	45	54	351
	毕业	96	108	49		37	84	3	115	34	526
本科	在校			26			56	5	50		137
	毕业	74	37			24	29		30		194

村级干部是村民与办学部门衔接的桥梁，其衔接疏通作用如何，在很大程度上决定着村级办学的成败。农广校村级办学的实践证明，不少村干部积极主动，虽然他们的兴奋点并非在此，但他们有热情，有信心，有办法，有措施。如清水镇的洪水口村和燕家台村、斋堂镇的爨底下村、雁翅镇的付家台村和淤白村、王平镇的东马各庄村、妙峰山镇的灵角村和水玉咀村、军庄镇的军庄村、东山村和孟悟村、潭柘寺镇的平原村和南新房村等，均在村级组班办学上迈出了可喜的步伐。有的村不仅办中专班，还办大专班，甚至同时举办三个以上的学历班。可是，另外一些村干部本身就是一道办学屏障，他们视学历班为一种负担，按照他们的话说，"这一届我当干部，下一届是否当选还成问题，办学有什么用"？因此，办学部门亲自登门，苦口婆心也无济于事，他们的着眼点到底在哪里，谁也说不清楚。门头沟区有170多个行政村，走访的近50个可能组班办学的村的村干部是这样一种态度，很难想象另外近3/4的村的村干部对学历教育持有何种认识。

再次，"中专过时"的模糊认识影响着农村学历教育的开展。在目前面向成人的农村学历教育中，中专招生明显难于专科和本科的原因是多方面的，其中很重要的一个原因是"中专过时"的观念作祟。办学部门进行中专招生时，经常会遇到这样的议论："都什么年代了还学中专？若能上大专我就学。"农村不少仅具有初中文化程度的年轻人受这种思想影响，始终在送上门来的中专门外徘徊。招生形成鲜明对比的是电大“一村一”大专班。近几年，门头沟区曾先后在斋堂、永定、妙峰山三个镇举办了四个“一村一”大专班，参加学习的人数达到了200人左右。其招生录取过程最难处理的就是报名人数多于录取指标数。不少初中文化程度的人员也为此托关系、走后门，可谓费尽心机。这里，不排除学习优惠政策在起作用，但是，即使让他们上中专实行学费全免，也不愿报名。这种脱离现实和可能的模糊认识，对农村学历教育的开展已经产生了不少消极影响，在今后的学历教育过程中，这种影响依然不可低估。

二、环境条件要具备

与农村学历教育相关的环境条件主要体现在学习环境和自身条件两大方面。

(一)具备适宜的学习环境

农村的学习环境主要是包括硬件环境和学习氛围两个方面。硬件环境主要从教学与实习场地的有无和教学设施设备的完善程度来考虑。近几年来，随着新农村建设进程的加快，各有关单位和部门在硬件设施上向农村投入的力度也在逐步加大。目前，各镇和具有一定教育培训规模的村，其现代远程教育硬件设施均比较完备，各村的教育文化设施设备基本上达到了比较完善的程度，开展学历教育的硬件条件比较成熟。从已经举办学历班的村情分析，具有远程教育设备，完全具备办学条件要求的村约占1/3，另2/3的村除远程设施外，独立开展教育教学的基本设施设备都比较完备。尚未举办学历班的村，除少数村具备远程教育设施外，多数村仅具有能够满足远程教育以外的教育教学的基本条件，利用现代远程教育方式开展学历教育还具有一定困难。因此，通过现代远程教育手段，在全区农村普遍开展学历教育的条件还不成熟，深入村里开展以面授为主的学历教育，仍为目前的主要手段。

学习氛围可从家庭、村领导和村民对学习的认可程度来考虑。很难想象就学者在家人极力反对情况下是如何坚持学习的。镇、村举办的学历班，无一不是在领导的高度重视和积极支持下运作成功的。在村里尚未举办学历班的情况下，村民出村远途跋涉入班学习虽然大有人在，但坚持完成学业也是非常困难的。在农广校村级班招生报名过程中，村民持有的主要态度就是“看”，看看村领导重视不重视，能够对学习给予什么样的优惠，看看有哪些人在报名，报名人数有多少。当同龄人或同行们报了名，自己再前去报名。不少村级班报名过程中报名人员是否报名的反复和报名人数的增减变化，就是有力的证明。潭柘寺镇桑峪村的2008级秋季招生报名，从几个人到十几个人，再到六七十人，在2个多月时间里，反复之多，变化之大。这足以证明,仅个人愿意学并有家人和领导支持是不够的,还要有多数人积极报名入班的学习氛围,这大概是不少镇村积极进行招生宣传动员而收效甚微的重要原因吧。

(二)具备相应的学习条件和能力

门头沟区近几年来的农村学历教育一直遵循"多与少取"原则运作,还没有达到完全免费的程度。学习者需要承受学费等项支出的压力。山区农民由于无固定收入,具备自行交费上学条件的人员并不多,再加上不肯交费学习、习惯忙于自家农活和算计多见实惠等方面因素的影响,使多数人放弃了一次次学历提高的机会。我们在调查座谈中,针对村民的实际情况进行过初步统计,在目前从业者中,年龄偏大、文化底子较薄的人员占一半以上,让他们参加学历教育几乎是不可能的。另外近一半的人员虽然具备一定的学习条件和能力,但他们大多为家庭主力,承担着养家糊口的重担,让他们拿出一些学习费用,专心致志地攻读自己的学历,也显得不太现实。

目前,农广校的村级中专班学员,虽然都具备初中或相当初中毕业的文化程度,但他们坚持中专学习大多具有一定难度。总的表现是:学习不习惯,不能专心,随意性强,难以接受教学上的各种约束,学习到课率普遍较低。究其原因,有组织和教育等方面的不利因素影响,但起决定作用的因素还是学员自身的学习条件与能力。在他们之中,一是年龄偏大,记忆力明显减退,接受新知识的能力较差,需要具备克服听不懂、难理解等方面学习障碍的能力;二是需关顾的方面较多,坚持到课学习,需要摆正家庭、工作和社交等方面的关系,需要具有妥善处理各种矛盾,克服多方压力的能力。因此,有些学员,虽然入了学,也很难坚持学下去。他们有的坚持一学期,有的坚持一学年,有的甚至坚持到三个学期还要退学。可见,举办村级中专班,办学部门既要考虑入学条件,又要在积极创造学习条件基础上,充分照顾到学员自身的学习条件与能力。

三、支持服务要到位

到位的办学支持与服务是推动农村学历教育普遍开展的关键环节和重要保障。这里所讲的支持服务,主要是指举办农村学历班优惠的照顾政策、办法和服务性举措。

(一)加大学费减免力度

近几年来在农村举办的"一村一"大专班之所以具有较强的吸引力,重要之点在于其学费的优惠政策与办法。该班经过市、区两级承担大部分学费后,学员本人仅用不足 1/3 的学费,就可以读完全学程,取得大专学历。如此优惠的办法,有谁不愿学呢。农广校能够再度掀起办学热潮，并且将办学重心下沉到村，使农民纷纷入中专班学习，也是在逐步实行学费减免办法下实现的。如果固守过去多年按标准收费的办法，村里怎么可能举办学历班？农民怎么可能就近取得中专或大专学历？有文化、懂技术、会经营的新型农民何时才能够培养出来？

从目前村民参加学习的情况分析，农村学历班的学费减免力度还应进一步加大。第一，针对农村劳动力以初中文化程度为主体的现状，最应考虑的是中专普及问题。而要实现中专的逐步普及，就应结合农村经济的发达程度，逐步实行农民学习政府买单、学费由减到免的政策。第二，办学部门现行的减免办法已经难以维系。现在，北京地区有些区县已经实行了农民上中专学费全免，此举大大激发了农民学习的积极性，提升村民文化素质的决定性作用不容置疑。但同时给办学部门带来两个问题：一是要保证更多的求学者有其学；二是要设法承担办学支出的沉重压力。在这种情况下，市区两级政府没有解决学费问题的明确政策和办法，将会发展到难以收拾的地步。第三，仅采取减收学费办法，多数农民仍然不愿迈进学校的门槛。例如，门头沟农广校，通过区政府出台的“新型农民培养三年行动计划”，享受到了农民学习的学费补偿，将农村中专班年生均学费降到了300元，这虽然在促进村级办学上发挥了重要作用，但多数农民仍然视学费为负担，对入学的制约性仍很明显。目前，不少区县在实行农民学费由减到免的办法，门头沟区要想在农村学历教育上有更大的突破，最终必然走向中专学费全免。

(二)有促进组班办学的照顾办法和举措

农村学历班的成功举办，离不开以下优惠条件：

1.设班人数允许降到最低限度。门头沟农广校之所以能够在10多个村开设学历班，入学人数20人底限的照顾办法，起到了重要作用。在一般的村，组成20人的中专班，不是一件难事。因为其基数小，只要认真运作，一般都能够成功。

2.允许自行选择适宜专业和相应课程。各个中专班在自行选择专业下运作，宁可申请新设或多开几个专业，也不在专业选择上形成限制，是农广校组班办学的基本做法。除选修课外，结合地区发展特点，适当调整或增加相应课程，对组班办学也起到了积极的促进作用。

3.按照设班单位提供的时间和地点开展教学活动。学校在组班前就承诺，教学活动完全服从于设班单位的特点和要求，不因实施教学影响其正常工作的开展。因此，农广校在教学安排上，总是反复征求设班单位的意见，经过多次认真推敲方能确定。不少教学班的教学授课都安排在晚上进行，选派的教师也要具备适应特定时间与地点和克服交通不便等方面的能力素质。

4.不给设班单位增加负担。在与办学活动相关的交通、接待、食宿等方面，学校完全站在对方的角度考虑。一是承诺教师授课自行乘车前往，无论路途多么遥远和不便，也不要求对方派车接送；二是教学过程的接待不麻烦领导和更多的人，只要有兼职班主任负责即可；三是就餐住宿尽量简单，不讲排场，有即可，无也不勉强，可由校方设法解决。

5. 注重学员实践技能的培养。学校在安排教学时，认真考虑实践教学环节，要求各科教师，尤其是专业课教师，要充分利用当地的实践场地，开展针对性较强的实习演练，努力使学员掌握技术操作环节。在此基础上，坚持学历证书与职业资格证书的结合，努力实现一学双证。潭柘寺镇平原村的旅游服务管理专业中专班，就是一学双证的成功范例。该班的 20 多名学员，在取得中专毕业证书的同时，还取得了初级厨师证。

（三）教学环节的各项服务做到位

农村学历教育的显著特点之一是校外教学。教学班分布在农村，学员在远离学校的当地教学班进行业余学习，与学校的直接接触和往来很少，学校只能通过各教学环节的实施把握学员的学习动态与需求。因此，各教学环节的实施，不仅直接影响着学员的学习质量，而且关系到学校的办学信誉，进而影响到农村学历教育的开展。

从农广校实施的教学过程分析，做好服务大致包括以下三个主要环节：

1. 选聘适应性较强的师资。选聘具一定资质、适应农村教学特点、具有服务意识和吃苦奉献精神的教师任教，是确保教学活动顺利开展的关键。进行山区农村教学，教师仅有合格的学历和职称是不够的，还要有主动适应农民学习特点和自觉克服各种困难的能力。教师在教学过程中，如果一味强调常规，不注重理论联系实际环节，缺乏热心和诚意，没有足够的细心和耐心，不肯吃苦和奉献，都会引起学员的反感，甚至使课程无法进行。门头沟农广校正是在“坚持以学生为本，时刻忘却自我”的教学理念指导下，才使其教育教学工作得以顺利开展，并不断赢得了学员的好评。在这里，教师们有放弃休息的加班加点和起早贪黑的往返，有战胜病扰和交通不便的守时守信，有面对脏乱环境的冷静和忍饥挨冻的坚持，有不厌其烦的解释和反复多次的示范等。在他们身上，正是一种责任和奉献的体现。

2. 抓好教学的组织管理环节。这里重点强调，要聘用责任心较强的班主任。因农村教学班与学校具一定距离，把握好教学活动的组织管理环节至关重要。在教学班设兼职班主任与在校内设总班主任相结合的组织管理方式，是门头沟农广校多年来教学组织管理上的成功尝试。由于兼职班主任在当地能够与学员密切接触，并直接与校内总班主任联系，既可将校方的相关资料和信息直接传递给学员，又可将教学班和学员的相关信息及时反馈到学校，起到了承上启下的核心作用。

总班主任直接面对多个兼职班主任，在计划落实、上传下达和协调交流等方面的重要作用不可替代。应该说，学校的教学计划和相关规定能够在农村教学班认真贯彻，完全得益于这样一支上下结合的班主任管理队伍。

3. 把握好教学实施环节。一是及时提供较为完善的教学设备和相关资料。包括无偿为教学班配齐课桌椅乃至现代教学设备，及时为学员提供教材和相关学习资料，主动为教师提供笔记本电脑、投影仪和实操工具等。二是坚持因材施教。将引导启发、案例分析、总结归纳、实操演练和典型示范等教学方式，有效地应用于教学实践之中。三是侧重实践能力的培养。包括主动联系落实实验实习场所和加强技术环节的训练及考核等。

综上所述，思想观念、环境条件和支持服务三个方面的因素，都对农村学历教育的开展形成不同程度的制约。它们相互关联渗透，相互影响促进，对学历教育的共同作用效应不可忽视。在今后的农村学历教育实践中，有待围绕其影响面和制约程度，进行深入研究探讨。

参考文献

1. 何光全. 我国农村成人教育研究的研究[J]. 成人教育，2000(2)

2. 赵旭东，李加林. 试论农村成人教育内容研究的必要性、方法及预期成果[J]. 农村成人教育，2000(2)

3. 李志远. 改革开放以来我国农村成人教育研究综述. 成人教育，2008(9)

4. 陈瑜，陈俊梁. 城乡和谐与农民教育培训. 成人教育，2008(8)

5. 朱小蔓. 中国教育热点问题【透视】. 安徽教育出版社

沟通是农民培训中的重要途径

金跃春　北京市平谷农广校

摘要　文章首先讲述了与农民沟通的重要性；然后从学会与农民进行有效沟通，可以消除了与农民双方的心理障碍、通过与农民的沟通找到更加符合农民接受的培训方法、通过与农民的沟通找到更加符合农民接受的培训方法，说明提高农民培训的三个作用；最后从①营造平等、民主、自由的氛围，与农民做知心朋友②找准切入点③采用好沟通技巧三个方面谈了怎样与农民进行有效沟通的。

关键词　沟通　农民培训　途径

“经过多年的建设和发展，农广校已经成为重要的农业职业教育、农民科技培训和农村实用人才培养基地，在建设社会主义新农村的历史进程中，肩负着重大使命。最近，中办、国办印发了《关于加强农村实用人才队伍建设和农村人力资源开发的意见》，对农广校又赋予了新的任务，提出了更高的要求。农广校要抓住机遇、准确定位、提升能力、发挥优势、创新思路、加快发展，为提高农民的科技文化素质和自我发展能力做出更大的贡献。”这是农业部副部长危朝安在全国农广校校长工作会议上提出来的。而农广校要为新农村培养出一支高素质的专业农民队伍，就要根据农业产业发展需要，明确培训方向，拓展培训内容，完善培训手段，增强培训效果，我们就必须注意我们的培养对象——农民，与他们进行有效的沟通。平谷农广校自2006年开始开展与农民进行有效沟通以来，农民踊跃报名参加各种类型的培训，不仅听课率达到100%，而且教学互动开展的也相当好，课上面对面互动，课下应用通讯设备进行互动，教学活动面扩大了，教学效果明显提高了。

一、为什么要学会与农民进行沟通

要讲清这个问题，我们就必须明白什么是沟通。沟通是为了一个设定的目标，把信息、思想和情感在个人或群体间传递，并且达成共同协议的过程。它有三大要素即①要有一个明确的目标；②达成共同的协议；③沟通信息、思想和情感。

由沟通的定义中我们可知：沟通是人与人之间建立的联系，是一种有意义的互动历程。我们可以从三个方面来理解人际沟通：第一，人际沟通是一种历程，在某一段时间内，是有目的地进行一系列活动的行为。第二，这种沟通是一种有意义的沟通历程。在沟通的过程中，主要表现为结果是什么，其意图所传达的理由是“为什么这么做”，以及其重要性的价值对应出此沟通的“有多重要性”。第三，双方在沟通过程中表现的是一种互动，在沟通的过程中及沟通之后所产生的意义都要负责任存在。

众所周知，现在我国农村劳动力素质整体不高的问题依然存在，务农劳动力素质结构性下降的问题日渐突出，很多农业科技成果得不到及时应用和转化，一些基本的种养技能农民并没有很好掌握。我们要让种粮的农民学会种粮，要让养猪的农民学会养猪，必须下更大的力气，切实提高务农劳动力素质，抓紧提高农民的科学种养水平。而真正做到这一点，我们就必须学会与农民进行有效的沟通，只有与农民进行沟通，我们才能可以更好地了解并掌握农民的心理和行为的实际情况，做到“心有灵犀一点通”。充分发挥他们的主观能动性，把他们培养成懂技术、会管理的实用性人才。

二、学会与农民进行沟通有利于提高农民培训效果

学会与农民进行有效的沟通，对于提高农民教育有三个作用：

(一)消除了我们与农民双方的心理障碍

农业教育就是引导、帮助农民应用先进技术和新的科学成果，获得其经济效益和社会效益。教育者的水平和能力究竟如何？被教育者的接收态度怎样？在双方未接触之前双方心理都有疑问。而当我们与农民进行沟通之后，才能够知道所要教的学员处在什么样的一个生产环境之中，在这个生产环境下，如何进行农业生产？当我们真正把农民当成朋友时，就会消除误解，把教会他们使用农业新技术视为自己的责任，决心用自己的能力去改变他们落后的生产现状。也正是我们与农民的真心沟通，农民也对我们改变了认识，他们不再认为我们是高不可攀、不易亲近的人，他们会感到我们在用真心向他们传授农业新知识新技术，就能发挥自己的主观能动性，积极诚恳地向我们请教。

(二)通过与农民的沟通找到更加符合农民接受的培训方法

不事先与农民进行沟通，我们就不可能把课准备的充分，我们的上课形式还是按着一个小时一堂课，一天讲六节课。而当我们与农民进行沟通后，我们就感到为农民培训，必须从农民的实际出发，要遵循他们接受知识的能力，要讲究实用、实效，要按着农民的意愿改变授课方式和授课时间。我们必须到农民承包的田地去实际考察，要让他们从实践中认识到学习新知识的重要性。2007 年平谷农广校在

渔子山村进行蔬菜绿色证书培训，培训前我们的教师与村委会及要培训的菜农进行了有效沟通，上课形式采取半天集中上课，半天分散到田间指导的教学方式，教师的讲授都是针对农民生产中所出现的实际问题，农民听课也是带着自己的问题来听。教者有的放矢，学者有兴趣，培训效果好。

(三)通过与农民的沟通找到更加符合农民接受的培训方法

沟通是人与人之间的信息交流过程，是一个相互影响、相互作用和协调操作的动态过程。而在这个过程中重要功能就是决策。有时靠自己就能决定，但有时候却是和别人商量后一起做的决定。你要给非常熟悉的朋友购买衣服，由于他的身材大小，穿衣的尺码，平时喜好的颜色你都了解，你自己就可以决定给他买。相反如果给刚认识的朋友购买衣服，就需要与之进行沟通后才能作出决定，这样才便于给他购买到他穿得合体而又称心的衣服。搞农民培训，培训什么内容，农民是否能够接受，我们也需要征得农民朋友的意见，听取他们的意见就是与他们进行沟通，通过他们反馈的信息来决定培训的内容。2007 年底和 2008 年初，我们在农民培训搞得较好的、素有“大桃之乡”的大华山镇调研时，了解到一部分人想学绣花和书法，经过进一步进村与农民沟通，发现他们学习绣花的积极性还很高，我们到镇政府与有关领导进行沟通。在各方面达成共识之后，2008 年 3 月我们为大华山镇开办了“十字绣”培训班。

三、怎样做到与农民进行有效沟通

有一个故事说，从前有一个秀才去买柴，他对卖柴人说：“荷薪者过来！”卖柴人听不懂“荷薪者”(担柴的人)三个字，但是听得懂“过来”两个字，于是就把柴担到秀才面前。秀才问他：“其价如何?”卖柴的人听不太懂这句话，但是听得懂“价”这个字，于是就告诉秀才价钱。秀才接着说：“外实而内虚，烟多而焰少，请损之。(你的木柴外面是干的，里头却是湿的，燃烧起来，会浓烟多而火焰小，请减些价钱吧)”卖柴的人实在听不懂秀才的话，担柴走了。这个故事说明了什么？秀才只依自己的表达习惯，根本没有考虑对方是否能够正确接受，以至担柴人不知其所云，最终未能够成交。故事带给我们的启示就是：在沟通过程中最好用通俗易懂的语言来传达信息，而且对于说话的对象、时机、环境要有所掌握，才能够产生良好的沟通效果，实现沟通的目的。作为教师与农民进行有效沟通，最简单不过且最重要的就是尊重农民。只有尊重农民，才会得到农民的尊重；用心地去关心农民，同样才能得到农民的关心，这就是人类最原始淳朴的人际关系。所以在与农民沟通时要做好以下几方面：

(一)营造平等、民主、自由的氛围,与农民做知心朋友

心理学表明:一个人只有在心理上感到安全,感到自由时,他才可能进行创造思维和想象。作为老师,当把平等、自由、民主、尊重的人文因素注入农民教育之中,农民就会感到彼此之间"心"拉近了,农民就会敞开心扉,愿意与我们交朋友。但如果教育工作者只看到农民文化程度低、素质低、农村条件差,从心底瞧不起农民,不想和农民交朋友,那就很难和农民沟通,农民培训工作也很难取得成功。因此,我们一开始与农民接触,就要表现出朴实、诚恳、谦虚、热情。要入乡随俗,放下架子,给农民讲解用词一定要简单明了、通俗易懂,要关心了解农民生产的生活需要,和农民朋友共同探讨所关心的问题,给农民提供信息、传授技术,提高农民的技术能力和素质,取得农民的信任,做农民的知心朋友。

(二)找准切入点

教育沟通的最终目的就是要让农民接受新技术,采用新成果,为农民解决生产中遇到的实际问题。农民究竟需要什么?生产中有什么问题?这是与农民沟通的第二步——找准切入点。在市场经济条件下,农民遇到的问题太多了,不仅要掌握先进的生产技术,还要注意市场导向,否则增产不增收,卖粮难、卖菜难的事时有发生。农民最关心的是做什么、怎么做最赚钱,作为教师就必须给农民提供可靠的市场信息和先进、实用的生产技术,也就是农民需要什么就提供什么,这样才能为农民排忧解难。

(三)采用好沟通技巧

与农民沟通要想取得事半功倍的效果,还需要采用好方式方法。第一,在与农民沟通之前应该做好充分的准备,这样才能尽可能的回答农民提出的问题,得到农民的信任。正可谓"知己知彼,百战不殆"。第二,与农民沟通时,更要注意微笑。微笑是好感的象征,是人与人之间的润滑剂,包括"与你见面,我觉得非常荣幸"、"与你谈话是快乐的"的信息,因此微笑是受人欢迎的。第三,沟通时应选择在农民的家里或农民的承包地,要方便农民,有利于农民的活动,让他们感到提出问题和回答问题都不犯拘束。第四,谈话时的内容应该90%为拉家常,这样能让农民感觉到我们是关心他们的,当然也比较容易拉近距离。谈话时尽可能保持饱满的精神,以此来感染对方。第五,与人沟通最重要的是诚心。只有当人们觉得我们是在为他们考虑,他们才会很好的接受我们的意见。"诚于心,而形于外",当我们能真诚的和农民沟通时,才能获得真实的回报。不论我们现实工作中担任何种角色,都要尽力避免诸如"秀才"与"担柴人"的沟通失误,掌握必要的沟通技巧,构造良好的工作氛围,创造更多的经济效益。

参考文献

1. 王德海. 传播与沟通教程. 中国农业大学出版社,2007

2. 曾仕强. 人际关系与沟通. 清华大学出版社,2005

3. 柳青. 有效沟通技巧. 时代教育网

从平谷郊区实际出发
寻求推进农民培训的有效途径

赵来友　北京市平谷农广校

摘要　本文按照中央、市农广校的要求，对平谷区部分乡镇、村农民培训工作做了调查，并对情况进行分析，指出了当前农民培训中存在的主要问题，进而对今后推进平谷区农民培训工作提出了意见和建议。

关键词　寻求　农民培训　有效途径

为了深入贯彻落实中共中央一号文件，推进平谷区农民培训工作，切实提高郊区从业人员的整体素质，加快平谷区社会和经济的全面发展，我们在上级主管部门的领导和组织下，对平谷区劳动力相关方面的情况进行调研，寻求推进平谷区农村劳动力职业教育和培训的机制和方法。

一、调研基本情况

我们从 2006 年 6 月开始，历经数月，先后采取发放问卷、入户走访、召开座谈会和查询资料等形式，获取了大量的第一手资料。平谷区农广校从全区 16 个乡镇内随机抽出分别代表平谷区平原区、半山区和山区三种地理区位的马坊镇、金海湖镇和黄松峪乡，对每个乡镇随机抽出 3 个村，每村随机抽出 9 户发放调查问卷，进行了农村劳动力培训需求情况调查。调查人员深入 3 个乡镇、9 个村、81 户进行调查，调查情况如下。

(一)参加培训目的和接受培训的类型

表 1　参加培训的主要目的　　个人，%

总人数	增加收入	提高技能	获得政策支持	获得学历	其他
81	41	61	44	38	7
100	50.6	75.3	54.3	46.9	8.6

(注：多项选择，以下类同)

表 2 接受过的培训类型

总人数	实用技术	职业技能	管理培训	综合培训	学历教育	其他培训	未接受培训
81	66	49	19	33	11	2	3
100	81.5	60.5	23.5	40.7	13.6	2.5	3.7

(二)农民期望接受的培训(层次、种植、养殖业)

表 3 期望接受培训的层次 个人,%

总人数	一事一训	短期培训	证书培训	中专培训	大专及以上培训	说不清
81	50	49	48	14	10	1
100	61.7	60.5	59.3	17.3	12.3	1.2

表 4 种植业期望接受培训 个人,%

总人数	粮食	水果	蔬菜	棚室生产	特种经济作物	其他
81	14	15	33	13	17	8
100	17.2	18.5	0.7	16	21	9.9

表 5 养殖业期望培训 个人,%

总人数	畜牧	家禽	水产	特种养殖	其他
81	23	37	8	9	4
100	28.4	45.7	9.9	11.1	4.9

(三)农民喜欢的培训方式和愿意接受培训的时间

表 6 农民喜欢培训的方式 个人,%

总人数	面对面培训	现场实习培训	电视、广播、VCD 培训	多方式培训
81	43	65	38	47
100	53.1	80.2	46.9	58.0

表 7 农民愿意接受的培训时间　　个人,%

总人数	1 天	2～3 天	4～7 天	8～14 天	15～30 天	30～90 天	90 天以上	说不清
81	39	32	7	6	14	14	10	5
100	48.1	39.5	8.6	7.4	17.3	17.3	12.3	6.2

(四)关于培训费用和地点的选择

表 8 愿意接受教育培训地点　　个人,%

总人数	城市	县城	乡镇	本村	不想参加
81	10	11	53	67	1
100	12.3	13.6	65.4	82.7	1.2

表 9 培训所能承担的费用　　个人,%

总人数	10 元以内	10～20 元	20～100 元	100～200 元	200 元以上
81	48	6	3	9	7
100	59.3	7.4	3.7	11.1	8.6

(五)当前农民教育培训存在的主要问题

表 10 影响接受教育的主要因素　　个人,%

总人数	没钱	当地缺少学校	没有时间	没有合适内容
81	22	18	47	20
100	27.2	22.2	58.0	25.0

表 11 培训存在的主要问题　　个人,%

总人数	没人管	不方便	内容不切合实际	费用太高	其他原因	说不清
81	9	34	17	8	3	2
100	11.1	42.0	21.0	9.9	3.7	2.5

二、问卷调查的主要内容和结果分析

(一)农民以实用技术和职业技能培训为主,从业目的明显

在问卷调查中,受访的农民年龄集中在35～55周岁之间,平均年龄为46.3岁,他们是农村务农的主体,是直接从事农业生产的劳动力。从表1来看,由于从事一产农民年龄状况总体偏大,所以他们参加教育培训的最主要目的很明显,为提高专业技能的人员61人,占75.3%,为获得政策支持、增加收入的人员超过了50%。

(二)农民文化素质偏低,接受培训的层次差异较大

在受访的农民中,有19.7%的人处于小学及以下文化程度,农民受教育的平均年限为8.3年。由表2可以看出,接受过农业实用技术培训和职业技能培训的农民分别占81.5%和60.5%;接受管理培训的占23.5%;接受综合培训的占40.7%;而接受过学历教育的人仅占13.6%;接受其他培训的占2.5%;未接受培训的占了3.7%。农民在接受的培训中,他们获取的科技知识和信息来源主要渠道是农业技术推广部门。

(三)农民期望掌握专业技能

从表3中我们可以看出,农民最期望接受一事一训和短期培训的为50人和49人,分别占调查总人数的61.7%和60.5%,并且有59.3%的人希望获得相应的技术等级证书。只有17.3%和12.3%的农民愿意接受中等职业教育和大专层次的教育,他们主要是一些年龄相对较小的年轻人。

在调查中我们了解到,50岁以上的被访者大部分表示不愿意离开传统的农业、种养殖业,认为还是“种地可靠”,希望多接受一些农村实用技术方面的培训,他们最希望的培训内容就是传统的种、养业实用技术。从表4和表5也可以看出,期望蔬菜、水果、粮食和畜牧业培训占主导地位,特种经济作物和特种养殖业正在发展,培训需求有逐渐增大的趋势。

对于非农领域,18～45岁的农民主要选择家电类、机械类、运输类、餐饮类等方面的培训,其中期望家电培训的33人,占40.7%,农产品加工的8人,占9.9%。他们文化程度相对较高,容易接受新事物,有着强烈的致富愿望,认为农村劳动力向二、三产业转移是产业结构调整、快速实现小康目标的重要举措。

(四)农民愿意接受的培训方式

从表6可以看出,无论是从事一产的农民还是愿意向二、三产业转移的农村劳动力,90%以上的被访者都明确表示愿意接受培训。其中,喜欢面对面培训方式的43人,占调查总数的53.1%;喜欢现场实习培训方式的65人,占调查总数的

80.2%；选择电视、广播、VCD 培训方式的占 46.9%，喜欢多方式培训相结合的占 58.0%。

从表 7 来看，一产农民最愿意接受的实用技术培训时间是 1 天以内的 39 人，占 48.1%；愿意培训 2～3 天的 32 人，占 39.5%；而愿意培训 4～7 天和 8～14 天的才分别占 8.6%和 7.4%。对于需要掌握一定的职业技能将来向二、三产业转移的农村富余劳动力，他们愿意培训 15～30 天的占 17.3%；愿意培训 31～90 天的占 17.3%；愿意培训 90 天以上的占了 12.3%；而说不清的仅占 6.4%。

(五)关于培训地点和所需费用

被调查农民在培训地点的选择上，从表 8 可以得出，愿意在本村和本乡镇参加培训的农民分别占 82.7%和 65.4%。在可以接受的培训费用的选择上，从表 9 中得出，短期培训可以承担 10 元以内费用的占 59.3%；10～20 元的占 7.4%；20～100 元的占 3.7%；职业技能培训能承担费用为 100～200 元的占 11.1%；200 元以上的占 8.6%。由此可见，我区农民愿意在本村或本乡镇就近接受培训，而且大多数的被调查者表示个人承担一部分费用能承受，但更希望农民培训的费用能由各级政府来买单。

三、几点思考

(一)农民择业观念落后，就业竞争力弱

目前，我区绝大部分农民虽然摆脱了贫困，但是广大农村经济基础薄弱，农民仍然不富裕，农村人口流动性大，90%以上的农村青壮年劳动力都转移进城，留守人口主要是老人、妇女和儿童。在被调查的 81 名从业人员中，87.7%是中老年人和妇女，初中及以下文化程度 59 人，占被调查总数的 72.8%。在培训存在的主要问题调查中(表 10 和表 11)，有 47 人认为“没有时间”，占 58%；34 人认为“不方便”，占 42%。“庄稼活不用学，人家种啥咱种啥”，一些农民受传统农业生产方式的束缚，仍抱着靠天吃饭、凭经验耕作的思想，认为不懂文化不进行培训同样可以种田，还有的人认为培训误工、误时，没有认识到劳动者科技文化素质决定经济状况这一规律，农民往往处于受教育和培训的被动地位。

(二)教育培训手段单一，实训基地明显不足

在调查中我们了解到，农民教育培训除传统的蔬菜、果树、畜牧等农业实用技术外，特别是年轻人盼望向二、三产业转移，需要开展更多的岗位职业技能培训。由于 65%～85%的农民都希望在本乡镇和本村培训，但乡镇村的农民培训场所和教学设备还不完善，试验实习基地较为缺乏，导致农民教育供需矛盾较为突出。农民培训的形式主要是集中办班、面授为主，现场操作和实践实习操作较少，特别是

一些新的行业和技术含量较高的工种，因缺乏设备导致部分农民想接受培训而无法参加培训。此外，从被调查者中还了解到，农业实用技术培训的内容与市场衔接也不够紧密，农民适应市场、抵御风险的能力较弱。

（三）农民缺乏及时的科技入户指导

拥有一只技术精湛、技术优良的农民培训教师队伍，是抓好农民教育培训的关键环节。当前，农业结构正朝着产业化、规模化、区域化方向发展，科技人员知识老化，整体素质不均衡，难以适应农业结构调整对农技干部业务素质的需要。调查结果显示（表 11），有 34 人认为“不方便”是目前农民教育培训存在的主要问题，占调查总数的 42.0%，有 17 人认为“内容不切实际”，占调查总数的 21.0%，这说明有相当一部分培训，在培训前并没有进行深入的调查研究，没有认真听取农民的意见和建议，对本地农村经济发展思路和产业特点缺乏了解，从而造成了培训与实际脱轨，缺乏针对性和实用性，培训的知识和方法也相对陈旧落后，培训流于形式。

（四）培训工作需要加强领导、协调

在调查中，我们发现一个很矛盾的现象。一方面，全区中农业部门、教育部门、劳动部门和共青团、妇联等组织的农民培训人次数以万计；另一方面，在调查的 81 人中，有 9 人认为没人管，占调查总数的 11.1%，有 3 人从未接受过培训，占调查总数的 3.7%。这说明我们的培训工作还缺乏统一的规划和组织，教育和培训基地未能形成一个统一的教育培训体系，农民教育处于多头管理，教育投入效益较低。

四、发展农民教育培训的建议和对策

实现小康社会，重点难点在农村，没有农村的小康就没有全社会的小康。实现农村小康，建设社会主义新农村，必须提高农民综合素质，培养新型农民，走科教兴农的人才之路。

（一）各级政府要高度重视，把农民教育培训工作落到实处

中央 1 号文件和中央农村工作会议都强调，建设社会主义新农村，发展现代农业，必须培养新型农民，加强农民教育培训工作。农民培训工作是一项涉及面广、实用性强的系统工程，各相关部门应提高认识，加强领导，齐抓共管，各司其职，密切配合，形成一个“政府统筹，组织牵头，部门合作，社会参与”的新型农民教育培训运行机制，积极有序地推进培训工作的开展，切实提高农民培训的质量和水平。

（二）加大经费投入，保障培训工作顺利开展

农民教育培训属于公益性事业，政府公共财政要加大投入。农民教育培训经费只有列入各级财政预算，才能彻底解决农民科技教育中存在的经费问题。培训经费要实行专项管理、专款专用，要加强经费开支的监督检查，确保培训工作持续、有序的开展。

(三)加大培训力度，增强培训的针对性和实效性

要根据地方生态区域特点和市场需求，确定教育培训的内容和形式，尊重农民意愿，分类培训、分类指导，也可实行订单培训教育，让农民自主参加。各级培训部门工作要下沉，沉到乡村、沉到田间、沉到农户，利用科技直通车、农民科技文化书屋、农村大喇叭，广泛开展农民教育培训。要延长办学链条，把教育、培训、信息与宣传工作有机地结合起来，既教书育人、又推广技术，既传递信息、又普及科技，使办学工作紧密地与农业、农村经济的发展结合起来，由单纯的教育培训向教育培训示范推广结合转变，利用学员优势进行技术转化、文化传播和辐射带动。

各级农广校是农民教育培训的主渠道，要充分发挥体系优势，利用远程教育网络(卫星小站、因特网和五级办学体系)手段，开展农民科技培训、绿色证书培训、农村基层干部培训、中等职业教育、合作高等教育，切实把农广校办成农民最贴心的学校。

(四)构建培训有效机制，提高培训机构办学水平

在较多的农民培训机构中，部分教育培训机构人员结构不合理，还不能适应新形势下农民教育培训工作的需要。通过教育、培训、政策调整，调动农民教育培训机构工作人员的积极性，提高工作人员的道德水平、知识水平和业务素质，改进培训机构的设备条件，改善人员结构和服务水平，提高农民培训的服务质量。利用农广校、农业技术推广中心、职业中专、开办电视科技培训节目等构建不同层次的培训体系。培训工作要有任务、有目标、有检查、有考核，建立长效运行机制。通过调查摸底，弄清农民实用科技需求，确定培训内容，真正把农民所需科学知识传播给农民，让科技惠泽百姓。

(五)加强宣传工作，营造良好的培训学习氛围

“十一五”时期如何加快社会主义新农村建设，使农民尽快致富奔小康是建设小康社会的重要任务，要积极引导教育农民牢固树立科学发展观，确立终身教育、终身学习的新观念。要充分利用报纸、广播、电视、网络等各种媒体，通过会议、座谈、科技宣传大篷车等形式，全方位、多层次开展宣传工作，营造良好的社会舆论氛围，引导广大农村劳动力积极参加培训。同时也要加大科技致富、培训就业等先进典型的宣传力度，提高农民参与和接受科技教育培训的自觉性。

总之，农民教育培训要适应社会主义新农村建设这一重大战略决策的需要，统一规划，加大投入，创新方式，切实提高农民科技培训的质量和水平。讲究针对性，突出实效性，注重带动性，真正使农民培训教育成为科技向农业生产转化的桥梁，在建设社会主义新农村和构建和谐社会中发挥重要的作用。

参考文献

1. 张宝文. 推进农民教育培训工作再上新台阶. 农业广播电视教育报,2007-1-5

2. 农业部农民科技教育培训中心. 全国农民教育培训基本情况调研报告,农业广播电视教育报. 2007-7-20

3. 荣玉平. 辽宁大连旅顺口区水师营街道. 教育培训是“纲”. 农民日报,2007-9-1(8)

4. 於杜丽. 发展农村成人教育的思考,中国农村远程教育研究报告与论文集. 江苏省金湖分校. 中国农业出版社

“燕京”品牌经营策略探析

刘淑珍　北京市顺义农广校

摘要　实施品牌战略，管理经营品牌，提升品牌价值，是企业提升核心竞争力的有效措施。北京燕京啤酒集团股份有限公司通过准确的市场定位，依托技术创新，强化市场服务，创新资本运作，坚持文化创新，历经 20 年，使“燕京”品牌成为中国驰名商标，并为集团参与国际竞争、推动“燕京”品牌国际化奠定了坚实基础。

关键词　“燕京”品牌　经营策略

经营品牌，是指企业以品牌的营造、使用和维护为核心，在分析研究自身条件和外部环境的基础上所制定的企业总体计划和行动。在经济全球化日益加深的大背景下，品牌已经成为国际市场最重要的通行证，名牌企业也成为进行国际竞争的先锋队和主力军。正因为如此，广大企业都非常注重实施品牌战略，注重品牌的创立。一些已创出品牌产品的企业，更是积极利用品牌扩大经营，以期取得理想的品牌战略效益。本文通过对北京燕京啤酒集团股份有限公司的“燕京”品牌发展历程进行分析，对企业品牌经营策略作初步探析。

一、“燕京”品牌的发展历程

北京燕京啤酒集团股份有限公司的前身是北京燕京啤酒厂，始建于 1980 年。当时，资金少，底子薄，是一个投资 643 万元人民币建成的年产 1 万吨的小型啤酒企业。建厂 20 多年来，燕京啤酒集团一直保持着发展速度快、资产质量高、经济效益好、前进步子稳的发展态势。截至 2005 年底，各项经济指标年平均增幅保持在 30%以上。目前，燕京啤酒集团已拥有总资产 92 亿元，啤酒年生产能力超过 300 万吨；拥有控股子公司 30 家，其中啤酒企业 22 家，分布在华北、华东、西南和华南地区，另有相关附属企业 8 家。2005 年，啤酒销售总量 312 万吨，销售收入 80.89 亿元；实现利税总额 16.89 亿元。在中国啤酒行业中，连续七年保持了经济效益第一，连续九年保持了啤酒产销量第一。1987 年，燕京啤酒被评为北京市名牌产品；1997 年，“燕京”牌啤酒被国家工商总局评为中国驰名商标；2002 年，被国家名牌推进委员会评为“中国品牌”，2003 年被推荐为“走向世界的中国知名品牌”；2005 年，被评为中国制造行业最具成长力品牌和北京最具影响力品牌。2005 年，“燕京”商标商誉价值达到 152 亿元。

二、“燕京”品牌的经营策略

(一)准确判断市场，确定发展思路

品牌作为一种经济形态要受制于一定的社会经济条件，品牌战略的发展历程也反映了市场经济的演变历程。准确的市场判断是品牌经营的前提。

燕京啤酒厂建厂之初，正值我国改革开放、啤酒行业飞速发展的大好时期，企业经历了一个快速发展时期。到了 20 世纪 80 年代末期，市场出现了疲软。当时专家预测，北京市的啤酒市场最大容量只有 20 万吨，超过这个规模，企业就有可能背上固定资产过大、成本过高的包袱。燕京啤酒厂经过大量的国际和国内市场调查后发现，当时美国的人均啤酒消费量已经达到每年 90 L，德国人均消费量达到每年 138 L，捷克达到 154 L，而中国的人均消费量只有 10.3 L。中国人均消费啤酒水平低的原因主要是受经济发展水平的制约，只要党的改革开放政策不变，随着经济的发展，人们生活水平的不断提高，社会对啤酒的需求会不断增加。因此，北京啤酒市场的饱和线绝不是 20 万吨。即使受经济发展制约，20 万吨暂时饱和了，还有华北市场、全国市场。如果把眼光定格在一个静止和狭小的市场空间，没有观念的创新，企业的发展前景肯定是暗淡的。很明显，专家对北京市场的判断主要是基于计划经济的思维。如果企业也按这种思维实施自己的投资、生产和经营，必然丧失发展良机。基于这一判断，燕京啤酒企业确定了三步走的发展战略：1989—1993 年，每年增加 5 万吨，完成由中型啤酒厂向大型啤酒厂的过渡；1994—1998 年，每年增加 10 万吨，完成向大型啤酒企业集团的过渡；1999 年以后，每年增加 30 万吨以上，将燕京啤酒集团由一个北京市地方企业和地方品牌向全国大型企业和全国知名品牌过渡。回顾“燕京”品牌的发展经历，“三步走”的发展战略对“燕京”品牌的发展起到了至关重要的作用。

(二)依托技术创新，提升品牌质量

品牌的创立、保护和发展，归根到底取决于消费者对产品质量的信赖和好评。一流的品牌是生产的高技术、产品的高附加值及由此产生的高生产率、高经济效益的综合体现，没有一流的质量，就不可能有一流的品牌。技术创新是提升品牌质量的基础，也是实施品牌战略的关键。

燕京啤酒集团在初级资本积累阶段，技术装备水平比较落后。但是，在企业发展过程中，始终把提高技术装备水平作为一项非常重要的工作来抓，坚持依托技术创新，不断提升品牌质量，使燕京的发展速度有了质的保证。通过引进、消化、吸收

国际、国内的先进啤酒酿造工艺技术，引进国际先进的技术装备、检测装备、科研成果，如德国霍夫曼公司的全自动糖化系统、申克及沙多利斯公司的全自动啤酒过滤系统、哈夫曼公司的二氧化碳回收系统等，保证了企业发展的内在质量、产品的科技含量和管理的国际化水准，促进了燕京品牌不断提升。特别是1998年建成的30万吨精品工程，全部采用国际先进的工艺和装备，达到了世界一流水平。

1987年，燕京啤酒集团开始着手考虑建立自己的科研体系。面对高科技人才紧缺问题，巧借“外脑”，利用北京科技人才多的优势，与科研院所联姻。企业与中国食品发酵研究所签订长期合作协议：燕京啤酒集团作为中国食品发酵研究所的科研基地，提供科研所需要的全部仪器、仪表等科研设备，科研成果归研究所所有，燕京啤酒集团只要一个优先的、无偿的使用权。同时，聘请研究所的总工程师管敦仪教授作为燕京啤酒集团的常年技术顾问。这一决策为提升燕京品牌起到了重要作用。在专家的指导下，仅两年时间，轻工部在全国推行的12项科研成果中的8项都在燕京啤酒集团得到了应用，其中包括采用先进的露天发酵新工艺、采用计算机控制发酵全过程、率先采用硅藻土过滤机取代棉饼过滤机等。科研人员在燕京啤酒集团研发的酶法糖化工艺和高发酵酵母的实验成功，获得了国家科技进步奖，使啤酒酿造工艺发生了革命性的变化。企业新研发的11度清爽型啤酒，年销售量达到70多万吨，受到广大消费者厚爱。目前，燕京产品已由最初的单一产品发展到10大系列、100多个品种，满足了不同消费层次的需求。现在，燕京的科技人员总量已经超过3 000人，占职工总数的28%左右，燕京啤酒集团的科研中心已通过国家级科研中心认定。科学技术是第一生产力，在燕京啤酒集团得到了真正的体现。

（三）强化市场服务，扩大品牌影响

优质的服务可以促进产品销售，从而扩大企业及其品牌的知名度；优质的服务可以增加顾客的利益，有利于提升企业和品牌的形象。因此，名牌产品必须要与“名牌服务”相配套。美国的一份调查报告显示：美国商品市场上平均每年出现的新产品占1/4，但抢占到市场、经得起竞争的只有1/10，75%以上的新产品则由于销售困难而消失。因此，建造营销网络，强化市场服务，是经营品牌、扩大品牌影响的有效措施。

20世纪80年代初期，我国正处在改革开放初期，很多企业仍然在计划经济模式下运行，习惯于在计划经济体制下的国家统购统销，对市场经济比较陌生。那时，燕京啤酒厂就先行一步，摆脱计划经济的统购统销，使企业率先进入市场，获得发展先机。企业经过严密的市场调研，将北京市民作为自己的市场发展基础，面向北京普通大众，直取消费终端。在取得了一定的市场份额后，又以大众市场为基础,逐步开发中高档啤酒,按照"宝塔式市场销售结构"理论,筑塔基、充塔腰、上塔尖,迅速形成了高、中、底档立体市场结构体系。

燕京啤酒集团大力推行"市场服务网络化战略",对北京市各区域按照交通图进行了市场细分,建立起了由蔬菜公司、副食品公司、果品公司、个体批发组成的立体交叉批发和直销网络,使燕京啤酒在北京城的大街小巷遍地开花。为了方便客户,企业购置了100多辆大型送货车,把产品送到各销售网点;购置了2600多辆三轮车,由各网点的销售人员将啤酒送到居民区、宾馆、酒楼、饭店,甚至送到居民的餐桌上。建立了产品跟踪调研系统,及时掌握市场信息,做到了根据社会消费需求及时调整经营思路和产品结构。这样,使企业与消费终端形成了对接。在北京的各个角落,处处可以见到燕京啤酒。"京城处处喝燕京"成为北京一道靓丽的风景线。

在站稳北京市场后,企业及时提出了"牢牢巩固北京市场、逐步扩大华北市场、全面开发全国市场、分期进入国际市场"的市场战略,迅速建立起了燕京啤酒在全国的市场网络平台。目前,燕京啤酒在北京市场的占有率达到了85%以上,华北市场占有率达到了45%,全国市场占有率达到11%,形成了北京、广西、福建、湖北、内蒙古五大强势地区,同时在美国、澳大利亚等20多个国家和地区建立了销售网络,啤酒年出口量达到1万多吨。

(四)创新资本运作,提升品牌价值

名牌本身就是一种无形的资本,其潜在的价值有待于进一步的开发和利用。名牌可以更好地销售,可以提高收益,可以融资,可以扩张市场。品牌经营的过程本身就是利用品牌经营品牌、利用品牌创造价值的过程。

燕京的品牌发展历程可以分为两个阶段:1997年之前是品牌创立时期,1997年之后是资本运营和品牌经营时期。1997年,燕京啤酒被国家工商总局评为中国驰名商标,标志着"燕京"品牌的创立取得了阶段性成果。1997年5月,燕京啤酒集团首先参加了北京控股在香港的红筹股上市,同年6月25日,又在深圳发行A股。燕京啤酒集团通过股票上市一次新发、两次配股、一次发行可转换债券,共募集资金31.4亿元,标志着燕京啤酒集团的发展进入了通过"燕京"品牌开展资本运营时期。

燕京啤酒集团成功上市后,确立了"整体设计、分步实施"的方针,充分利用"燕京"品牌,通过收购、兼并、资产重组,在全国市场稳步实行战略性布点,收购重组了21家行业内的知名企业,使燕京啤酒集团发展成为中国啤酒市场上的大型企业集团。对收购企业,实行统一商标管理,在燕京大品牌前提下,有效整合当地品牌,实行子母商标制和系列商标制,有效地维护了"燕京"品牌的统一性。

(五)坚持文化创新,丰富品牌内涵

企业文化有三个层次:表面为物质层,中间为制度层,深处为意识层。价值取向则是意识层的核心内容。品牌的背后是文化,品牌必须要以深厚的文化内涵作支撑。一个品牌的知名度、美誉度和忠诚度来自于品牌所代表的内在的质量和性能,而品牌的文化内涵和魅力能够给消费者带来超值享受。"燕京"品牌的成功,与燕京啤酒集团长期以来高度重视企业文化建设密不可分。

燕京啤酒集团以中国传统的儒家思想为底蕴,结合中国现行的市场经济法则,根据本企业的运行特点,逐步形成了特有的"燕京"文化。它既包含了浓浓的人本思想,又具有鲜明的市场经济意识。"燕京"文化的核心层包含了"燕京"精神、企业方针、质量宗旨、经营理念。"燕京"精神是:尽心尽力的奉献精神、艰苦奋斗的创业精神、顾全大局的协作精神、敢打硬仗的拼搏精神、为企业分忧的主人翁精神。燕京啤酒集团的企业方针是:改革是根本出路,管理是永恒主题,创新是企业灵魂,顾客是衣食父母。燕京的经营理念是:以情做人,以诚做事,以信经商。燕京的质量宗旨是:以全优的质量取信于民,以独特的风味取悦于民,以诚挚的态度服务于民。

"燕京"文化在"燕京"品牌的创立和发展经营过程中起到了重大作用。正如公司董事长兼总经理李福成所说:"燕京的品牌价值体现在诚实、守信和充满活力,其突出特点是创新和自信"。良好的企业文化凝聚了人心,引导干部职工树立了正确的价值观和使命感,使燕京啤酒集团的干部职工在"燕京"品牌的感召下,敬业、团结、务实,富有战斗力。通过事业留人、情感留人、机制留人,使干部职工保持了良好的精神状态、旺盛的创新能力和强大的执行能力,提高了企业的核心竞争力。

三、对"燕京"品牌"再经营"的几点思考

2005 年 8 月 10 日,北京燕京啤酒股份有限公司与北京奥组委在人民大会堂签署合作协议,正式成为北京 2008 年奥运会国内啤酒赞助商。燕京啤酒集团的发展历程证明了,燕京企业是成功的,"燕京"品牌是成功的。但是,发展无限、创新无限、经营无限,"燕京"品牌也同样存在着再发展、再经营、再创新的问题。对"燕京"品牌今后的经营思路,笔者有以下几点思考。

(一)进一步凝练核心价值,塑造鲜明的品牌个性

随着竞争的加剧,能否把个性鲜明的核心价值烙刻在消费者内心深处,让消费者记住"燕京"的核心价值并认同,是"燕京"品牌进一步发展的关键。要进一步提炼"燕京"品牌的核心价值,通过表现"燕京"品牌的独特形象,宣传该品牌的独特个性,藉此提高品牌的价值,光大品牌的形象。而一旦对品牌的核心价值进行了严格定位,就绝不轻易更改,一切广告与营销传播活动都要以核心价值为中心来进行。

(二)进一步发挥品牌优势,实施品牌延伸扩张

品牌是一笔无形资产,无形资产的重复利用是低成本的,以科学的态度和高超的智慧来规划品牌,实施品牌延伸战略,利用"燕京"品牌成功推广新产品,就能将"燕京"的品牌优势发挥到最大限度,从而实现企业的跨越式发展。

(三)充分利用信息网络,进一步提升影响力

人类社会已经进入信息时代,利用信息网络,可以在更广阔的天地内加速"燕京"品牌的推广营销、拓展市场,以最广阔的视野寻求贸易伙伴。如果上了全球信息网络,那这个视野就是全球性的。"燕京"品牌要进一步发展,必须充分运用信息网络的优势资源。

(四)加快推进国际化进程,打造"燕京"国际品牌

"燕京"品牌要进一步发展,其国际化是一个不可逾越的环节。燕京啤酒作为国内知名品牌,其在国际市场才刚刚起步,市场网络还不成熟,国际知名度需要进一步提高,国际化程度需要进一步提高。为此,燕京啤酒集团需要进一步创新经营观念,扩大经营规模,提高生产技术,扩大国际市场份额,提升"燕京"品牌价值,为使"燕京"成为国际知名品牌打下良好基础。

在兴趣盎然中进行诱思教学

朱保平　北京市延庆农广校

摘要　本论文主要阐述了在思想政治教学实践中，运用好"诱思的教学思想"（其中，"思"即独立思考，抓住了学生的主体作用，"诱"突出了教为主导的精华），体现以学生发展为本，培养创新精神，加强实践环节，增加教学的针对性、实效性和主动性。培养学生的观察能力、说话能力、思维能力，让学生快乐而主动地学习。

关键词　兴趣盎然　诱思　教学

课堂教学绝不仅仅是教学方法的争春斗艳，关键是教学思想的变革，在掌握知识形成能力、陶冶品德的三维教学的总体要求下，形成正确处理教与学的诱思教学思想。其核心内容为"学为主体，教为主导，练为主线，思为主功"。而诱思顺利进行的关键在于学生兴趣的培养和教师诱导艺术和巧妙方法。

就认识的客观规律而言，学生以自身全面发展为目的，在教学系统中处于主体地位。在认识过程中突出表现为思维的独立性，即独立思考，一个"思"字抓住了学的主体作用，变学为思，变学为语，这就是主体作用，而这一作用发挥的好坏与否取决于教师的主导作用，应表现为最优化的使学生从现有水平向高一级水平发展的促进性，"不愤不启，不悱不发"的启发性，师生关系交往的情感性，保证教学目标实现的双向反馈。其核心是启发性，就是循循善诱。一个"诱"字，突出了教为主导的精华，变教为诱，变教为启悟，就是主导作用，思是目的，诱是条件，他们是辩证统一，是教学取得成功的最重要保证，善思则得，善诱则通，诱思交融，百炼成钢，这是教学辩证法的真谛，变教为诱，变学为思，以诱为思，促发展，这是启发教学的精髓。

"诱思教学思想"要求在教学设计时，绝非仅仅是自己怎样做，而是首先考虑学生怎样学，把学为主体作为实践教学的基本点，以教为保证的最优化的发挥教与学的整体功能。

课堂教学为每一位教师提供相同的时间、空间，把握住每一节课，脚踏实地地上好每一节课，在提高每一节课的质量上下功夫，这是推进素质教育的关键所在。学生素质的不断提高，关键在于平时诱导学生思考，而诱思顺利进行的关系在与学生兴趣的培养和教师诱导艺术和巧妙方法。

一、设悬念、创意境、激兴趣是诱思的基础

美国著名教育学家布鲁纳说“学习的最好刺激，乃是对所学材料的兴趣。”所谓对某一事物有兴趣，从心理角度分析，就是这一事物最易诱发大脑神经兴奋，这种兴奋是对这一事物认识、理解、记忆的最佳时机，常常能够从中迸发出创造的火花，在兴趣盎然中进行学习，思维最主动、最活跃，智力和能力才能得到充分的发展。所以学习兴趣是对推动学生学习思想政治课最重要的内在动力。

职高政治教材的内容是具有时代感，力求体现以学生发展为本，培养创新精神，加强实践环节等推进素质教育的理念，增加思想政治课学习的针对性，实效性和主动性。所以，教师应善于从实践中积累，善于从半月谈、中学生时事报、人民日报、社会热点问题、新时代敏感问题，抓住重点贯穿到自己的课堂教学中，彻底从诸多的条条框框中解放出来，充分运用录音磁带、漫画、投影等教具，避免照本宣科，枯燥乏味，力求课上生动活泼，激发学生学习的兴趣，让学生快乐而主动地学习，不知不觉受益匪浅。

因此在教学中常提出一些既贴近学生生活，又具有现实意义的问题激发学生的求知欲望，引起学生学习的兴趣。例如，学习“法律规范经济行为”内容时，我根据课本的有关内容，上课前把准备好的半袋奶、一只皮鞋、一袋糖、一件缩了水的羊毛衫、一袋药放在讲桌上。于是向学生们提出“作为一名消费者，你知道自己想有哪些权利吗？”“你知道如何才能买到货真价实，称心如意的商品而不上当受骗吗？”“你曾买过假冒伪劣商品吗？如果买过，你是自认倒霉还是想办法予以解决了呢？”“如果你购买的商品是假冒伪劣商品，又对你造成了一定的损害，你知道如何获得法律援助吗？”这些生动有趣的问题一提出，犹如平静的水面投入了一颗石子，顿时激起了学生的学习兴趣，使得学生想听愿听，积极地参与教学。

整节课让学生在轻松愉快的情境中学习，既让学生掌握了知识，又培养了学生的观察能力、说话能力、思维能力，同时也对学生进行了一次思想教育。正如一位有经验的老师讲到的，政治教师要博览群书，知识渊博教学方法力求得当，要善于调动学生的积极性，诱导学生积极思考，必须把培养学生兴趣，激发学生学习的愿望放在课堂教学首位，会达到事半功倍的效果。

因此，就当前职高学生的特点，要做到素质教育的顺利实施，必须抓住学生心理，从兴趣入手，讲究教师的语言艺术，并渗透表演能力，精心设计每一节课，让学生喜欢你，爱听你讲的课，盼望着你能给他们带来知识的快乐且回味无穷。这渐渐成为每一位教师必备的能力，缺乏这种能力，学生就会兴趣下降处于被动，甚至发

展到厌学政治的地步。

二、巧妙的新课引入，拨动学生积极思维的神经弦

一堂课的开头，也就是导入新课，在课堂教学中起着重要的作用。一堂好课，要有好的开头。有人比喻它像一曲雄浑的交响乐章，奏得好，便能轻启心扉，引人入胜。人们常说："良好的开端是成功的一半。"恰当设计导入环节，不但能在短短的几分钟内把学生的注意力从课间的松弛状态中吸引回来，架起师生之间情感之桥，而且能激起学生的求知欲和内在的学习兴趣，产生先声夺人、引人入胜的效果。所以教师要精心设计每一堂课的开头，采取灵活多样的方法，使得一上课就牢牢地吸引住学生们的注意力，使得他们对所学的知识产生兴趣，这样学习才能有主动性、自觉性。怎样开好头来导入新课，下面就结合自己的教学实际谈谈课堂教学开头的方法。

（一）巧用插图引入，激发兴趣

课文插图和投影都具有直观性，使学生获得生动的表象，以增强学生的学习兴趣和求知欲。例如在讲"法律打击侵犯公私财产的犯罪"一节内容时，我先让学生看一组投影图片，图片是某人上任 1 个月超小康，任职 3 个月更壮，刚满半年盖楼房，当官一年进法场的图片。让学生们看完后谈体会，法律为什么要打击侵犯公私财产的犯罪呢？很自然地就引出新课要讲的内容。这样不仅调动了学生学习的兴趣，而且有效地诱发了学生的思维。

（二）用材料分析来引入，创设情境

教师在课堂中要设计一个能启发学生思维的材料，并根据材料提问，在提问中调动学生积极思考，并引出新的课题。例如：上初中的小刚父母刚离异，谁也不承担抚养的责任，小刚常在父母两处跑来跑去，后来便与社会上一些不三不四的人混在一起，在别人的教唆引诱下因偷窃进了少年管教所。提问：①有违法行为的小刚是否属于未成年人保护法的保护对象？为什么？②以小刚的事例说明制定未成年人保护法的必要性。这种方式可以激发学生的好奇心和求知欲望，吸引学生聚精会神地投入新课的学习，创设了一种使学生想了解、想体验材料与课文知识到底有何关系的教学情境，从而使学生通过对材料与课文的对照分析，明白了道理，理解了知识。

（三）用幽默引入，激发乐趣

幽默是教师在课堂教学中，运用一种轻松、诙谐、欢乐的方式讲出严肃的真理，进行富于幽默感、艺术性的一种行为方式。在教学实践中我深深体会到，在政治课中巧妙适度地运用幽默，可以激发学生的兴趣，活跃课堂气氛，提高教学实效。例

如，在学习“股票”这一节内容时，一上课，引用“‘爹’与‘被套’”这个幽默笑话：某股民看着满盘飘绿的大盘，眉头越皱越紧。这时有位股友过来搭讪，问赚了多少？她苦笑了一下：“还赚呢，这两天我是买了一个跌，再买一个还是跌。”旁边股民听他说买一个“爹”再买一个还是“爹”，觉得好笑，都大笑起来。老张悟到自己失口，十分尴尬。回到家里，闷闷不乐，往床上一躺便蒙头大睡。儿子过来喊他吃饭，他没好气地吼一声：“爹爹爹，以后少喊我爹。”儿子莫名其妙，妻子也感到纳闷，说：“谁招你惹你了，发什么神经？你想睡也不脱那张皮，看看把被套弄的，我刚刚换上的被套……”没等妻子说完，他一骨碌爬起来：“别吵了，又是‘跌’又是‘被套’，还让人活不活啦！”在讲述的过程中，我把“跌—爹”、“被套”这些术语写在黑板上，这样一来，一下子就吸引了学生，为理解新课内容做了铺垫，调动了学生学习本课的兴趣。

（四）用小品表演开头，激发情趣

通过小品来导入新课，寓教于活动中，符合学生的特点，深受学生的欢迎，它是激发学生学习兴趣的重要途径。例如，在讲“经济活动的参与者不依法规范自己行为的危害”一节内容时，我让学生课前充分预习本节内容，把书本知识和社会实际结合起来，自编自演小品。学生表演得非常到位，有人将自己生产的假冒伪劣产品推销出去时，觉得瞒天过海了，坐在那正洋洋得意时，突然发现对方付给自己的是假钞，哭天喊地，捶胸顿足，方知制假、贩假害人害己。由此共同悟出在自己的生活中必须依法规范经济行为的道理。这样让学生参与教学活动中来，唤起主体意识，充分发挥主观能动性，培养实践能力。

三、创设争论、讨论的情境，是诱导学生思维信心的催化剂

现在社会是多变化、快节奏、大开放、高速度的知识社会，多种信息使学生掌握的东西越来越多。他们不再是循规蹈矩、听话顺从的“乖孩子”，他们善于发表自己的见解，敢于质疑问题。教师应抓住当代学生的这一特点，在教学中更多地创设争论、讨论的情境，不仅可使政治课堂教学更加生动、活泼，提高传授知识的宽度和广度，而且也能在很大程度上改变照本宣科，机械复述教材的被动局面。因此，教师在课堂教学或其他活动中都要突出学生这个主体建立民主、平等、和谐的师生关系。教师让每个学生自读课文，独立提出问题，质疑问题，求异创新，并鼓励学生对同一问题进行多角度考虑，多问几个“为什么”，对于学生提出的很有个性的问题，即使是一些不应疑而疑的问题，只要言之有理，教师应该首先加以肯定，然后引导学生正确思维。另外更重要的一点，学生通过争论、讨论，不但检验了他们对政治知识掌握运用的水平，锻炼了学生对政治知识的概括性和语言表达的准确性，而且还会使学生直接参与并投身到整个教学之中，发挥了不同学生的潜能。可使学生

真正体会到教学是教师与学生之间的双边活动，有利于学生个性的全面和谐发展，也满足了学生在课堂教学中迫切参与教学的愿望。在这一形式过程中，学生有了自我选择、自我设计的机会，有了表达独特性思想和感情的机会，有了学生自我评价的机会，这也是政治教学中对学生创造思维能力精髓之所在。

例如，我在讲“资本主义的社会危机”一节内容时，针对“吸毒贩毒是资本主义社会的一个重要表现”展开讨论。有的学生说吸毒贩毒不是资本主义社会唯一的社会危机；有的说吸毒贩毒全世界都很重视；还有的学生提出质疑：中国是社会主义国家，为什么也存在吸毒贩毒现象？从这些疑问中可以看出，学生已经具备了一定的思维能力。于是，我启发学生认识到：我国实行对外开放，就是要学习世界各地包括发达资本主义国家的先进科学技术和科学管理经验，以及有益的文化遗产。但有益成分与有害成分并存，一些不利因素也会随之而人，这是不足为怪的，我们应批判地继承。通过这些巧妙的问题能把学习目标转化为生动、具体问题，可以揭示学生的认识矛盾，引起认识冲突，使学生产生解决问题的强烈愿望，让他们带着问题去思考、去探究。在此基础上，学生相互辩论、探索，悟出了道理，更新了观念，提高了认识，培养了创新思维。

四、总结引用，回味无穷，为诱思教学增添生机和活力

布局合理、结构完美的课堂教学，不仅要有引人入胜的“序曲”、扣人心弦的“主旋律”，还要有韵味无穷的“尾声”。只有这样，才能称得上善始善终，否则，整堂课就会黯然失色。例如，在“股票”这一节课结束时，引用“歌迷炒股”这段幽默：拿着千辛万苦挣的钱去炒股——《特别的爱献给特别的你》；购进原始股后，信心十足——《我的未来不是梦》；股票到手后，上涨势头缓慢——《其实你不懂我的心》；股票忽涨忽落——《让我欢喜让我忧》；买进股票后，股价下跌被套——《不是我不小心》；套牢后仅仅不见反弹——《爱上一个不回家的人》；割肉逃股时扪心自问——《明天你是否依然爱我》；卖出后股价反而涨了——《我真的不是故意的》——准备做长线投资——《让生命等候》；长线投资终于获利——《你知道我在等你吗》；股市大跌——《一场游戏一场梦》。我将歌名打在幻灯片上，我只讲前半句，让学生看投影续后半句，学生积极踊跃，在笑声中结束了这节课，心中留下美好愉快的回忆，激发起他们等待再次上政治课的欲望。

五、恰当的赞扬和批评为诱思教学保驾护航

新时代的学生具有活泼开朗、充满热情，情感反应强烈，很容易感染，与教师易形成深厚感情，求知欲旺盛等特点。为此，教师应该主动调整角色，放下架子，和学

生交朋友。学会倾听，做学生的忠实听众，让学生自由自在发表自己的见解。教师要以欣赏的眼光看、听，适当地做些点播，启迪学生的思维。所以，我们在教学中对学生的赞扬与批评只要符合学生的心理特点，多赞扬，少批评，多鼓励，少控告，让学生感到教师对他们是发自内心的关爱和帮助，他们就会以极大的努力学好知识。热爱学生，尊重学生的自尊心和人格的教师深受学生的欢迎。

总之，在政治教学中，充分理解好教学的“诱思教学思想”，以形成兴趣为主，运用好“诱思的教学思想”。充分发挥学生的主体作用，激发学生的学习动机和兴趣，培养他们的主动性和创造性，使教学课堂变得生动活泼，轻松愉快。

参考文献

1. 政治课思想教学

2. 如何上好政治课. 北京教育丛书

浅论我国农民专业合作社的特征及作用

邓银章　北京市农广校

摘要　农民专业合作社是适应社会化生产和商品经济发展的有效组织形式。在我国人多地少，农户分散经营的情况下，更有必要通过合作社把农民组织起来，以便通过合作社推广先进农业技术，实现农业生产的标准化、规模经济。国内外的经验都证明农民专业合作社是农业走向现代化的有效形式。

关键词　农民　专业合作社　特征　作用

2009年中央1号文件提出，要扶持农民专业合作社和龙头企业发展；加快发展农民专业合作社，开展示范社建设行动，加强合作社人员培训，各级财政给予经费支持；将合作社纳入税务登记系统，免收税务登记工本费；尽快制定金融支持合作社、有条件的合作社承担国家涉农项目的具体办法等。农民专业合作社的发展已经引起党和国家的高度重视，这必将促进我国农村合作社的快速发展。

一、我国农民专业合作社的兴起

农民专业合作社是近年来发展起来的一种新型农民合作组织。最早的农民专业合作社出现在山西。1994年，山西省分别在定襄、歧县、万荣、临汾4个县，以日本农协为榜样，开展合作社试验。其中歧县在4个乡镇建立了果业组合，在3个乡镇建立了奶业组合，并在县级成立了联合会。万荣县则以供销社为母体，组建了4个独立于供销社的农民专业合作社，借助供销社渠道，为农民提供农产品加工和销售服务。

也是在1994年，山东省莱阳市在与日商洽谈农产品加工、出口项目的时候，受日商的启发，开始倡导农民专业合作社。1995年，当地照旺庄祝家幢村支部书记王宇敏，为了解决村民卖菜难的问题，在市领导的支持下，领头办起了一个宇敏蔬菜供销合作社。随后，照旺庄镇的镇办企业宏达食品有限公司，为了加强原料收购，降低运作成本，也从原来的“公司 ＋ 农户”的模式，转向“公司 ＋ 合作社 ＋ 农户”模式，联合当地20个乡镇，100多个村，283户农民，成立了莱阳市宏达果蔬加工合作社。莱阳市沐浴店镇供销合作社，为了解决资金不足、高额负债的问题，也于同期办起了一个以股金方式吸收资金的沐浴店镇生产资料供应合作社。继山东莱阳之后，山东的宁津、泰安，河北的廊坊，北京的密云、平谷、顺义、房山等地，相继办起了一批农民专业合作社。

1995 年，中共中央、国务院在《关于深化供销合作社改革的决定》中，提出了发展农村专业合作社的意见。此后，农村专业合作社在全国得到快速发展。特别是 2006 年 10 月 31 日第十届全国人民代表大会常务委员会第二十四次会议通过了《中华人民共和国农民专业合作社法》以来，农民专业合作社蓬勃发展。据国家工商总局统计，截至 2008 年 9 月底，全国依法新登记并领取法人营业执照的农民专业合作社达到 7.96 万户，实有成员数 108.15 万个，其中农民成员 104.09 万个，占成员总数的 96.24%。截至 2008 年 7 月，约 3 000 家农民专业合作组织取得无公害、绿色、有机等“三品”认证 6 420 个，取得农产品地理标志认证 28 个。有 21 家农民专业合作组织的产品入选“中国名牌农产品名录”。有的农民专业合作社产品已经成功出口境外，有的农民专业合作社产品还被指定为北京奥运会特供食品。

目前，全国各类农民专业合作组织总数已超过 15 万个，组织成员 668 万户，带动农户 2 900 多万户，年代销农产品 9 850 万吨。与一般农户比较，合作经济组织成员人均纯收入高出 10%～40%。

二、新型农民专业合作社的特征

改革开放后产生的新型农民专业合作社，与 20 世纪 50 年代的合作社有着根本的不同。

首先，农民专业合作社的创办主体呈现出多样化。有的是由供销社、国营企业、乡村集体组织、政府部门和事业单位发起建立的，有的是农民自发建立的，还有相当一部分是直接从农民专业技术协会中发育起来的。农民专业合作社的多源性，决定了其制度安排的多样性和异质性。

其次，在合作社的产权结构方面，有相当一部分职业合作社是农民股和法人股各占一部分。其中，有的合作社是供销社、公司企业、乡村集体、政府部门等创办机构持大股，农民社员持小股；也有的合作社是社员占主要比重。在社员持股中，有的合作社按照传统的合作社原则，实行平均持股或一人一股；有一部分合作社采取从社员交易额中按比例扣缴股金的办法，形成了与交易额相应的比例持股；还有相当一部分合作社对社员入股没有限制，专业大户往往持大股。

其三，在利润分配方面，一般都规定提取一定比例的公积金。特别是那些法人股占大头的合作社，往往把公积金比例定得很高。对由此形成的公共积累，有的合作社规定不能分割，有的合作社规定按原始股比例记账或增配新股。对于日常公共积累以后的可分配利润，有的合作社采取对股金利息进行限制，其余利润按社员交易额返还的做法；也有的合作社采取一部分利润按股分配，一部分利润按交易额返还的做法，其中按股分配的比例从10%到50%不等，还有少数合作社，全部利润都是按股分配。有一部分供销社组建的合作社，采取入股、退股自由，入股满一年以上的实行保息分红，分红率高出银行同期利率若干个百分点；入股不足一年的，按同期银行利率取息。这样一来，入股与在银行存款没有多少差别。

最后，在合作社管理方面，大部分合作社都建立了社员代表大会、理事会和监事会制度。但在那些法人股占大头的合作社中，法人单位往往担任理事会主任或副主任，委派经理，控制着合作社决策权和经营权。而在那些农民职业技术协会和农民自行建立起来的合作社中，大部分是技术能人或专业大户担任理事会主任或合作社经理，能较好地实行一人一票的民主管理原则。

尽管现有的农民专业合作社在内部制度安排上存在着很大差异，但存在着一些共同特征。

第一，在这些合作社中，农民社员都保持了独立生产者的身份，入社自愿，退社自由，与过去的集体所有制经济完全不同。

第二，这些合作社都是以特定的专业农户为社员，从事专项农产品经营，合作社与社员之间存在着共存共荣的联盟关系，与过去的供销社也完全不同。

第三，除了一部分供销社主办的专业合作社实行保息分红外，大部分专业合作社或多或少地按交易额进行利润返还，与农民形成了较密切的利益结合。

新型农民合作经济组织这些特征，概括起来讲就是六个字："两在、两先、两自"。"两在"，就是"生产在家，服务在社"。生产上的问题，由家庭经营来解决；产前、产中、产后的服务问题靠合作社来解决。办这样的合作社农民群众的心里踏实、放心。"两先"，就是"先有专业生产，后有专业合作；先有群众意愿，后有组织建设"。"两先"表明了农民专业合作经济组织产生和发展的产业基础和民意基础。农业合作社是农业生产专业化、规模化、市场化的必然结果，只有当产业聚集到一定规模，专业化达到一定水平，农民有了合作的意愿和需求，才具备组织起来的必要前提和现实可能。"两自"，就是"自主管理，自由进退"。"两自"反映了如何办好农民专业合作社的基本要求和内在规律，合作社强调成员的民主控制，只有社员才是合作社的主人，凡是涉及社员切身利益的大事，都必须由社员大会讨论决定，任何个人和组织都不能强加干预。合作社对所有社会成员开放，只要愿意遵守合作社的章程，就可以随时提出入社申请，一旦不愿意在社了，可以随时申请退出。

三、农民专业合作社的作用

近年来，农民专业合作社充分发挥自身优势，实行专业化、标准化生产，开展规模化、品牌化经营。在带领农民建设现代农业、参与国内外市场竞争、提高农业组织化程度中发挥了积极作用；在连接农产品产销、传播市场信息、传导实用技术中大显身手；逐步成为农村实用人才的培养摇篮。农民专业合作社在提升农产品质量安全水平中初露锋芒，逐步成为农业标准化生产、产业化经营的生力军。具体说来：

一是促进标准化生产，增强了市场竞争力。农民专业合作经济组织，将农民组织起来，提高了农业生产的组织化程度；通过开展农业标准化生产，有的获得了无公害产品、绿色食品、有机食品生产基地认证，有的注册了商标品牌，提高了农产品的质量安全水平，也提高了优质农产品的知名度，显著地增强了农产品的市场竞争力。

二是带动农业结构战略性调整，推动形成了“一村一品”的产业格局。农民专业合作经济组织围绕当地的特色产业优势产品，组织农民专业化生产、规模化经营，有效地促进了特色区域经济的发展，涌现出一大批柑橘村、苹果村、茶叶村、芝麻村、辣椒村、甘蓝村、花卉村、奶牛村、养羊村、养猪村、珍珠村等专业村、专业乡，甚至专业县，形成了各具特色的产业带、产业群，推动了“一村一品、一品一社”的发展格局。

三是提高农民市场谈判地位，有效增加了农民收入。合作社为社员统一购买生产资料，降低了交易成本。有些合作社自办农产品加工实体，对生产的产品统一加工、统一销售既延长了产业链又提高了谈判地位。合作社代表社员与龙头企业平等谈判、对等合作，生产地位明显提升。据典型调查，入社农户比一般农户收入通常高出20%以上，有的高出30%以上甚至更多。

四是拓宽农业社会化服务渠道，推动了基层农业技术推广体系的改革。农民专业合作经济组织为社员统一提供系列化服务，有的还直接到科研院所、大学请专家、教授给社员传授先进实用农业科学技术，解决了政府包不了、村集体办不了、农民又迫切需要的大问题。群众说，“县里太远，乡镇腿短，联合起来自管”。可以说，一个农民专业合作经济组织就是一个人才培训基地，一个技术推广基地，一个信息发布基地。

五是提高了农民素质，培养了新型农民。农户成员通过共同制定各项规章制度，增强了遵纪守法的自觉性，培养了集体主义观念；成员在合作社中有了更为明确的生产和生活目标，激发了农民干事业、创业的积极性；由于有相同的目标，面临同样的困难，使得农户成员之间常常相互交流经验，互相学习，共同解决难题，不仅提高了农民运用科学技术的能力和水平，还提高了农民互相理解、互相支持的合作意识。

六是完善乡村治理结构，推动了基层民主管理。农民专业合作社实现了“产权清晰，权责明确，政企分开，管理科学”。加入专业合作经济组织的农户，不仅经济上受益，而且有一种归属感，成员相互之间合作、协作意识明显增强，锻炼和提高了参与民主选举、民主管理、民主决策、民主监督的能力。农民专业合作组织的产生和发展，弥补了农村经济组织的缺失，完善了乡村治理结构，推动了基层民主建设。同时，农民是专业合作经济组织的主人，各级政府都不能对合作社的正常经营活动进行行政干预、发号施令，只能提供政策指导、扶持和技术服务，有力地改变了政府工作作风，促进了政府职能转变，使建设服务型政府逐步成为基层的共识。

七是改变乡风习俗，促进了农村精神文明建设。农民专业合作经济组织调动了农民生产致富的积极性，学习技术的积极性，提高了农民的科学文化素质和民主意识，对改进乡风习俗，促进精神文明建设作用明显。过去一些地方村里群众一到农闲就经常打牌赌博，张家长李家短地议论邻里是非，村民之间关系不和谐。自从有了合作经济组织后，村里打牌赌博的少了，学习技术的多了；无事生非的少了，邻里关系和睦了；违法违纪的少了，团结互助的多了；投机钻营的小农意识减弱了，集体荣誉观念增强了，村民一心一意搞经济、谋发展，村里风气明显改变。

八是为国家扶持“三农”提供了畅通的渠道。根据中央 2004—2006 年 3 个一号文件的精神中央财政三年累计安排专门资金 2.9 亿元，由农业部和财政部共同组织实施农民专业合作经济组织示范项目建设，项目资金拨付采取“一竿子直插到底”，由国库直拨到农民专业合作组织的银行账户的方式，通常不到一个星期，合作社就能收到国家扶持补助资金，极大、快捷地发挥了国家财政资金的示范效应，增强了合作组织的凝聚力、壮大了对成员的服务力、提高了农产品市场开拓力、增强了当地主导产业的带动力，受到了农民群众的高度赞誉和广泛欢迎。在中央财政扶持资金的带动下，2004 年以来，各省（区、市）省级财政安排专项扶持资金已超过 4.6 亿元。这些政策有力地促进了农民专业合作经济组织的发展。

四、发展农民专业合作社的建议

很明显，农民专业合作社是适应社会化生产和商品经济发展的有效组织形式。在我国人多地少，农户分散经营的情况下，更有必要通过合作社这种形式把农民组织起来，以便通过合作社推广先进农业技术，实现农业生产的标准化、规模化经济。国内外的经验都证明农民专业合作社是农业走向现代化的有效形式。各级政府都应当积极发展支持合作社，推动和促进农民专业合作社的发展，把它作为建设社会主义新农村的有效抓手。

(一)要宣传好合作社法

因为合作社法总结了国内外合作社发展的经验，对合作社建立发展中遇到的关键问题都作出了具体的规定，这样就使合作社的建立和发展少走许多弯路。要结合实际情况贯彻好农民专业合作社法。

(二)要搞好农民专业合作社的试点工作，在试点的基础上取得经验，再进行推广

已经建立的合作社要按照合作社法进行规范，以保证合作社健康发展。各级政府和政府有关部门，都要按照合作社法规定的那样，为合作社服好务，关心合作社的发展，为合作社的发展创造良好环境。

(三)要把农民专业合作社的发展与农产品加工、运销结合起来

一方面为农户提供生产资料、信息服务；另一方面组织农户统一生产、统一加工、统一包装、统一价格、统一销售。这样合作社的经济效益可能更好，社员也能得到更多实惠。如果合作社没有力量建立加工企业、运销网络，就要把合作社的发展与农业产业化结合起来，实行“公司 ＋ 合作社 ＋ 农户”模式，这样有利于把各自的优势结合起来。

(四)支持合作社建立自己的金融组织

农民专业合作社法已经提到金融机构要加强对合作社的贷款，给予金融支持，这是完全必要的。根据国外合作社的发展经验，合作社本身也可以建立自己的银行，这样的银行更有利于合作社对资金的需求，我国近年来的政策也允许农民建立自己的金融组织，在加强国家监管的情况下、在社员的监督下，这种农民自己的金融组织能够为农民专业合作社服务。

总之，农民专业合作社绝不是像人民公社那样的归大堆，而是尊重农民自己产权基础上的互助和联合，在合作社组建和发展中，这一点必须对农民说清楚。一定要按照农民专业合作社法要求的那样，完善合作社的组织结构和法人治理结构，使合作社能够健康发展。

参考文献

1. 孙中华. 在农民专业合作社法执法检查总结交流会议上的讲话. 2008年12月24日

2. 邓银章,《论我国统筹城乡经济协调发展》全国优秀硕士论文全文数据库、中国学术期刊网,2002年7月

3. 中共中央国务院关于2009年促进农业稳定发展农民持续增收的意见. 2008年12月31日

昌平区农民教育培训现状及可行性分析

徐万厚　北京市昌平农广校

摘要　新中国成立以来，特别是改革开放以后，我国农业和农村经济已经进入了一个新的发展阶段。党的十七大更是把建设社会主义新农村作为目前的重大历史任务。建设社会主义新农村，教育是基础，培养社会主义新型农民是重点。农民教育在各级党委和政府的领导支持下，坚持面向农业、农村和农民的方向，坚定地走农科教相结合的道路，多渠道、多层次、多形式地开展各种农民教育培训，初步形成了适应当前农业、农村和农民要求的农民教育体系，使我国的农民教育工作取得了举世瞩目的成就。

关键词　农民　教育现状　可行性分析

昌平区位于北京市的西北部，旅游资源十分丰富，并且形成了具有一定规模特色的农业观光产业。根据昌平区的特点，昌平农广校在农民教育培训方面做了大量的实际工作，在此，本人根据多年的农民培训工作的经验和体会，浅谈一下昌平区农民教育的现状并略作分析。

一、昌平区农村劳动力的基本情况

(一)农村劳动力呈逐年增长趋势、剩余劳动力增多

“十五”期间，昌平区农村劳动力转移就业力度不断加大，从业人员总量增加。但随着产业结构调整步伐的加快，经济增长方式的转变，农村劳动力的转移就业情况不断发生变化，剩余劳动力增多。因此，加快农村劳动力的转移就业压力大，任重道远。近年来，随着昌平区经济快速持续的发展，就业环境和条件得到了较大改善，吸引了大量农村劳动力，但是，随着全区人口总量的上升，农村劳动力和农村剩余劳动力也呈现逐年扩大的态势。

据统计，到“十五”末，全区农村劳动力总数为 171 710 人，占全区农村总人口的 57%，比“十五”初净增 38 288 人，增长 28.7%。2005 年末全区农村劳动力就业人员达 143 201 人，占农村劳动力总数的 83.4%，比 2000 年净增 24 677 人，增长 20.8%。2005 年末全区农村剩余劳动力有 28 509 人，比 2000 年增加了 8 509 人。

以上统计数字说明了我区农村劳动力和剩余劳动力在不断增加。尽管昌平区

农村劳动力转移培训就业做了大量工作,但今后工作任务还非常艰巨。面对量大面广的农民培训,更需要发展农村现代远程教育。

(二)农村劳动力素质相对较低,工作岗位要求相对较高

我区农村劳动力资源较为丰富,但文化素质偏低。2004 年我区从业人员平均受教育年限 9.8 年,其中文盲占 1%,小学程度占 3.5%,初中程度占 55.8%,高中及中专程度占 32.1%,大专以上占 7.5%。农村劳动力接受技能培训的情况也不乐观,2004 年农村劳动力受过专业技能培训的只占劳动力总数的 41.3%。我区农民文化素质偏低的具体表现在:思想保守,缺乏改变传统经营观念的内在动力;小富既安,对新技术、新科技的接受能力差;市场经济观念差,对市场的判断能力差,抵御市场风险能力弱等。即使外出务工,也只能从事别人不愿意做的粗、脏、累的体力活。所以,农民文化素质和专业技能偏低已成为我区新农村建设和农民收入增加的"瓶颈"。

昌平农村劳动力的文化和专业技能素质,虽然总体上高于全国农村劳动力的平均水平。但由于外来务工人员一般在当地受过相对系统的培训,因而在北京劳务市场上,昌平农村劳动力并没有明显的优势。另外,随着科学技术的进步,就业岗位对劳动力技能的要求越来越高,据劳动部门对 100 家用人单位所提供的 2 560 个岗位分析,对技能要求不高的岗位只有 804 个,约占 31%。乡镇企业中拥有职业资格证书的职工仅占全部职工的 13%,农村富余劳动力中具有专业技能的比例就更低,致使出现企业缺人与富余劳动力并存的现象。还有北京郊区的农村经济相对发达,农民对就业工种和收入的期望也较高。据调查,北京郊区农村富余劳动力的年薪期望值,比外地从业人员的年平均收入高出 3 000 元。所以,昌平区农民偏低的文化素质和专业技能呼唤着昌平农民培训的快速发展。

(三)昌平区农村劳动力的就业情况

1.农业从业人员下降　由于前几年小城镇建设、房地产开发土地资源流转较快,养殖结构不断优化,规模缩小。农业就业的基本条件和空间逐渐不足,岗位减少,从业人员下降。据统计,2005 年末全区从事农林牧渔业生产的劳动力为 42 846 人,比 2000 年的 45 374 人下降了 5.9%,占农村从业人员总数的 29.9%。

2.工业从业人员持续上升　由于农村经济的不断发展,第二产企业的增多,使第二产从业人员持续增多。据统计,2005 年末全区农村从事第二产业的农村劳动力为 34 807 人,比 2000 的 31 000 人增长 11.6%,占农村从业人员总数的 24.3%。其中从事工业生产的农村劳动力 22 444 人,从事建筑业的劳动力为 12 363 人,与 2000 年相比,分别增长 0.6%和 39.1%。

3.旅游服务业从业人员大幅增加　农村生态民俗旅游的持续升温,商业餐饮服务业发展势头良好,连锁超市在乡村兴起;客运服务、货物运输迅速发展。从事三产的人员有较大幅度增长。2005 年,全区农村从事第三产业的农村劳动力达 65 548 人,占农村从业人员总量的 45.8%,比 2000 年增长 56.9%,年均增长 9.4%;所占比重比 2000 年上升 10.6 个百分点。其中交通运输、仓储及邮电业的从业人员为 17 360 人、批发与零售和住宿餐饮业的从业人员为 21 203 人,比 2000 年分别增长 32.7%和 128.2%。

随着农村土地的减少,农业产业结构的调整,农民就业情况和就业环境发生改变,农民上岗、转岗的任务更加艰巨,农民培训更加需要现代远程教育。

二、昌平区农民教育设施的现状

昌平区有 13 个镇、4 个办事处,有 320 个行政村,有市级农村富余劳动力转移培训示范基地 6 个,农村远程教育基地 10 个,各镇、村共有北京市智农天地的卫星接受站 34 个,另外昌平农广校还有一套国家的远程教育双向视频接受系统,从远程教育的接受系统和培训基地上看,昌平的远程教育设施具有一定规模,但存在的问题是:网点的设施不配套,有的缺少标准教室,有的缺少投影设施,不少的乡镇、村缺少多媒体教室和专职技术人员。

昌平区乡镇、村的远程教育设施一方面是设施和专业技术人员的不配套,另一方面是教育资源利用率不高,因此加大农村现代远程教育配套设施和专业管理人员队伍的建设,提高农村现代远程教育设施的利用率显得非常重要。它不仅能保证农民学习文化、学习技能的需要,同时也能促进农村经济发展和农民的增收致富。

三、昌平区农民教育管理体制的现状

昌平区农民教育经过几十年的建设与发展,从实用技术培训到劳动力转移培训,从农村干部培训到农民学历教育,初步形成了“政府统筹、农科教结合、社会参与”的运转机制,但是也不同程度的存在大家参与,责任不清、任务不明的现象。作为承担农民教育主要任务的农广校,上级校属农业部门管,区县校属教育部门管。农广校管理体制的不顺,势必造成农民教育培训削弱和农民教育经费不能和谐通畅的到位。

四、昌平区的快速发展是农民教育的前提条件

(一)昌平区的农业产业发展需要大量农村实用人才

昌平区内有北京首家国家级农业科技示范园区——小汤山现代农业科技示范

园，目前入园企业已达44家，总投资额31.7亿元。已建成苹果、林木种苗等5个国家级标准化示范区。现有农业标准化生产示范基地100家、无公害农产品基地68家、有机农产品示范基地20家、农业观光园174个。形成了以苹果、草莓、肉羊、温水鱼为代表的一批农业优势产业，其中，“昌平苹果”已获得国家地理标志性产品保护，天翼草莓等众多特色农产品享誉京城。2006年全区农业总产值为9.38亿元。我区农民原有的知识水平已不能适应农村产业的迅猛发展，这就需要专门的培训机构为农民提供专业的服务，使他们掌握现代农业知识，紧跟时代脚步。近年，我校开展了农村经纪人培训工作，受到了农民的欢迎。但由于我们力量薄弱，我们的培训还不能充分满足农民朋友的需求。

（二）昌平的自然资源得天独厚

昌平区位于北京市西北部太行山脉与燕山山脉交汇处，是首都的中郊区，昌平拥有丰富的自然资源和历史文化资源。区内有1个国家级重点风景名胜保护区——十三陵风景名胜区，总面积120平方千米，世界文化遗产明十三陵、居庸关长城以及十三陵水库、蟒山国家森林公园均位于其间。全区有旅游景点36处，有文物保护单位78处，2006年，全区共接待国内外游客1 148.7万人次，实现旅游收入24.2亿元。发展中的旅游产业需要大量的懂旅游、懂经营的人员，这为农业剩余劳动力转移指明了培训的方向。

（三）昌平区的高科技产业迅猛发展

高新技术产业主要集中于中关村科技园区昌平园、中关村生命科学园、中国科学院沙河产业基地，目前已聚集了CEC（中国电子）、三五电子、博鳌生物芯片、诺华制药等1 700多家企业，主要产业类型为电子信息、生物制药、环保、光机电一体化等。先进制造业以汽车及相关零部件制造为主，拥有北汽福田公司等一批规模企业。2006年，全区规模以上工业企业完成工业总产值472.4亿元，其中高新技术产业和先进制造业产值占80%以上。

五、农民教育的紧迫性和可行性

一方面由于昌平区农村劳动力和剩余劳动力年龄偏高、文化水平和专业技能偏低、农村产业结构调整等因素的影响，农民转岗就业和农村富余劳动力的安置难度越来越大，因此农民进行技能培训工作迫在眉睫。另一方面昌平区经济的快速发展为农村劳动力转移培训指明了培训方向，因此，目前阶段在农村开展农民教育是行之有效的，而且是我们义不容辞的义务。做好农民教育培训要做好以下几个方面工作。

(一)政府要做好宏观的指导和服务

政府参与到农民教育中是为了促进农民教育的更好发展。基于长期以来政府与农民教育组织的互动对农民教育事业发展的经验,结合新的社会历史条件和农民教育的现状,我们认为,在农民教育中政府应当在以下方面发挥作用。

1.加大支持力度,保证农民教育的可持续发展　政府应当从总体上加大对农民教育的投入力度。它主要包括两个方面的内容:一是要从政策、法律法规上支持农民教育的发展。同时,在现有的这些涉及农民教育的法律中,对于农民教育的支持和保障条款还不够有力,今后要加大保障力度。政府如何加大对农民教育的支持力度,直接决定了农民教育事业的发展速度。

2.积极引导,使农民教育的发展更趋合理性、科学性和前瞻性　除了支持外,政府也需要采取一系列措施引导农民教育向着布局合理、结构合理、功能合理的方向发展。

(二)发挥教育部门的重要作用

教育部门是实施农民教育的重要主体,师资力量雄厚,并且具有多年的农民教育教学经验,因此希望其他行业部门要配合教育部门在抓好农村基础教育的同时,做好农村剩余劳动力专业的培训、农村新技术的推广。其他部门的作用应主要是提供农村人力资源开发信息,制订农民教育培训目标、培训计划与培训项目,协助教育行政部门和政府部门做好农民教育,为开展各类农民教育活动提供人、财、物的支持。农广校作为教育部门专门为三农服务的机构,在上级教育部门的领导下,扎扎实实地通过各种方式做好农民的教育培训工作。

(三)加强农民教育师资建设

教师是教学的主体,教师素质的高低直接影响教学质量。因此我们要从三个方面来着手农民教育师资建设。

1.增加师资来源渠道　首先加强从师范院校、专业院校招收教育人才的力度。其次,鼓励各个部门、行业中与农民教育有关的专家、技术人员、从事农民教育工作,同时从农民中的劳动技术能手等素质相对较高、语言表达等各方面相对较好的人才,对他们进行集中培训,培训合格后加入到农民教育工作的队伍中。

2.改善教师的待遇　在市场经济新形势下,经济利益已经成为驱动人的行为的最主要的因素。待遇问题不仅影响教师工作积极性和工作热情,也造成农民教育师资中优秀人才流失。因此政府部门要从政治地位和经济地位以及社会保障各个方面提供农民教师的实际待遇,以优厚的条件来吸引优良的教师。

3.培养农民教育教师的创新精神　当前,全球的科学技术正处在一个迅猛发展的时期,新农业知识和技术层出不穷。从事农民教育工作的教师要能够不断学习，掌握信息传播的基础设施及相关的科学知识，及时从网络等各种载体中获得信息，加以处理，迅速而有效地使用到农民教育的实践中去。

(四)进一步完善教育教学设施

在加大农村现代远程教育培训的力度，实现培训就业信息共享，加强引导与服务，对于社会主义新农村建设和农民增收有着重要的意义。另外，面对农民培训的严峻形势，作为承担农民培训的农广校面临机会和挑战的双重考验。因此，农广校要抓住机会，接受考验，积极推动农民教育事业的快速发展。

(五)充分利用远程教育网络开展农民教育

随着我区经济的迅猛发展，为农民教育的发展提供了一个好的时机。针对我区农村劳动力的现状，我们应主要大力开展农业远程教育培训。农广校运用广播、电视、计算机网络等现代远程传播媒体开展教育教学，具有覆盖面广、容量大、成本低和快捷方便等特点和优势。利用远程教育手段，可以不断开展多层次、多形式、多学科、多功能、多途径办学，并且可以培养出大批实用人才不离土、不离乡、不离岗，始终活跃在农业生产第一线，有力地推动了农村"两个文明"建设。

综上所述，"十一五"期间是我区现代化建设的关键时期，建设社会主义新农村是我区社会主义现代化进程中的重大历史任务。建设新农村，创建和谐社会必须根本在于提高农民整体素质。提高农民综合素质关键是要加快发展农民教育事业。依据我区农村的实际情况及这几年我们的实际经验证实，在我区农村开展农民教育迫切和是必要的，而且是我们农民教育工作者义不容辞的责任和义务。

农民教育是公益性的，有的方面是义务的，因此，要想发展农民教育，必须有政府行为保障、制度保障和投资保障。同时充分发挥农广校的体系优势和现有的教育资源，大力开展农村远程教育培训，为社会主义新农村建设和新型农民培养做出自己的贡献。

参考文献

1. 苏英顺. 构建我国农村终身教育体系的思考

2. 中国农村远程教育网

抓住机遇开创昌平区农广校农民教育培训的新局面

吴洋　北京市昌平农广校

摘要　农民是建设新农村的主体。提高农民素质是建设社会主义新农村基础。近几年来，昌平区农广校通过实施新型农民科技培训项目、农业科技入户项目、农村劳动力转移培训、农民教育大讲堂、农民学历教育等，促进了农民的文化素质、科技素质、农业生产技术水平和实践技能的提高。在新时期，培养“有文化、懂技术、会经营”的新型农民，是新农村建设最本质、最核心的内容，也是农民最为迫切的要求。抓住新型农民培养，就抓住了新农村建设的关键。

关键词　抓住机遇　开创　农民教育　新局面

建设社会主义新农村，农民是主体。农民素质的提高，是建设社会主义新农村的关键。农民素质包括思想道德素质、科技文化素质，身体素质三个方面，其中，科技文化素质是关键。提高农民素质要以科技文化素质的提高为重点，带动和促进农民综合素质的提高。如何提高农民素质，充分发挥农民的主体作用，是当前乃至今后相当长时期的一项艰巨任务。也是昌平区农业广播电视学校抓住机遇发挥自身优势开展培训的好时机。

昌平区 2006 年末全区常住人口 82.9 万人，比上年末增加 4.7 万人。其中 17 个镇户籍人口 492 074 人，农民户籍人口有 22.2 万人。2006 年全区帮助 8 388 名农村富余劳动力实现就业转移。培训农村劳动力 7 226 人。通过数字可以看到，在今后相当长的时间为我区培养新型农民以及提高我区农民素质增加农民收入，是昌平农广校一项重要工作。

一、培养新型农民是建设新农村的重要保证

昌平区位于北京市西北部太行山脉与燕山山脉交汇处，是首都的中郊区，最南端距市中心 10 公里，在历史上素有“京师之枕”的美誉。区域面积 1 343.5 平方公里，辖 15 个镇、2 个街道办事处和北企公司，常住人口 82.9 万人。全区 2007 年农林牧渔业总产值 93 831.6 万元，与去年同期相比增长 0.2%。种植业实现产值 50 390.1 万元，同比增长 3.4%。林业实现产值 13 715.7 万元，同比增长 10.1%。

渔业实现产值 2 994.5 万元，同比下降 7.7%。畜牧业实现产值 26 731.3 万元，同比下降 8.4%。

建设社会主义新农村要求按照生产发展、生活宽裕、乡风文明、村容整洁、管理民主的标准，扎实稳步推进新农村建设。同时要培养有文化、懂技术、会经营的新型农民，提高农民的整体素质。从新农村的建设主体是农民出发，提出“有文化，懂技术，会经营”的社会主义新农民应具备一定的文化技能、科技技能、经营管理技能和法律意识、公共道德意识；抓住教育是提高农民素质、技能的根本之途，昌平农广校结合我区农民实际情况，首先要充分认识到农民教育培训工作的重要性和紧迫性。

(一)培养新型农民是昌平区新农村建设的核心内容

建设社会主义新农村，就是要造新时期提高自身素质的新型农民，这也是新农村建设的要求。新型农民是有文化、懂技术、会经营的农民。新型农民应该具备一定的文化素养、较高的技能素质、较强的经营能力。培育新型农民是建设社会主义新农村的重要前提，培养新时期、新素质、新观念的新型农民，可以更充分地发挥新时期农民在建设社会主义新农村中的主体作用。

没有新农民就没有新农村；建设新农村，就要培养新农民。农民是新农村建设的主体，是新农村建设的直接参与者和主要受益者。没有农民科技文化素质的提高，没有适应现代农业建设需要的新型农民，新农村建设就缺乏根本支撑。只有培养造就新时期的新型农民，并且使新型农民成为建设新农村的力量源泉，才能让农民富裕，才能提高农民务农和转移就业的能力，才能使农民崇尚科学，崇尚文明，形成农村良好的社会风气。

(二)培养新型农民是推进昌平区新农村建设的关键

新农村建设的关键在于发展农村经济和提高农民素质。农村经济的发展一靠政策、二靠科技、三靠投入，只有把农民培养成掌握和运用现代科技的新型农民，才能使农业科技成果真正转化为现实生产力，才能更好地实现农民增收。所以，昌平农广校要把培养新型农民是新农村建设的关键作为自己的重要任务，开展新型农民的培训，抓住了新型农民培养，就抓住了新农村建设的关键。

二、昌平农广校农民教育培训工作中要重点解决的问题

农民教育培训是培养和造就新型农民的根本途径。影响农民教育培训工作的因素很多，昌平农广校当前和今后一个时期，需要解决的几个问题。

(一)采取更为有效的措施，建立健全农民教育培训工作长效机制

要充分发挥广播、电视、网络等远程教育培训手段的优势，采用发放农民科技

报、农民科技培训杂志、发放光盘、科技直通车下乡、农民教育大讲堂等形式解决。目前昌平区农广校和各乡镇之间还存在的数字鸿沟的问题，多媒体双向视屏体系正在有条不紊的建设当中。区教委、区采购办和区成人教育中心都给予了大力的支持。昌平农广校当前开展普及性知识培训，主要采取三下乡活动，即媒体下乡、科技下乡、教师下乡。采取面对面的现场培训方式，注重理论知识和实践的结合，用通俗易懂的教学方式提高农民的综合素质。以上活动的开展离不开政策的支持和经费的补助，只有这样昌平农广校也就为农民教育培训工作提供条件保障。在此基础上，昌平农广校要进一步完善体系、强化手段、稳定队伍、同时要做好宣传工作调动农民自身培训的积极性，建立起农民教育培训工作的长效机制。

（二）提高农民教育培训效果，真正做到让农民满意

昌平农广校根据农民的需要，采取农民喜闻乐见的方式开展教育培训，不断提高农民教育培训效果。在当前，昌平农广校为昌平区流村镇和马池口镇的10个村子进行的“农民教育大讲堂”正是经过详细调研，制订出了适合农民口味的培训方案。就是要以培训内容农民是否需要、培训方式农民是否接受、培训结果农民是否满意，来作为衡量农民教育培训效果好不好、质量高不高的标准。在开展调查研究，摸清基本情况，准确把握农民需求，根据需求确定培训内容；在组织实施上，要进村办班，利用集中讲解、现场指导等灵活多样的培训方式，方便农民学习，提高学习兴趣，确保取得实效，努力做到真正让农民满意。

三、昌平农广校新时期农民培训工作的新思路

昌平区总面积1 352平方公里，耕地面积36万亩，农业人口24.7万人，农村劳动力11.8万人。昌平区农民培训有着广阔的空间。昌平农广校要从以下几个方面着手，开创新的农民培训思路。

（一）是要深入镇村、调查研究

听取镇干部和农民对于开展什么是最符合农民需要的培训项目的意见和建议，初步掌握昌平区农民和农村需要开展培训的规律和特点，使得昌平农广校摸清切实符合昌平实际、符合农民最基本意愿培训内容。昌平农广校2008年开展的“农民教育大讲堂”培训工作，就是以上述内容为切入点，制订出了符合农民需求的培训计划。

（二）是结合昌平农广校自身的“三下乡”特点

为农民服务出发因地制宜、搞好培训的计划，立足现有的条件、着眼长远，从实际和现有条件出发，确定农广校今后培训的目标和实施步骤，把这些内容作为昌平农广校今后为昌平新农村建服务的一个方向有计划、有步骤、有重点地逐步推进。

(三)是要抓住重点、以培养农村实用人才为重点

积极参与"百万中专生计划"和"技能+基础"培训计划,培养具有中专学历的实用人才,提高他们带头致富和带领农民共同致富的能力。以产业发展为依托,围绕产业设置专业,采取远程教育和面授辅导相结合的方式,重点培养农村实用人才、生产能手、能工巧匠、经营能人、农村带头人、专业能人等,从农民最想接受培训内容的实际入手,为农民办好实事。同时,继续开展以提高农民素质为内容的"农民教育大讲堂"活动。

(四)是要完善农广校培训机制、形成合力

在区教委和成教中心领导下、形成全体教师积极参与的工作机制。在培训上、健全新型农民培训实施体系。

1.是成立学校自身的新型农民培训组织机构。

2.是组建新型农民培训实施机构、分层次实施培训,做好师资培训 、做好面向农民的培训。

3.制定培训考核机制,一是制定"培训卡" ,二是填写培训反馈卡,包括培训的时间、地点、人员等信息。培训结束后,组织培训人员、授课老师和听课人员分别签字,反馈表交由学校检查验收、统一管理,以此保证培训工作的真正落实到位。同时加强民主决策、管理,充分调动老师的积极性和主动性,加强建设社会主义新农村的宣传教育,使全体老师都有共同关心和热情参与社会主义新农村建设。

(五)是要总结经验、抓好试点

总结实践,发现典型经验,开创昌平农广校在新时期服务新农村的新局面。同时加大学校宣传力度,营造良好的舆论氛围。要利用广播、电视、报纸、杂志、网络等大众媒体,加强对农民教育培训重要性和农广校作用的宣传,使农民认识农民教育培训的重要性、关注和支持农广校的工作,同时拉动农民对教育培训的需求。要及时发现和树立先进典型,总结和推广先进经验,宣传农民教育培训工作取得的成绩和典型人物的先进事迹,激励和鼓舞大家争优创先,争做贡献。

四、昌平农广校要充分发挥培养新型农民的重要作用

农广校"作为我国重要的农业职业教育、农民科技培训和农村实用人才培养基地,在建设社会主义新农村的历史进程中肩负着重大使命"。昌平农广校多年来开展了比较多的农业实用技术培训,培养了大批农村实用人才,为促进昌平区农村经济社会发展做出了应有贡献。当前和今后一个时期,昌平农广校要抓住机遇勇于开创,进一步按照"培养新农民、建设新农村"的要求,紧紧围继续发挥农民教育培训的重要作用,培养新型农民,为昌平区新农村建设做出新的更大的贡献。

(一)以培养新型农民为重点,大力开展农民科技培训,提高农民务农技能和科技文化水平

举办各种实用技术培训班,积极开展培训、咨询、示范。结合新型农民科技培训项目,举办多种技能证书培训班,使农民具备从事农业技术工作要求的基本知识和基本技能,着力培养大批骨干农民。

(二)继续配合农委开展农村劳动力转移培训,提高农民基本素质

要发挥昌平农广校自身优势,开展农村劳动力转移引导性培训工作,提高农民转岗转业技能,增强农民转移就业能力,加快农村劳动力转移步伐。在培训中,要提高培训的针对性,规范培训内容,保证培训时间,加强实践教学,努力提高培训质量。

(三)以培养农村实用人才为重点,积极开展"百万中专生计划"和"技能+基础"培训计划,培养具有中专学历的实用人才,提高他们带头致富和带领农民共同致富的能力

以昌平产业发展为依托,围绕产业设置专业,采取远程教育和面授辅导相结合的方式,重点培养村组干部、专业能人、农民合作经济组织骨干、农村经纪人和远程教育接收站点管理员等,使他们成为建设社会主义新农村的带头人和发展现代农业的骨干力量。"百万中专生计划"已被列入农业部 2006 年要办的 15 件实事之一。昌平农广校抓住机遇积极参与,主动承担任务,认真抓好招生、教学和管理等各个环节,确保把实事办实,把好事办好。

培养新型农民,昌平农广校义不容辞,责任重大。昌平区教育委员会和成人教育中心都把昌平农广校作为重点扶持的学校,这无疑提升了昌平农广校办学实力。要完成好这一重任,昌平农广校还要在以下几个方面下工夫。

1. 加强能力建设,改善办学条件。基本建立了覆盖全区的农民远程教育培训体系,为农村培养了大量实用人才。但目前总体来说,体系比较脆弱,基础条件差,制约了体系功能的发挥。2008 年农广校在区教委和成教中心的协助下,要下大力气抓体系建设,从各方面争取政策和资金,健全机构,明确职能,改善条件;昌平农广校要在新农村建设中主动发挥作用,争取各级政府和主管部门的重视与支持,努力成为深受欢迎的农民教育培训的中坚力量。

2. 加强队伍建设,提高教育水平。从目前情况看,昌平农广校师资队伍的能力和水平与承担任务的要求相比还有差距。要采取各种有效措施,培养既具有教育教学能力、又具有实践技能和指导能力的"双师型"教师队伍,农广校由于自身拥有的专职教师队伍的力量有限,今后还要选聘农村各行各业的专家、基层科技人员和能工巧匠担任辅导学员学习和指导学员实践的兼职教师,建立起一支高水平的专兼职教师队伍。

3.创新培训模式,工作落到实处。昌平农广校要发挥体系健全、了解农村、熟悉农业、贴近农民的优势,发挥教育培训、科学普及、技术推广、信息传播、政策宣传的综合功能,不断拓宽工作思路,强化工作措施,下沉工作中心,把培训工作落到实处。把培训教师、媒体资源和人才培养“三进村”模式,当作昌平农广校很好的农民培训模式,贴近和方便农民,可以为农民提供有效的技术指导、优质的媒体资源和教育培训服务,可以把培训工作做实,让农民看到变化、得到实惠。当前,特别要创新对在家务农人员的培训方式和培训内容,使其能成为新型农民,努力解决“会农的不务农、务农的不会农”的问题;要重视农民的道德教育和法制教育,将其列为重要培训内容。

4.加大昌平农广校宣传力度,营造良好的舆论氛围。利用广播、电视、报纸、杂志、网络等大众媒体,加强对农民教育培训重要性和农广校作用的宣传,使全区认识农民教育培训工作的重要性、关注和支持昌平农广校的工作,形成良好的舆论氛围,同时拉动农民对教育培训的需求。

昌平农广校在新的机遇面前继续发扬艰苦创业、团结奋斗、求真务实、开拓进取的“农广精神”,培养新农民,服务新农村,为昌平区“三农”做出自己应有的贡献。

参考文献

1.潘盛洲.新农村建设与农民教育.培养新农民　服务新农村——农民教育创新与发展论坛报告.2005.11

2.张昭文.农村职业教育与成人教育.培养新农民　服务新农村——农民教育创新与发展论坛报告.2005.11

3.廖显珍.关于建立健全我国农民职业教育支撑保障机制的若干思考.农民科技培训.2008(3)

4.杨月娟.对新型农民中专班管理工作的分析和思考.农民科技培训,2008(1)

房山区农民专业合作组织发展中的问题及其对策

邱　强　纪海英　北京市房山农广校

摘要　近年来，房山区紧紧围绕当地主导产业和优势产业，积极发展农民专业合作经济组织，采取先发展后规范、边发展边规范的原则，循序渐进，逐步规范提高，促进了农民专业合作经济组织的健康发展。房山区政府相继出台了《关于加快发展农民专业合作经济组织的实施意见》、《农民专业合作经济组织示范章程》等一系列政策、制度，探索成立了一批以农民为主体、以民办为核心、以利益为纽带、以服务为手段、以章程为依据、以增收为目的的农民专业合作经济组织。虽然各级政府的政策对农民专业合作组织的发展都非常有利，但房山区农民专业合作组织的实际发展情况很不均衡，在具体运作过程中仍会遇到这样那样的问题，问题的症结在哪里，应当如何通过制度创新、方法创新去解决问题，为了推动房山区农民专业合作组织更好地健康规范发展，我校决定对房山区农民专业合作组织基本情况进行调研，探索归纳出一条适合房山区农民专业合作组织健康稳定发展的路子。

关键词　农民　专业合作组织　问题　对策

2003年3月1日实施的《中华人民共和国农业法》的相关条款中明确规定："国家鼓励农民在家庭承包经营的基础上自愿组成各类专业经济合作组织。"2006年中央一号文件又明确提出要"积极引导和支持农民发展各类专业经济合作组织，加快立法进程，加大扶持力度，建立有利于农民经济合作组织发展的信贷、财税和登记等制度"。2007年7月1日，《中华人民共和国农民专业合作社法》颁布实施，国家以法律的形式规定了农民专业合作组织的地位。2008年中央一号文件再次明确提出要："积极发展农民专业合作社和农村服务组织。全面贯彻落实农民专业合作社法，抓紧出台配套法规政策，尽快制定税收优惠办法，清理取消不合理收费"；"鼓励农民专业合作社兴办农产品加工企业或参股龙头企业"。法律法规相关政策的相继出台，为农民专业发展描绘了宏伟蓝图，提供了广阔的空间。为落实以上政策，房山区农委、财政局、经管站等八个部门联合下发了《关于促进农民专业合作组织发展的意见》，进一步明确了房山区对合作社在生产发展、流通销售、规范创优、科技培训、社会服务等五大环节上的支持重点，并在2007年，房山区政府列支专项扶持资金500万元，专门用于专业合作社建设，为房山区农民专业合作社发展不仅创造了良好的政策环境，同时也提供了有力的资金保障。在各级政府大好的政策环境下，截止到2007年10月底，房山区158家农民专业合作组织，为房山区农业的发展起到了积极的推进作用，促进了房山区主导产业的发展，推进了农业产业化经营。虽然各级政府的政策对农民专业合作组织的发展都非常有利，但房山区农民专业合作组织的实际发展情况很不均衡，在具体运作过程中仍会遇到这样那样的问题，问题的症结在哪里，应当如何通过制度创新、方法创新去解决问题，为了推动房山区农民专业合作组织更好的健康规范发展，我校决定对房山区农民专业合作组织基本情况进行调研，探索归纳出一条适合房山区农民专业合作组织健康稳定发展的路子。

一、基本情况

房山区位于北京市西南部，是典型的人口农业大区，总面积2 019平方公里，山地、丘陵、平原各占1/3；辖25个乡、镇、办事处，462个村，总人口88.6万人，农民人口40.74万人。截止到2007年10月31日，房山区共有农民专业合作组织158家，带动农户64 842户，拥有资产总额34 365.81万元，成员出资总额12 441.87万元。总收入39 260.8万元，总支出36 727.68万元，盈余2 533.12万元，其中盈余返还总额735.03万元。

(一)在工商登记的合作社成为专业合作组织主体

由于《农民专业合作社法》的大力宣传与推动，依法在工商登记的合作社为主体。在158家合作组织中，工商部门登记82家，占52%；经管部门登记55家，占35%；民政部门登记21家，占13%。

(二)入社成员以农民为主体，带动农户能力强

158家农民专业合作组织入社成员20 333户，其中农民成员19 838户，占98%。158家合作组织中共带动农户44 509户，入社农户和带动农户两项之和占房山区总农户的42%。

(三)合作组织规模适中，入社30户以上的居多

在158家农民专业合作组织中，入社农户在100户以上的44家，占28%；入社农户在30～100户以上的59家，占37%；入社农户在30户以下的55家，占35%。

(四)组织分类情况

1.按组织性质划分，专业合作社占主体。158家合作组织中，专业合作社有118家，占75%；专业协会有40家，占25%。

2.按行业性质划分，以种植业为主。158家合作组织中，种植业有66家，占

42%,畜牧业有54家,占34%;林业、渔业、服务业及其他行业共有38家,占24%。

3.按经营服务内容划分,以产加销一体化服务为主。158家合作组织中,产加销一体化服务的合作组织有128家,占81%;加工服务、运销服务、购买服务、农机服务、技术信息服务、仓储服务及其他服务的合作组织共30家占19%。

4.按负责人身份划分,以农民领办合作社为主。158家合作组织中,农民领办的合作组织有80家,占51%;村集体经济组织代表领办的36家,占23%;企业代表领办的22家,占14%;事业单位、社会团体及其他代表领办的20家,占12%。

从以上情况可以看出房山区农民专业合作组织类型多样,农民自建组织占主导地位。合作组织的经营领域已经从最初较为单一的农业、畜牧业逐步向畜牧、种植、林果、农机、科技、民俗旅游等多层面扩展,呈现出多业经营的发展态势。在经营形式上也从以销售为主,向生产、加工、销售一体化方向发展,并且初步实现了与全区农业主导产业发展的有机结合。

二、主要做法

近年来,房山区紧紧围绕当地主导产业和优势产业,积极发展农民专业合作经济组织,采取先发展后规范、边发展边规范的原则,循序渐进,逐步规范提高,促进了农民专业合作经济组织的健康发展。房山区政府相继出台了《关于加快发展农民专业合作经济组织的实施意见》、《农民专业合作经济组织示范章程》(以下简称《章程》)等一系列政策、制度,探索成立了一批以农民为主体、以民办为核心、以利益为纽带、以服务为手段、以章程为依据、以增收为目的的农民专业合作经济组织。房山区政府在合作组织建设中把健全内部管理制度、增强创新能力作为重点,做到了合作组织建设与主导产业发展、农产品品牌建设、农产品加工企业建设三个结合,加大扶持、管理两个力度,使全区农民组织化程度进一步提升。

(一)发展农民专业合作组织与主导产业发展相结合

围绕主导产业建设,整合形成了中国果品流通协会房山磨盘柿分会、房山区红小豆产销协会、房山区食用菌产销协会、房山区休闲观光旅游协会、琉璃河肉鸭产销协会,农民组织化程度进一步提升。

(二)发展农民专业合作组织与提高农产品品牌建设相结合

专业合作组织通过实施品牌战略,打造出了一批优势农产品品牌,增强了市场竞争力。近几年,房山区已经创出了"御贡"磨盘柿、"京葫"葡萄、"金北联"红小豆、"青龙湖"食用菌等一批具有一定品牌优势的特色农产品,扩大了市场知名度,提高了经济效益。

(三)发展农民专业合作组织与农产品加工企业建设相结合

引进和建设以本区农产品深加工为主的项目,促进合作组织与龙头企业的合作,拓宽服务领域、完善服务内容。比如:雾岚山柿子酒加工厂,琉璃河的天鸿顺肉鸭加工厂,石楼香猪加工厂。

政府还加大扶持力度和加大管理力度。通过项目申报、银农合作、财政补贴、商标认证等形式加大对农民专业合作组织的扶持力度。通过制定章程、农村经纪人培训等形式全面加强对合作组织的规范化管理和指导服务,引导合作组织实施跨地区、跨行业的联合,逐步形成上联市场、下联农户,各个合作组织间相互协作的局面。

三、房山区农民专业合作组织发展中存在的问题

尽管农民专业合作组织在房山区现已初具规模,各方面的政策对农民专业合作组织的发展非常有利,但在农民专业合作组织具体运作过程中仍然存在许多的问题和困难,需要在实践中不断的发展和创新。

(一)宣传力度不够,缺乏引导

个别乡镇对发展农民专业合作经济组织的认识不够,宣传力度不大,缺乏引导。有些群众对加入专业合作经济组织存有疑惑,担心经济遭受损失,主动参与意识较差,影响了合作组织的正常发展。

(二)经营管理者能力有待提高

房山区158家合作组织中,农民领办的合作组织有80家,占51%。调查中我们发现这些由农民经营的管理者其整体观念、自律意识和文化素质都较低,领导方法简单,宣传发动能力不足,自身缺乏合作技巧、合作知识、经营才能和奉献精神。所以,这些农民领导对于怎样强化管理、如何规范行为才能领导自己的组织立住脚,博得各方面的认可,就有些力不从心了。

(三)农民专业合作组织的运作规范化程度低,抵御市场风险的能力还相当有限

在统计调查的158家合作组织中,能够统一销售产品80%以上的合作组织只有30家,仅占18%,统一购买农业生产投入品80%以上的合作组织只有18家,仅占11%。培训成员和农民次数人均仅1.9次(仅指入社成员而言),其中成员从未接受过培训的有15家。综合以上指标数据和我校调查的情况,我们发现房山区多数专业合作组织尚处于发展的初级阶段,在经营管理、制度建设等方面还不够完善,活动较松散,组织能力较弱,经营也不够规范,重盈利轻服务,重分配轻积累的问题还比较明显,一些合作经济组织与社员只是简单的买卖关系;合作经济组织仅

仅停留在生产环节或技术方面的简单合作，没有解决好把农民组织起来进入市场的问题，直接影响了合作组织对农户带动作用的发挥。

(四)组织内部制度不健全，内部管理尚待规范

通过调查，我们发现多数合作社虽然取得了市场主体资格，但内部管理和建设是滞后的，缺乏有效的制度建设机制。虽然一部分合作社达到制度上墙的要求，但大部分制度只是一些岗位职责。民主管理及经营管理等重要制度没有建立，日常运作包括重大事务决策往往由个别人说了算，不能按照组织《章程》的程序办理具体事务，内部管理亟待加强。

(五)经营理念需待转变

在158家农民专业合作组织中，能够执行农产品生产质量标准的有49家，仅占31%；建立了农产品质量追溯制度的有33家，仅占21%；通过农产品质量认证的有49家，占31%；拥有注册商标的有35家，占22%。大部分合作组织的经营还停留产品的初级生产阶段和简单包装销售上，缺乏现代化的经营意识和对市场的洞察力，合作组织负责人的经营理念需待转变。

四、加快房山区农民专业合作组织发展的对策措施

为了使合作组织在社会主义新农村建设中发挥更大作用，针对目前房山区农民专业合作组织的发展状况及存在问题，重点要将农民合作知识的培训和教育放在首位，坚持发展与规范并重的原则，确保农民利益，确保农业增效，确保农村经济发展。

(一)加强指导和引导工作，营造宽松的发展环境

不少专业合作组织虽然迫于市场的需求进行了合作，但不能按照组织《章程》的程序办理具体事务。还处于一种农民的自发合作，并且随意性很大，时间一长，矛盾积累会造成合作关系破裂。房山区农民专业合作经济组织发展的实践证明，当地党委、政府的支持力度越大，合作组织发展得就越快。因此，在发展农民专业合作组织过程中，各级政府应总结经验，加强指导，对合作组织骨干力量进行专门培训。要切实发挥各级党委、政府的作用，转变职能、找准定位，努力营造放手发展的宽松环境。应进一步强化“扶持合作组织就是扶持农民”的理念，坚持“民办、民管、民受益”的原则，重点在发展导向、组织形式、市场资讯、技术指导、信息平台共享、人力资源开发等关键环节做好指导服务。深入合作组织开展调查研究，帮助合作组织解决在生产、经营、管理中存在的突出问题，提高其发展能力和规范化水平。

(二)加强合作组织的教育与培训，提高合作组织法人及成员的综合素质

农民专业合作组织的发展水平，很大程度上取决于合作组织的教育与培训状

况，而房山区在这方面培训相对比较滞后。要发展农民专业合作组织，除了提供制度环境，还必须对农民进行合作知识的培训和教育，并适时进行引导。要把各乡镇的主管领导、合作组织的法人、各合作组织一定比例的成员代表集中起来，分期分批进行合作思想、合作组织宗旨与原则、运作机制、管理机制等基本知识的培训，提高合作组织法人乃至成员综合素质。培训内容应围绕以下三个方面进行。

1.合作社基本知识和基本技能培训　通过培训，让农民专业合作组织法人及成员了解什么是市场经济条件下的合作社，为什么要参加合作社等，使他们提高合作思想、合作意识，掌握合作原则、合作技巧，全面激活农民自身的自主、自立、自强意识和群体意识。针对农民专业合作组织法人虽然门路广、头脑灵活，但大多文化水平低，缺乏专门知识的实际，向他们传播新的知识和实用农业技术，使他们学会新本领，解决生产中的实际问题，提高增加农民收入的能力，加快知识更新的速度，抢占企业竞争的制高点。

2.政策法规培训　首先充分利用《中华人民共和国农民专业合作社法》出台的契机，通过各种宣传途径对合作社法及其实施细则进行广泛宣传，同时做好对先进典型的宣传。对农民专业合作组织法人进行诚信、市场、法律法规、职业道德、工商管理等知识的培训，提高他们的道德水平和维权能力，及时了解和掌握国家的大政方针，使合作组织形成一个整体，共同创品牌、打市场、守诚信、树形象，与时俱进，上时代的步伐。

3.经营管理能力培训　通过对农民专业合作组织法人进行合作组织宗旨、原则、运行机制、利益机制、信贷、投资、财务管理、市场营销等基本知识的培训，使法人更新观念，拓展知识面，增强他们的实际操作能力，鼓励他们创业、创新，学会运用现代企业的管理方法管理合作组织，从而为推进农民专业合作组织的健康稳步发展，提供有力的思想保证和组织保证。

(三)明确部门职责，从管理上做好协调促进规范发展

农民专业合作组织的运营涉及到部门与行业的方方面面。农民专业合作组织的规范管理与健康发展，离不开各部门与各行业的大力支持。明确部门职责，让合作组织有问题能够明确知道该向哪个部门反映。摆脱多部门管理，多头不管的不良局面。明确部门职责，形成部门合力，定期召开会议，定期交流情况，研究解决问题，共同合力推进合作组织的规范管理与健康发展。

(四)建立激励制度，从机制上提升规范管理与发展的动力

建立合作组织规范化管理与建设的政策引导机制，把规范化管理与建设作为合作组织享受政策扶持的重要条件。凡是要享受产业化政策项目资金扶持的合作组织，必须是规范化建设达标的合作组织。从机制、制度上激励合作组织规范管理，提升规范化动力，促进其健康发展。

参考文献

1. 房山区2007年统计年鉴

2. 房山区农业委员会2007年工作要点

3. 2007年7月1日实施的《中华人民共和国农民专业合作社法》

浅谈“分层教学法”在农民中专班教学中的应用

杨月娟　北京市房山农广校

摘要　房山区农广校韩村河镇新型农民中专班自开办以来，无论是学校还是教师都非常重视学员的学习情况。因为中专班学员参差不齐，这就要求教师要根据学员个体情况设计具体的教学方案。针对这种情况我决定在教学中采用“分层教学法”。分层教学就是在学员有差异的前提下，对同一班级的学员实施分层次教学，从而确立以学员为主体的、面向全体学员的、让每个学员都学有所得，进而使教学过程最优化，最终获得最佳发展的教育教学理念。这种教学法在一年多的实践中收到了良好的效果。

关键词　分层教学法　农民中专班　教学　应用

按照中央农业广播电视学校农业教育现状调查的要求，2006 年，我校对房山区 21 个乡镇进行随机抽样调查，以了解房山区农民受教育状况。并与韩村河镇联合进行了新型农民培养的试点工作。

2007 年 4 月 18 日，我校在韩村河镇开办了全区第一个农民中专班，专业主要以计算机应用技术为主。

韩村河新型农民中专班共有学员 567 名，其中：40 岁以上 178 人，40 岁以下 389 人；男学员 83 人，女学员 484 人；村干部 36 人、党员 41 人；年龄最大的 53 岁，最小的 22 岁；高中学历 34 人，初中学历 487 人，小学学历 55 人。分析表明，新型农民中专班学员基础参差不齐，女同学占 84%，40 岁以下占 68%，高中学历占 6%，初中学历占 84.3%，小学学历占 9.7%。这些学员中，年龄小一点儿的对计算机有一些了解，年龄在 40 以上的学员，有相当一部分以前从未接触过电脑。这就要求教师要根据学员个体情况设计具体的教学方案。针对这种情况我们决定在教学中采用“分层教学法”。

一、什么是“分层教学法”

分层教学就是在学员有差异的前提下，对同一班级的学员实施分层次教学，从而确立以学员为主体的、面向全体学员的、让每个学员都学有所得，进而使教学过程最优化，最终获得最佳发展的教育教学理念。是教师根据学员在基础知识、基本技能，思维定式、兴趣特长等方面的差异，把学员分成几个层次，从学员具体情况出发，有区别、有针对性地进行教学活动，以达到全面提高的目的。

二、构建高效的“分层教学”教学模式

分析学员是实施分层教学的基础工作，了解学员是分层教学的前提。在教学中，教师要善于根据不同层次的学员，具有不同的接受能力和学习能力，让每个学员都能积极地行动起来。

（一）课堂教学层次化

为使课堂教学适应学员的个体差异，必须严格围绕教学目标分层次，对学习目标进行分层是实施分层教学的关键。教学目标对教学具有调控和导向作用，对学员具有诱导和激励作用，它既是教学的出发点又是教学活动的归宿。所以教学目标的制定对教学效果具有决定作用，因而必须结合教材内容对不同水平的学员，规定不同水平的要求。

针对农民中专班学员的差异，我们把学员分成三个层次，分别制定相应教学目标，如在讲解输入法这一课时，我设计了以下的教学目标：A类目标是熟悉键盘，这是针对那些从来没有接触过计算机的学员设计的，着力于基础知识的学习；B类目标是掌握指法，这是针对那些“一指禅”的学员设计的，他们“会”打字，但不知道指法；C类目标是掌握输入法状态的切换及其他切换技能，这个目标则是针对平常会正确打字的学员设计的。这样就切实地解决了有的学员“吃不饱”，有的学员“吃不了”的现象。让低、中、高不同水平的学员都能积极参与到课堂学习过程中，有效的提高课堂教学的效率。

（二）布置作业层次化

对作业分层布置，运用的是阶梯原理，是实施分层教学的重要步骤，只有分层布置作业才能进一步巩固学员在前面已取得的学习成果。

学员是有差异的，有差异的学员做无差异的作业，势必会造成学习效果及效率的下降，所以作业的设计就必须难易有别，体现分层施教，让三个层次的学员都能积极参与做作业（因大部分学员家里没有计算机，所以要在课堂上完成作业），掌握所学课程。

如我在讲授“插入图片”一课时，这样设计作业：C类作业着力于基础知识的巩固。这样，学员在作业过程中要动手更要动脑，能很快掌握插入图片基本格式，又复习了插入图片的基本方法，培养了归纳能力。B类作业是对基础较好的学生提出的，注重插入图片在实际生活中的运用。让学员利用Word制作一张图文并茂

的电子文档，通过积累、想象、体味作业，把知识深深地印在自己的脑海中并随时运用于生活中。A 类作业是对于学习兴趣浓厚，有扎实的基础知识的学员提出的，让他们制作一组围绕某主题的电子小报。这样，可补充一些探索性强、思维量大的内容，促使其在知识的横向上加宽、纵向上加深。

这样设计的作业对于智力因素较好，有潜力的学员重在调动非智力因素，引导他们在独立思考、刻苦钻研上下功夫；对于学习吃力，成绩不理想的学员重点在学习方法、学习习惯上的指导，以强化基础、巩固技能为主。充分的解决了“吃不饱”和“吃不了”的现象。

(三)辅导学员层次化

分层次辅导学员可以加深学员对知识的理解，各层次学员可以利用老师辅导的机会及时解决自己头脑中的问题。

在课堂上设计不同层次的提问能最大限度地给学员表现的机会，满足学员取得成功的愿望，这也是激发学员学习的主要途径。因此在教学过程中应根据教材重点、难点，针对不同层次学员爱好、兴趣和特点，有步骤、有目的地设计一些富有启发性、挑战性又是学员力所能及的问题，调动起学员兴奋、好奇的情绪和急于解决问题的愿望。

由于计算机知识具有很强的连贯性，如果前面的知识没有学会，在学习新知识时就不会完全掌握。对于学习困难的学员的辅导，我主要强调新旧知识的连贯，帮助学习困难的学员巩固以前的知识，理解并简单运用新知识。对于中等学生，我主要强调对本节知识的巩固掌握，采取练习的形式来加深他们对新知识的理解。对于优等生，除了帮助他们进一步巩固新知识以外，主要强化他们对本节知识和其他已有知识的综合应用，以及与后续知识的联系。简而言之，我对学员的分层辅导主要体现在三个方面：“扎实旧知识”—“巩固新知识”—“新旧知识的综合应用、与后续知识的联系”。分层辅导如果做得好，可以起到事半功倍的效果，不可忽视。

(四)评价学员层次化

分层评价学员是实施分层教学的原动力，可以让学员获取成功的喜悦和满足。学员需要的是鼓励、支持、理解、帮助，而不是责骂、埋怨甚至是侮辱。教学中或课后的一个微笑、一句赞扬、一个鼓励的动作都是老师对学员的评价。

对于基础知识薄弱、进步缓慢的学员，用激励的语言鼓励他们，帮助他们树立信心，提高学习兴趣，使他们时常得到成功的喜悦。对于中等学员，也需要树立自信，进行激励，帮助他们审视自己在学习中存在的问题，建立解决问题的计划。对于能力水平高、基础好的学生，评价应严格，不但要正确的肯定他们的成绩，还要调整心态继续完成学习任务，更要采取多样化手段，体现出自己独特的风格和创新意识。

不同的评价会取得同样的效果,这样就形成一种你追我赶的学习氛围,共同提高学习成绩。

三、反思

通过这一学年进行分层测试的研究,学员们无论是在学习态度上,还是学习效果上都有了很大的提高。

以前从对计算机一窍不通的学员,现在都会打字、能编辑排版,还能进行简单的计算机操作。以前学习基础好的学员,在学习中不仅提高了自身的素质,还能自主创业,赵晓娟的爱人从外面买回小狗,她在家中负责饲养,把信息传到网上,进行宣传,运用所学知识增收创收。学员陈光晗作诗称赞房山区农广校为他们提供的学习机会,并于 2008 年 10 月以学习汇报的形式感谢教师为他们所做的一切。

事实证明,教学分层、训练分层、作业分层,评价分层,确实会增强学员的自信心,使学员体会到自己有取得成功的能力,从而提高学习兴趣。

但在新型农民中专班教学过程中,还面临很多的困难和问题。虽然实施了分层教学法并取得了一定的成绩,但总觉得有许多地方做的不尽如人意。首先,实施分层教学法对教师提高了要求,在时间、精力、课前教学准备等都提出了更高的要求,一定要做好课后分层辅导和配套练习工作,及时解决学习问题,巩固知识。

总之,教师进行“分层”设计时,要仔细推敲每个知识点、统筹兼顾,为学员设计、构造出一系列典型的操作性任务,让学员在学习中掌握知识、技能和方法。真正体现教学中学员的主体地位和教师的主导地位,充分发挥学员的主观能动性,训练他们的各种创造性思维,全面提高他们的综合素质。

参考文献

1. 中小学计算机基础教程教学指导书. 全国中小学计算机教育研究中心.

关于新型农民培养工作的几点思考

周廷功　孙凤儒　北京市怀柔农广校

摘要　农民是新农村建设的主体，培养造就新型农民是新农村建设的关键环节与核心内容，走现代农业的发展之路是我国发展农业的必由之路。为新型农民的培养服务不仅是必要的，而且是可行的。应利用自身优势，从提供文献信息、技术、场所，培训农民，举办各种活动等多种途径来为新型农民的打造提供平台，促进农民素质的全面提高和新农村建设的健康发展。

关键词　新型农民　培养　思考

《中共中央、国务院关于推进社会主义新农村建设的若干意见》明确指出要“加快发展农村社会事业，培养推进社会主义新农村建设的新型农民”。具体来讲，培养新型农民就是要培养造就有文化、懂技术、会经营的新型劳动者。这标明农民科技教育培训事业又站在一个崭新的发展起点上，农民不仅是建设现代农业的主体，也是新农村建设的主力军，发展现代农业，建设社会主义新农村，必须大力提高农民综合素质。

当前我国农民素质状况不容乐观，农民教育工作艰巨而繁重。以怀柔区为例，农民教育情况呈现以下几个特点：

一是任务重。农村人口数量巨大，目前全区人口总数27.568 8万人，农村人口16.199 2万人，占总人口的58.76%，其中农村劳动力8.041 2万人。基于现实人口基数，今后一个时期内农村劳动力还会不断增加。

二是素质低。农民整体素质偏低，据怀柔区统计局统计，截至2007年末，全区农民平均受教育年限不足6年，农村劳动力中，文盲半文盲占9.0%，小学文化程度占11.4%，初中文化程度占48.3%，高中文化程度占25.6%，大专以上文化程度占5.4%。

三是压力大。随着全社会对农民教育重视和关注程度的提高，各种力量势必会不断地参与到农民教育中来，这对于促进农民教育培训的发展是非常好的势态，但各种各类教育培训机构之间的竞争将更加激烈，农广校生存与发展的压力也将逐步增大。

四是标准高。新型农民的内涵体现了人的全面发展和进步。培养新型农民必须要从提高农民的综合素质入手，必须在文化、技术、经营等多方面开展系统的教育培训，对教育培训的条件、师资、时间具有更高的要求。

五是需求广。随着农业科技进步日新月异，以及越来越多的农民向二、三产业转移，农民对教育培训的需求更加宽泛，教育培训内容要求更加丰富、教育培训层次、手段和形式要求更加多样。

提高农民素质，是促进传统农业向现代农业转变、从根本上解决“三农”问题的关键所在，是加快转移农村富余劳动力、推进工业化和城镇化、将人口压力转化为人力资源优势的重要途径，是促进农村经济社会协调发展的重要举措，是新农村建设最本质、最核心的内容，也是最为迫切的要求。面对复杂的形势、艰巨的任务和激烈的竞争，农广校必须要保持清醒的认识，坚定信心，增强历史责任感和时代紧迫感，抓住机遇，迎接挑战，以大力发展农民科技教育事业为中心确保农广校健康持续发展。

一、坚持培训主体——农广校

经过多年的建设与发展，农业广播电视学校已经形成了完整的中央、省、市、县、乡(镇)五级办学体系和教育培训网络，覆盖全国广大农村，成为我国重要的农业职业教育、农民科技培训和农村实用人才培养基地。农业广播电视学校之所以取得如此令人瞩目的成绩，主要是坚持了正确的办学方向，走出了一条符合国情、民情、农情，艰苦创业发展农民教育的路子。这主要表现在：一是始终坚持了“三个面向，四个服务”的办学宗旨；二是形成了资源共享的体系化远距离办学格局；三是充分发挥远程办学的手段优势。

农业广播电视学校利用广播、电视、互联网等现代化教学手段，把课堂搬到了乡镇、村屯、田间、炕头，既为农村解决了办学缺师资无教材的状况，也为农民学习提供了方便，广大农民可以不离岗，不离乡，就地就近参加学习，较好地解决了工学矛盾。农业广播电视学校这种远程教学方式，打破了时间和空间限制，具有低成本、大容量、广覆盖的优势，是政府办得起、农民学得起的农民教育，是实现大规模开展、大范围普及的农民职业教育。这种农民职业教育形式，面向农村、贴近农民、手段先进、送教下乡、花钱少、见效快，是小机构、大体系，小投入、大效益，政府满意、群众欢迎，缓解了农村教育资源严重不足的局面，是农民教育的一个伟大创举，是实施农民终身教育，构建农村学习型社会的重要途径。农广校是名副其实的农民科技教育培训主渠道，是当仁不让的农民教育培训主体。

二、确保投资主体——政府

人是生产力中最活跃的因素，从新农村建设需要来看，无论经济发展还是社会事业发展，无论基础设施建设还是精神文明和政治文明建设，无论立足当前还是着眼长远，都需要智力支持和人才保障。广大农民是新农村建设的主体，建设社会主义新农村落点在“村”、重点在“农民”。为的是农民，靠的也是农民，没有农民的参与，没有农民综合素质的提高，社会主义新农村建设将会成为无源之水，无本之木，失去可持续发展的依托。可以说，农民的文化素质、技术能力和思想道德水平，直接决定新农村建设的兴衰，决定新农村建设的成败。因此，培养高素质的新型农民是新农村建设的前提和条件。要建设社会主义新农村，一个非常重要的方面就是政府理所应当地成为农民教育的投资主体。

三、坚持培训原则

(一)计划性

随着市场经济的发展，农民的成分也日益分化，出现了在家种地、企业上班、外出务工、个体经商、创办企业等各种不同群体，农民的思想意识和整体素质也出现了较大差异。在这种情况下，对农民进行教育既不能畏难发愁、无所适从，也不能搞“一刀切”，应当既考虑共性因素，又考虑个性因素，将身份各式各样的农民进行合理归类，区别对待，因情施教。按照这一思路，要将教育对象分为留守农民、转移农民、农民骨干、农村党员干部等几个层面，有针对性地开展教育，确保各个层面的农民既接受爱国主义教育、形势政策教育、民主法制教育、公民道德教育、传统美德教育等“公共科目”教育，又接受党员先进性教育、科技知识教育、就业技能培训等“专业科目”教育。

要把农广校工作放到建设社会主义新农村的大局中去把握，放到提高农民综合素质的整体工作中去把握，把教育培训、科学普及、技术推广、信息传播有机衔接起来，大力推进培训进村、科技入户，做到长短结合，远近结合，点面结合，阶段性教育与终身教育结合，普及性培训与基础性、系统性培训结合，理论教学与农民增收致富结合。

优化发展环境，营造良好氛围，在本色上下功夫。农广校的中心任务是农民教育工作。农民教育是公益性、基础性事业，农广校的工作要得到各级党委、政府的重视和联合办学单位的支持，必须用实际行动去争取各级党委、政府和联合办学单位的支持，使农广校的工作能摆到政府的议事日程上，摆到领导的桌面上。这就要求农广校必须围绕各级党委、政府的中心任务，围绕联合办学单位的热点、重点问题开展工作。

(二)科学性

精心设计，满足农民对媒体形式的需求。充分发挥不同媒体的特点和优势，使各种媒体的教学资源互相配合，互为补充。认真研究各种媒体的特性，将各种知识、技术和信息制作成农民喜闻乐见的媒体资源，增强教学吸引力，提高教学效果。

一是建立完善市、区(县)、乡(镇)、村实用人才和农民教育培训网络，通过开动农业科技入户直通车、建设科技书屋、开展致富早班车下乡进村、送科技下乡举办实用技术培训班、开展科技讲座以及建设示范基地，组织科技培训经验交流会、技术推广会等形式，向农民传授实用技能。

二是要组织科技教育培训讲师团，采取定点包片、分区负责的方式，定期送科技下乡，手把手、面对面、心连心地进行现场指导和现场咨询；选派技术骨干作为农村科技特派员，对带动能力强的种植养殖专业大户实行跟踪指导服务。

三是利用现代传播手段向农民传授现代农业科学技术知识。充分利用有线电视覆盖面广的优势，开设电视课堂，定期举办专业知识讲座；利用广播、网络等现代传媒，将第一手农业新技术资料和信息直接传递给农民；开通咨询热线电话，设立专家门诊，解决农民在农业生产中的疑难问题。

(三)时效性

紧紧抓住农民增收致富、提高自身素质、学习新知识、掌握新技能的需求，加强面向多种对象层次、多种学习领域、多种媒体形式、多种传播途径的教学资源建设，满足农民的实际需求。强化选题，满足农民对教学内容的需求。开展深入细致地调查研究，切实了解农民的实际需要，加强教学资源建设的针对性和实用性，使农民能得到需要的内容，学到想学的知识和技术。

(四)致富性

结合农民群众在劳动生产中对科技知识的需求，从转变培训方式入手，让农民群众掌握更多的劳动技能，使农民学了能会，会了能用，用了能富，增强农民致富本领。响应北京市建立都市农民的号召，积极引导农民推广新品种，运用新技术，不断优化农业产业结构，促进农民丰产增收。要加强市场经济知识培训，不断增强农民发展经济的本领，使他们想干事、敢干事、能干事、干成事，成为社会主义新农村建设的带头人，引导农民致富奔小康。

四、培养农民骨干队伍

(一)培养建设新农村的带头人队伍

主要是通过培养深受农民拥护、能带领农民致富奔小康、建设社会主义新农村的村干部,使多数村干部达到大专以上文化程度,通过他们的组织发动和示范带动,引导农民建设新农村。

(二)培养服务新农村建设的公益性岗位人才队伍

通过培养思想观念新、文化素质高、技术业务精、经营能力强的中高等实用型服务人才,打造一支服务于社会主义新农村公共事业建设的人才队伍。诸如:农村环境保护员、动物卫生防疫员、农村发展信息管理员、农村计划生育管理员、农村会计员、农村法律咨询员等等。

(三)培养扎根农村、立志务农的农民骨干队伍

主要是以村为基础、以户为单位,对具有初中以上文化、且扎根农村的青壮年农民,开展多渠道、多层次、多形式的科技教育培训,通过“绿色证书工程”、“新型农民科技培训工程”、“农村科技入户工程”等,使他们掌握农业基本知识,成为适应农业现代化要求的新型农民和今后农业发展的重要依靠力量。

(四)培养适应现代城市建设和发展需要的“农民工”队伍

从城乡统筹发展、推进农村工业化、城镇化、促进农村劳动力转移的需要出发,通过实施“阳光工程”等大力开展对农民的职业技能培训,让走出农村的农民,适应现代城市、城镇的文明要求和生活节奏,最终融入市民行列。

(五)培养农民企业家队伍

选拔一批具有创业和创新精神、专业化生产和规模化经营能力的新型农民和进城返乡的立志创业的农民工,通过政策引导、资金扶持、定点培养等方式,也可采取“村企互动”的形式,将他们培养成掌握先进文化、技术和信息,能进行专业化生产和规模化经营的农民企业家,参与到建设社会主义新农村伟大历史进程中来。

以上关于新型农民培养工作的几点思考是我们结合怀柔地区实际情况,在初步探索农村教育工作实践中取得的一点点有益的经验。而农村人才队伍人数多、分布散、培训面广,培训深度与广度复杂,持续时间长,是一项复杂的系统工程。只有不断的整合农村各种教育资源,发展农村职业教育和成人教育,开发农村人才资源,才能为新农村建设培养一大批懂技术,会经营,善管理的致富能手。

参考文献

1. 怀柔区团委. 怀柔区喇叭沟门“五大课堂”培养新型农民
2. 国家多种形式培养新型农民——农民致富之友
3. 王磊. 培养新型农民
4. 刘亚静. 论培养新型农民

农村成人英语培训教学初探

郝京铧　北京市怀柔农广校

摘要　农村成人开设英语培训是新世纪社会发展的需要，是知识经济时代为了更好地发展与国际发展接轨的必然要求。农村成人英语培训的教学有其独特性，是以激发学生的学习兴趣为前提的，通过听、说、读、唱、演等方式，着重于发展学生的学习主动性、积极性及学习智力，使之获得语言知识技能，形成初级语感、语音、语调，培养其简单英语语言交际的能力。要取得农村成人英语培训教学的成功，就应当把握好其特点，遵循其原则。

关键词　农村　成人　英语　教学

一、农村成人开设英语培训的背景要求

(一)农村成人开设英语培训是社会发展的需要

21世纪，知识经济的发展使人类进入了一个学习社会。科学技术发展迅速，国际竞争也日趋激烈，世界范围的综合国力的竞争，主要是科学技术的竞争，而现代科学技术的主要标志是信息技术。众所周知，当今国际上，英语已成为世界性的通用语言，学习英语已不仅是与国际发展接轨的需要更是我们学好科学知识的重要工具。而我们国家要想更好的对外开放跟上国际时代潮流，就首先应当使我国公民具备使用外语的基本技能。

我们国家是一个农业大国，农村人口居多，因此，要想大力发展农业，让我国的农业经济快速发展，需要借鉴很多国内外的宝贵经验和发展途径，需要大量的具备科学技术知识的新型农民，在这种需求下，农村成人的培训就应运而生，在培训科目中，英语培训因为重要，因此，如何才能取得农村成人英语培训教学的成功，是我们英语教师应深思的一个问题。

(二)农村成人开设英语课程有助于民族素质的提高

农村英语培训可使农村成人了解其他国家和民族的优秀文化传统；可以更好地发展他们的思维，开阔视野，丰富他们的知识与经历；也可以提高他们的各种修养，形成国际竞争意识，使他们在实际生活中更适应社会、经济、文化、科技的发展和满足以后国际交往的需要。

二、农村成人学习的特点

由于过去的农村英语教育底子薄，师资水平参差不齐，教学设备条件有限，又缺乏较好的英语语言学习环境，特别是教学观念陈旧，教学方法与评价手段单一，因此，英语的教学质量提高的速度远远不能满足社会发展的需求。例如：多数农村学生在经过几年的英语学习以后，他们学到的英语仍只能算是"聋哑"英语，词汇量仅有 1 000 左右。而且大多数的农村学生家庭条件不允许他们继续初中或高中的学习。在成人之后，他们在生活的磨炼中，放弃了对知识的学习，只是在为生活忙碌，对于学生时代的薄弱的英语学习，已经遗忘了。因此在教学中，我们要针对农村成人英语学习的这一特殊性进行分析，在教学中要联系他们的生活实际，充分调动他们的学习兴趣和积极性，唤起他们记忆深处的英语知识，对他们进行英语"再教育"。

三、农村成人英语教学的特点

农村成人英语培训教师想使自己平常的英语教学更加有效，首先就得抓住并了解农村成人英语教学的特点。而要了解特点，又得先明确农村成人开设英语课程的目的是什么？农村成人阶段开设英语课程的目的就是要使农村成人通过生动活泼的课堂教学激发学生学习英语的浓厚兴趣，培养他们学习英语的积极情感，形成初步的英语语感，使学生具备良好的语音、语调基础，具备用所学英语进行简单日常交流的初级能力，并养成良好的英语学习习惯，为进一步学习打好基础。因此，农村成人英语教学应具备以下特点：

(一)教学内容贴近生活，能激发出农村成人生的学习兴趣

1. 教学材料和教学活动应贴近于生活，能充分反映农村成人生的日常生活，所学的内容能应用到他们所熟悉的生活中去。如：book，pencil，rubber 等学习用品是他们平常学习中最常用到的，而像 apple，pear，orange 等水果或 My family，My mother，My father 等又都是如实的反映他们的周围环境和社会生活的，学生在学过这些英语以后可以在自己的生活中使用出来，这在一定程度上刺激了他们的学习兴趣。如在学习关于 Fruit 的单元时，教师可利用各种水果，进行实物教学，对于当时无法找到的水果，则可用图片代替。而在学习 Cat、Dog 时可使用绕口令"A cat，a cat，miao，miao，miao. A dog，a dog，wang，wang，wang ."这样就会使抽象的单词变得更加直观，使英语的学习过程更具趣味性。人的语言来自于现实生活，脱离了生活，就学不会语言，因此要让学生觉得故事仿佛就发生在身边，在生活情景中学会学习。

2. 教学内容生动有趣，如韵律诗、歌曲、游戏、会话表演等，可满足农村成人的表演欲，因此也能引起他们的学习兴趣。例如：在讲 Shopping game 一课时，为了使学生更易于学习 May I have……？这一句型，我将这堂课设计为发生在一个 Snack Bar 中的一段情景对话，先让学生当 assistant，由教师充当 customer 指着图片说出 May I have……？然后再由学生上台表演，再接着让学生分组操练，在同学面前表演出来。这样一来，学生的积极性就出来了，学得也特别快。

为了使学生能更好地利用课堂所学，可将平常的内容编成一些顺口易记的小短文。为了使他们记住一些最常见的问候用语，我在平常教学时引用了这样一首小诗：

熟人见面招招手，热情大方说 Hello，
Hi 比 Hello 更随便，朋友问候最常用；
上课之前先起立，Stand up 要牢记，
生人见面相介绍，I am……别忘掉；
清晨见面问声好，Good morning 要说好，
Good bye 表再见，但用 bye—bye 更随便；
How old are you 问多大，别把 How are you 来混掉；
以上用语要牢记，交际起来不费力。

3. 教学的内容、语言真实可见，实用性强，学生可以在上课时通过边用、边学、边做，让他们在用中学、学中用，反复实践，学用结合能使他们对所学知识记忆更为深刻。如在上 My body 时，利用洋娃娃，头像等进行五官教学，并且可以做出一些动物的头像让学生贴在其脸上各部位。在学生对这些有一定认识后，由教师发出 Touch your ……的指令让学生分组表演并比赛，我们也可以将这些内容编成小诗。如：丁丁、丁丁真能干，学习思考用 head，小小 eye 看黑板，竖起 ear 认真听，mouth、mouth 长得巧，讲起英语都说好，nose、nose 嗅觉灵，foot、foot 踢足球，arm、arm 来举重，长长 leg 跳绳快，虽然比赛伤了 toe，领奖 face 乐开了花，全班拍着 hand，夸他为班争了光。

（二）在语言教学时，要重语感，重语音语调基础，重交际能力

1. 上课教学时，以话题为核心，多给学生各种口头练习及听力练习的机会，让他们脑、口、耳并用，并将平常的简单对话动用到肢体表演中去，使他们对所学知识的认识进一步深化，以达到通过大量的实践，使学生具备良好语音、语调及简单会话的能力的目的，让学生尽量多的感知初级语音语调。

2. 让学生成为课堂教学的主体，鼓励他们多说一些自己能说的英语，要不怕学生说时犯错，多给他们口头练习的机会，并通过视、听、说、唱、读、戏等有趣味性的

活动，让学生接触尽量多的语言材料，也可以在教学时开展两人小组、多人小组、成行、成组等多种形式的活动，使学生都能充分地参与课堂实践，使学生逐步培养起初步的语感。

3. 在教学时，创设交流情景，把语言材料运用进去，使学生在情景中学习，使学生通过交流发展交际的能力，并且创设良好的语音环境。例如：教师在自己的课堂上，用英语来代替平常的中文 Classroom language 并且鼓励学生在生活中用英语互相打招呼，平常能用英语说的，即便只是一个单词也可以用英语来表达。这就给学生的英语学习，创造了良好的语音环境，并且增加了听、说的练习机会。

(三)教学手段应形式多样，要创设生动活泼的教学环境与良好的语言环境

1. 用轻松、愉快、活泼的课堂气氛调动学生的学习英语的主动性和积极性，引起他们的学习兴趣，激发学生的主体参与意识。教师在教学时要以自己的态度来激活课堂气氛，用轻松活泼的气氛影响学生的情绪，因为学生的情绪会直接关系到教学的效果。美国教育学家布卢姆曾说过："一个带着积极情感学习课程的学生，应该比那些缺乏热情、乐趣或兴趣的学生，或者比那些对学习材料感到焦虑和恐惧的学生，学得更加轻松，更加迅速。"

2. 根据农村成人好动、好奇的生理和心理特点，上课教学宜兼收并蓄，集各家所长，采用多样化的教学方式，应用综合的教学路子。如：情景法、直接法、讨论法、练习法、视听法、交际法等等，只要有助于实现教学目标的都可采用。

3. 没有学过英语的农村成人很难保持学习的持久性，特别是对一门完全陌生的语言。因此，农村成人英语课程安排时宜短时间、高频率，保证学生每周都能多次接触到英语并有足够的实践量，小课时又能避免学生因长时上课而觉枯燥乏味，以致思想开小差，短课时能有利于保持学生的新鲜感，使教师能更有效地实施课堂教学。

4. 农村成人往往会因为缺少较好的英语学习的氛围，而减少了教学效果。因而教师应尽量地为他们创设一种英语习得氛围。

(四)运用激励机制，鼓励学生积极进取

1. 要重视学生的学习积极性，对每个学生取得的成绩及点滴进步都予以肯定。可采用多种表扬和奖励的方式，在一定程度上促进他们的学习积极性。

2. 利用农村成人的好胜心理，在平常教学时，让他们用所学知识分组比赛，并由教师或其他同学给予评分，这也能促使他们更加认真听讲。

总之，教师在教学时应采用各种有效方式，鼓励学生积极进取。

四、农村成人英语教学所应遵循的若干原则

(一)教师必须明确农村成人英语的教学目的和基本要求

农村成人英语教学应符合个人生理和心理发展的实际,通过听、说、认、读、唱歌、游戏、表演、画画等活动,激发和培养学生对英语学习的兴趣和对语言的敏感性,使学生养成良好的语言学习习惯,初步形成较好的语音、语调基础,并使其具备用所学英语进行简单交际的初级能力。同时在教学过程中,努力开发学生的学习智力,发展他们的思维能力、想象能力和创造能力,为学生进一步的英语学习打好基础。

(二)在教学时,要重兴趣、重成就感、自信心的培养

1.农村成人学习英语能否取得成功,很大程度上取决于他们对英语学习是否有浓厚的学习兴趣。因此,农村成人英语教学应采取一切可用的方法,激发学生对英语学习的强烈愿望,使他们爱学、乐学,而学习兴趣的保持又在很大程度上取决于学习的效果,取决于他们能否获得成就感,能否树立自信心。因此,教师要对学生多做激励,使学生体验到成功的喜悦,并逐步树立他们的学习信心。

2.托尔斯泰说过:“成功的教学所需要的不是强制,而是激发学生的兴趣。”考虑到学生的心理、生理及年龄特点,农村成人英语宜进行愉快教学,激发听说兴趣,在教学中可采取穿插歌曲、游戏等多种形式的辅助教学方法。通过这些活动激发学生的学习兴趣,调动学生的学习积极性,增强学生的求知欲,让学生在轻松愉快的气氛中学习,使他们感到学习不是一种负担,而是一种乐趣。

(三)改变传统的教学模式与方法,要重体验、重实践、重参与、重创造

1.要从学生心理和生理特点出发。改变传统的灌输式教学方式,要让学生通过亲身体验和实践习得英语,传统的课堂教学主要为了让学生在初级阶段学好音标,学好语法,记忆一定量的词汇,这一方式导致了课堂教学时的教师中心化,学生总是处于被动状态,实际上,在教学过程中,只有通过学生主动、积极的学习、体验、参与、实践、创造,才能真正在教育这一主动过程中,获得认知和语言能力的发展。

2.农村成人具有模仿力强、求知欲强、自我表现欲强、创造精神强等特点,这些都成为了他们学习英语的优势所在。

3.当然,从辩证唯物主义的角度来说,任何事物都不可能只有优点而无短处,农村成人学习英语时是有优势,但不可否认的,他们的理解能力相对较弱,注意力不易集中,对事物的学习往往又缺少持久性,并且不喜欢单调的重复操作和机械式的训练。这都给农村成人英语教育者平常的正常教学增添了一定的难度,而如果我们只要学生单调的学习和理解所学知识,背语音及语法规则,记忆词汇,就恰恰

忽视了他们学习英语的优势、长处，而学生本身也会因为学习的单调乏味及困难而跟不上学习进度，久而久之就会放弃英语学习。

(四)在英语教学中要注重语言的交际性

1. 布鲁姆认为“成功的外语课堂教学应当在课内创设更多的情境，让学生有机会动用已学到的语言材料”。教学中应充分体现突出语言的实践性和交际性，使学生能够“学以致用”，同时有利于语言的记忆和巩固。

2. 语言是交际的工具，交际功能是语言的最本质的功能。所以我们的英语学习决不能只停留在知识点的学习上，而应把英语学习的最终目的用于交流思想、交换信息和表达情感上去。而如果我们平常所学的都是在日常交际中根本不可能碰到的甚至不太可能会发生的，那我们就会觉得学了也是毫无用处，又何必去劳心劳力呢，农村成人就更加如此。因此，我们的教学材料一定要有很强的交际性，并且教学者能用生动活泼的方式，将这些语言材料演绎在学生面前，以引起他们的浓厚兴趣。

(五)树立正确的教学观，贯彻学生的主体参与性

1. 要树立正确的教学观，就应充分发挥教师的主导作用，并确立学生的主体地位，创造出“适合每个学生的教育”。我们知道教学过程是教师和学生共同活动的过程，是学生在教师指导下的主动学习过程，学生要以最快速、简捷、有效的方法获得知识，就只有依靠教师有目的、有计划地传授才可能实现。

2. 要贯彻学生的主体参与性，教师在课堂上就要善于充当“导演”和“观众”，让学生作为自主的角色，按自己的意愿在“导演”的指导下去表演，使他们真正成为课堂教学的主体；教师还要努力促使学生参与教学过程，让每个学生都有参加课堂操练的机会；并充分调动他们的学习主动性、积极性，发挥他们的优势、潜能，使他们体会到主动学习带来的成功和喜悦。教学要面向全体学生，要认识到学生不是知识的消极的接受器，教师也不可能只用填鸭式的方法把知识填塞到学生的头脑中去。只有发挥学生的学习主动性，通过学生自己的亲身体验和独立思考，才能取得良好的教学效果。

3. 英语教学是语言教学，语言源于生活，又实践于生活。因此，我们教师应不受时空限制，为学生创造全面开放的英语学习环境。杰克珀森曾说过，教好英语的先要条件是要尽可能让学生接触英语和使用英语。学英语就像学游泳一样，学生必须泡在水中，而不是偶尔沾沾水，学生必须潜到水里去。这样，他最后才能像一个熟练的游泳者那样乐在其中。因此，英语教师要给学生尽量多的创造听、说、练的机会，让他们多听、多说、多练。

(六)在教学评价时,要从多方面着手

教师在对学生的英语学习进行评价时,应重视学生的态度,参与时的积极性,努力的程度,交际能力以及是否具有合作精神等,通过观察学生各方面的活动,进行准确评价,以免造成对学生认识及评价的片面性。

总之,在目前以知识为基础的经济时代,在教育改革的浪潮面前,英语教师要想取得良好的教学效果,就必须很好的把握住农村成人英语教学的特点并努力遵循一些原则性问题。

参考文献

1. 王蔷. 英语教学法教程. 高等教育出版社
2. 李国庆. 教育学. 陕西师范大学出版社
3. 孙培青. 中国教育史. 华东师范大学出版社,2000
4. 周嘉方. 成人教育管理. 上海科技教育出版社,1997
5. 叶忠海. 成人教育通论. 上海科技教育出版社,1997
6. 吴志宏,冯大铭. 新编教育管理学. 华东师范大学出版社
7. 彭聃龄. 普通心理学. 北京师范大学出版社新版

教学班进村是提高农民素质的有效途径

王玉树　北京市门头沟农广校

摘要　农广校教学班办到农村,有利于其农村办学优势的发挥和农民的就近学习,大大减轻了农民学习的负担,教学内容也特别贴近农村实际,能够及时教给农户最需要的,最有利于把科技文化知识直接送到户里,送到农民手中,真正体现出:学校办到家门口,教师授课到地头,教学与实际相挂钩,学员学习有劲头。办学中心下沉到农村,体现了农广校"四个面向、四个服务"的办学宗旨,符合广大农民的根本利益;能够得到镇村两级领导的广泛支持;有利于强化综合素质,提高适应能力,在促进农民素质全面提升上发挥重要作用。

关键词　教学班进村　提高农民素质　途径

面对我国农业发展的新阶段,提升农民综合素质已迫在眉睫。为加快新型农民培养进程,几来年,我们改变了过去以乡镇班为主的办学模式,把农广校的教学班办到了村里,实现了学历教育与农民的零距离接触,有效解决了农民素质较低的问题。实践证明,教学班进村,是实现培训教师到户、媒体资源到户和农村实用人才培养到户的必然选择,是提升农民素质、实现农业增效、农民增收的有效途径。

一、教学班进村适应农民的学习特点

农广校把教学班办到村里,农户既可以做到生产学习两不误,又可以解决生产实践中的技术难题。此举,大大方便了群众学习,激发了农民学习科技知识的积极性和主动性,很受当地干部、群众的欢迎。

我区98.5%的面积为山区,其自然条件较差和交通不便等因素造成的农民求学难问题显而易见。随着我区农村产业结构的调整和旅游主导产业的确立,生态旅游业的发展很快。早在前些年我区的农民就依托"三山两寺一湖一涧一村"的旅游资源兴起开办"农家乐"的热潮,经济效益明显提高。群众有了发展"农家乐"的积极性,但担心技术跟不上,因此,求学的愿望很强烈。按照这一需求,我们主动与相应村委会取得联系,提出了组办村级中专班的具体办法。在相关部门的全力支持下,以"新农村建设示范村"为切入点,在办学经费、组班办法和办学要求上,与村领导达成了共识。办学经费采取村里补一点、学校减一点、学员出一点的办法,组班办法采取了村领导亲自动员、农民自愿报名、够 20 人可以在当地开班的办法，办学要求完全照顾到农民的学习特点，本着既要实现送教上门，又不给村里增加负担的原则运作。仅在 2006 年秋季的招生过程中，村里报名要求参加学习的人员就达到了 150 人，经过严格审核，正式录取中专学员 143 名。首次在本区的潭柘寺镇平原村、妙峰山镇岭角村、清水镇燕家台村、军庄镇东山村和孟悟村开办了郊区旅游和果树管理两个专业的 5 个中专班。

由于有了办学优惠办法，再加上教学紧密结合生产实践，解决了农民普遍关心的实际问题，要求学习的农民络绎不绝。我们紧紧抓住这一契机，扩大宣传，组织招生报名。截至目前，已在我区农村开办村级学历班 15 个，在册学员 400 余名。

实践证明：农广校教学班办到农村，有利于其农村办学优势的发挥和农民的就近学习，大大减轻了农民学习的负担，教学内容也特别贴近农村实际，能够及时教给农户最需要的，最有利于把科技文化知识直接送到户里，送到农民手中，在促进农民素质全面提升上发挥了重要作用。

二、教学班进村有利于教学活动的开展

提升素质要教农户最需要的知识和技术，教学要紧密结合农业生产实际，解决当地生产上的实际问题。在村级教学班的教学活动中，农广校紧紧围绕当地的实际，充分发挥农广校多功能、多形式、多手段的教学优势，突出教学实效，做到了四个结合。

一是系统理论学习与生产实践相结合。教学中，根据统一的教学计划，组织学员在二年内全面系统完成理论知识学习，使学员的理论知识和专业技能得到全面的提高，使其在生产实践中，不但知其然，而且知其所以然，成为合格的知识型农民。同时在教学中特别注意“农家乐”和“果树”的生产实际和农事活动安排，生产中干什么，农民需要什么，课堂上就讲什么，增强了教学的针对性、实用性和趣味性。

二是书本自学、媒体教学与面授辅导相结合。教学中除了组织学员按照教学计划认真学习书本知识外，还充分利用现代传媒手段开展教学，学习适合当地的实用技术。教学班配备了笔记本电脑、投影仪等电教设备，准备了大量的实用技术和相关课程的教学光盘，形象生动的媒体教学，深深地吸引了每一名学员。他们主动跟着学，并且努力学会，会了就去干，干了就见效，解决了生产中的实际问题。

为了增加教学的针对性，增强吸引力，结合生产实际，每门课程还安排两次面授辅导，由农广校的专兼职教师来负责完成。灵活多样的教学活动，学员们有兴趣、愿意学、听得懂、学得会。

三是课堂教学与现场示范相结合。为了强化教学效果，每当开设一门新的课程，讲授一项新的技术，除课堂讲解外，教师都要进行现场示范，学员学会后即刻运用到生产中去，立竿见影，学员遇到什么问题，再带到课堂上咨询，共性问题统一解答，这种教学方法收到了事半功倍的效果。真正体现出：学校办到家门口，教师授课到地头，教学实际相挂钩，学员学习有劲头。

四是考试、考核与实际工作相结合。在教学过程中，教学班除按教学计划组织统一考试外，还根据教学进度和培训内容及时进行测验测评，同时组织学员开展知识和生产竞赛活动，调动了学习的积极性。取得很好的效果。

教学班开办以来，在立足服务当地产业结构调整和围绕增加农民收入等方面，取得了良好教育教学效果。当地干部群众对如此办学，表现出前所未有的热情，学员们就久旱盼甘露一样，盼望着辅导老师的到来。每到辅导时间，很早就有学员等在门口，生怕前面的座位被人抢去，学员们的学习热情也深深感动着每一位老师，就连课间休息的几分钟也耐心解答学员提出的每一个问题，从而使讲课的时间不得不一次又一次地延长。

三、教学班进村是加快新型农民培养进程的必然选择

村级教学班的开办，大大提高了当地农民的综合素质，加快了农业科技入户的步伐，提高了农民运用科技的能力，加快了农民增收致富的步伐。这里举两个简单的例子，一是“中国历史文化名村——爨底下村”，自从开办旅游服务专业中专班后，村民的学习气氛逐步浓厚起来。经过两年的学习，村民的文化素质和服务接待能力得到了大幅度的提升。特别是我们在英语的教学和考核方法上进行了创新，注重英语会话能力的培养。现在，多数村民能用较流利的英语接待外宾，其民俗村旅游增收显著。二是我区军庄镇生产的京白梨为全国闻名。几年来，随着生产规模的不断扩大，果农的技术需求愈加迫切。我们及时在该镇盛产京白梨的孟吾村和东山村开办了果树专业中专班，使果农们系统掌握了果树管理技术。他们将所学知识直接运用到果树生产实践之中，使京白梨的产量和品质逐年提升。

教学班进村之所以受到农民的普遍欢迎，归纳起来大致包括以下几个方面：

1. 办学中心下沉到农村，体现了农广校“四个面向、四个服务”的办学宗旨，在传播专业知识和实用技术的同时，能够使科学的理念和先进的文化知识直接到入村到户，符合广大农民的根本利益，大大促进了农村四个文明建设的开展。因此，农民的参与热情很高。

2. 能够得到镇村两级领导的广泛支持。到村里办学，能紧扣当地政府和村里的发展重点，帮助农民解决增收中的难点，投资少、见效快。我们和村委会算过一

笔账，从外地请一名技术员，一年的工资少说也得10 000元，如果用这笔钱补贴给农民参加农广校学习，就能为当地培养20名留得住、用得上的永久牌的技术员。因此，政府重视，群众学习有积极性。

3.有利于强化综合素质，提高适应能力。在农村办班，教师和学员更贴近了，有一种到了家的感觉，他们可以到农民承包的果园或经营的“农家乐”去看，直接帮助农民排忧解难，他们愿意毫无保留地将应知应会的知识传授给学员，尤其在增强适应能力方面的交流可使学员大大受益。这种便学乐学的氛围在深深地吸引着学员。

4.可以享受助学优惠条件。从学费减免、资助办学设施设备到送教上门、指导到户到人，从课堂到田间和操作间，从基础知识到技术环节，无一不是从有利于学员的学习和提高学习效果出发，这正是村级班的魅力所在。

教学班进村体现了农广校的农村办学优势，其推进社会主义新农村建设的良好效应毋庸置疑。

参考文献

1.国务院关于大力发展职业教育的决定.2005年10月

2.农业部关于“实施百万中专生计划”的意见.农人发[2005]11号

3.门头沟区新型农民培养三年行动计划.门政发[2007]1号

4.门头沟区教委关于“十一五”时期教育发展规划的通知.门教发[2007]02号

农广校政治理论课教学模式改革的研究与探讨

李德轩　北京市密云农广校

摘要　本文从成人中专教育教学活动的特点和现代教育理念出发，在教学改革与实践的基础上，提出了农广校政治理论课“三位一体”的教学模式。“三位一体”教学模式强调充分发挥学生的主体作用和教师的主导作用，并突出现代教育的特点。这一教学模式要求把教师、学生、教学资源（包括利用资源的手段）三者有机地结合起来，充分发挥各自作用，形成良性互动，达到最佳效果，保证成人中专人才培养质量。

关键词　政治理论课　教学模式　探讨

农广校教学工作面临着许多新问题，如何面对成人教育的特点和教育现代化的发展趋势，形成适合农广校特点的教学模式？我在农广校政治理论课教学改革和实践的基础上对此进行了一些探讨，形成了“三位一体”的教学模式，并在教学实践中收到了比较好的效果。

一、教学模式改革基本情况

（一）学校领导重视成人中专教学模式的改革

北京市农业广播学校密云分校把成人中专教学模式改革当作一项重要工作来抓，要求参与教学工作的教师大胆实践、勇于探索，积极开展研究工作，要求教师认真学习成人教育的有关文件和理论，树立起“边实践、边总结、边研究”的思想，在教学工作中不断探索，勇于创新，力争在教学模式改革方面有所创新，形成符合成人中专教育实际和现代教育理念的新的教学模式，从而促教育教学工作的开展。

（二）教学模式改革的思路

学校制定的教学模式改革的思路是：从成人教育的实际和教育现代化的发展趋势出发，在教育教学中充分发挥教师的主导作用和学生的主体作用，以网络化教学为基础，利用多种媒体教学资源和现代化教学手段开展教学活动，达到培养学生能力、提高教学质量的目的。

（三）教学模式改革研究及取得的成果

为探索农广校教学工作的特点和规律，形成符合成人实际的教学模式及运行机制，学校从实际出发，确立了研究课题，即“农广校教育教学模式的研究”，此课题在2003年上半年被立项为县级课题，课题立项后学校积极组织力量开展研究工作。学校成立了由校长任组长、两个县级学科带头人和4个专业教师参加的课题研究工作组；确定了具体研究方案；制定经费预算；对参与课题研究的人员进行业务培训，提高他们的研究水平和论文写作水平。在研究过程中，学校加强领导，严格管理，使研究工作顺利进行。

我参加了课题研究工作，任务是对农广校政治理论课教学模式改革进行研究。经过课题组人员的积极努力，到2004年底完成了预定的各项研究工作，经课题评审组专家评审，顺利结题。研究取得了丰硕的成果，共提交论文10多篇，其中本人的研究论文《成人中专政治理论课教学模式改革的研究与探讨》获密云县科学技术委员会、密云县科学技术协会2004年度密云县优秀论文评选二等奖。

二、“三位一体”的教学模式的形成

教学模式，简单说是一定教育思想或理论的具体化、过程化，是在一定的教育思想或教育理论指导下，建立起来的较为稳定的教学活动结构框架和活动程序。现代化教育，最本质的特征不仅是教学过程的现代化和开放性，而且教学模式也发生了根本性转变，即从以教师为中心、课堂面授为主的传统学校教学模式转向教师指导、学生自主学习、多媒体技术支撑的现代远程开放式教学模式。

我通过农广校政治理论课教学模式的改革、实践与探索，通过归纳总结，提出了成人中专政治理论课“三位一体”的教学模式。见下面图示：

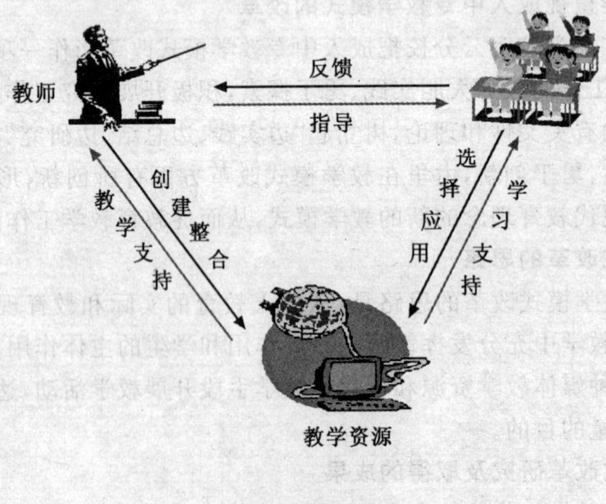

“三位一体”教学模式包括以下几方面内容：

(一)突出学生的主体作用，发挥学生自主学习的积极性

在研究、总结“三位一体”教学模式的过程中，我加深了对“主体性教育理论”、“教育信息技术理论”、“混合学习理论”、“远程教育理论”的理解。我认为在目前的教育环境下，在成人中专的教学活动中，学生是主体，学生的学习是中心，通过对学生主体地位的确认，达到促进其主动学习的目的。成人中专教育教学工作应建立在学生一系列自主学习的基础上，必须要加强学生的课下自学、上网学习、小组学习、师生互动等自主性学习活动，只有这样才能使学生既增长知识又增强能力。例如，我在政治理论课教学过程中，注重对学生自主学习能力的培养和锻炼，要求学生制订自主学习计划：包括阅读计划、小组学习计划、上网学习计划等；并加强对学生学习方法的指导，定期检查学生的自学情况，及时解决学生学习中的各种问题，激发学生的自主学习兴趣，调动学生自主学习的积极性，这些做法收到了良好的教育教学效果，学生的学习能力得到增强，知识面拓宽，学习成绩提高，为以后的学习打下了良好的基础。

(二)发挥教师的主导作用

教师是学生学习的导航师、引路人，是知识的传递者。通过教师的讲授、引导，让学生知道学什么，怎么学。作为成人中专教师，应担负起面授教学、网上资源建设、学生学习指导、实践环节指导、平时环节指导、课程信息的沟通与传递、教学活动的组织和开展、答疑等工作职责。要求教师按现代化教育的理念、特点和要求，整合并利用好网上教学资源，使用现代化教学手段上好面授课；加强对所承担课程网上资源建设和管理(如上传教案及其他资源)；加强对学员自主学习的指导和检查(如自学、上网、小组活动等)；加强对学员形成性环节、实践性环节的指导和把关(如作业、社会调查等)；加强同上级学校教师的联系，及时了解各方面情况和信息；开展好网上指导、网上答疑活动。

我在政治理论课教学中，首先向学生介绍在学习过程中应把握的几个重要环节及正确的学习方法；然后指导学生怎样读书、思考和理论联系实际，怎样上网查找资料、怎样和教师及其他学生形成网上互动；并激发学生学习的积极性，打消了他们畏难心理；在讲课过程中注意把握住重点、突出难点。这些做法收到了良好的教育教学效果。

(三)强调多种媒体资源和现代化教学手段的作用

在“三位一体”教学模式中，教学资源因素有着重要地位。现在媒体资源越来越多，尤其是网上的资源越来越丰富，我在教学中突出一个“用”字，积极引导、指导、鼓励学生用；让学生愿意用、会用、体会到真有用，在用中吃到甜头，在用中提高学习能力，顺利完成学业。现代教育要求教师要利用多种媒体资源和现代化教学手段开展教学活动；要求学生定期上网学习；学校要加强网站和网上学习环境的建设，积极配置、接收、下载、上传各种教学资源。要加强对教师和学生利用网上资源技术和能力的培训；加强对教师和学生利用网上资源开展教学活动的支持服务和管理；要定期检查学生上网情况，检查教师利用资源备课、讲课情况。多种媒体资源和现代化教学手段利用直接关系到成人中专人才培养的质量。

我在政治理论课教学中，要求学生定期到网上去搜索与所学学科相关的辅导材料、阅读材料，帮助学生理解教材内容、扩大知识面。我还把自己的教学指导、教学课件、实例、思考题等材料上传到学校网站供学生复习使用，我定期组织网上答疑和讨论活动。这些网上教学活动收效显著，深受学生欢迎和好评，教学质量明显提高。

（四）重视教师、学生、教学资源三者有机的结合

“三位一体”教学模式中，体现了发挥学生的主体作用和教师的主导作用；突出以学生自主学习为主，面授辅导和网上教学相结合；利用多种媒体资源的学习和开展多种形式网上交互学习相统一。农广校政治理论课教学，是启迪学生思想、转变观念、增长知识、增强能力的活动，在这一过程中，教师要利用和整合网上资源开展教学活动；学生要利用网上资源开展学习活动，并在此基础上实现师生网上互动。这一教学模式要求把教师、学生、教学资源三者有机地结合起来，充分发挥各自作用，形成良性互动，达到最佳效果，保证成人中专人才培养质量。

我在教学实践中，在利用多媒体资源的基础上实现了教师与学生的互动，定期进行网上讨论和答疑活动，开展小组讨论，进行个别谈心，积极做好学生的导学工作，引导和推动学生利用网上资源学习，并积极开展能有效提高学生综合素质的多种形式的小组活动，取得了良好的效果。

三、教学模式的改革促进了学校教学工作的开展

我所提出的“三位一体”的教学模式，在教学实际中取得了良好的效果，我承担的课程教学效果好，学生成绩优异，得到了学校的充分肯定。“三位一体”的教学模式，不仅在我校政治理论课教学中推广，而且在我校成人中专其他课程的教学中广为运用。教学模式的改革促进了成人中专教学工作的开展，通过改革，我校成人中专教学工作有了不小的飞跃，打开了一个新的局面，提高了教学效率和效果。

（一）形成了新的教学工作思路和理念

教学模式改革，促进学校建立起了以学生为中心的理念，初步形成了区别传统教学模式的新的教学模式，教学工作中体现了学生自主学习和网上资源利用相结

合的特点，突出了教师整合网上资源为学生提供全方位的支持服务的现代教育的理念，使教学工作在新的模式下运行，提高了教学水平。

（二）促进了教学的现代化

在农广校教育教学中，我校运用新的教学模式、按新的教学理念开展教学活动，推广使用多媒体技术教学并取得了较好的效果。教学模式的改革促使学校投入资金，把所有教室都安装上了多媒体投影，并为专职教师每人配备电脑一台，在教师中推行使用电子课件教学。要求教师积极整合网上教学资源，突出现代教育的特点，使用电脑备课，使用电子课件上课，并且教学效果好，深受学员好评。学校为适应教学现代化的需要，建立起了“四大教学支持服务系统”，即学校网站、学校在线、学校邮件服务器、教务管理系统，并建起了多个联网计算机实验室，保证了网上教学的实现。

现在学校专职教师已全部使用电子课件教学，兼职教师也在推广应用，并且效果良好。如财会专业王银凤老师过去上面授课要写板书、画表，占用很多时间，现在通过课件演示，既省时又省力，效果又好，能向学生展示很多教学资源，丰富了教学内容，课件教学深受学生好评。2007 年下半年，学校专职教师参加了县教研中心组织的成教系统教师课件大赛取得了优异成绩，一名教师被评为一等奖、一名教师被评为二等奖、两名教师被评为三等奖。

（三）促进了网上资源的建设和利用

教学模式的改革推动了学校资源建设和利用，促进了学生学习理念的转变和教师教学理念的更新，推动了新的教学模式的应用。

通过几年实践与改革，学校网上资源的建设和利用取得可喜成绩。学校利用多种方式、多种渠道加强教学资源的建设。学校采取购买、录制、接收及利用网上资源等措施，满足教学需要；学校网站能及时提供各类课程的网上动态信息和资源。学校积极推进网上辅导、答疑和讨论，现在利用网上教学资源学习和教学已成为我校教育教学活动的重要内容，学校制定了多种教学资源应用的制度，要求教师必须在利用和整合各种资源的基础上开展教学活动；学生必须定期上网学习，每周不少于 1 小时；学校加强对教师和学生利用网上资源技术和能力的培训，加强对利用网上资源开展教学活动的支持服务。如，视听阅览室全天开放，为教师配备专用联网计算机，普通教室全部改为多媒体教室。学校定期检查学生上网情况，检查教师利用资源备课、讲课情况。目前，教师利用网上资源开展教学活动的效率和效果越来越好，学生学习能力、学习成绩明显加强和提高。

（四）推动了管理模式改革

学校在教学模式改革的同时也在探索与之相适应的管理模式改革，在实践和研究的基础上，学校提出了成人中专教育教学管理模式，即“五位一体的管理模式”。新的管理模式为教育教学活动的开展提供了质量保证，这一模式把管理、教师、学生、资源、质量这五大要素有机地结合起来，通过管理和支持服务，形成教师和学员在现代化的教学手段和多媒体教学资源基础上的教与学的互动，从而保证成人中专人才培养的质量。这一模式明确了向管理和服务要质量，向教师的教学要质量，向学生的学习要质量，向资源建设和利用要质量的教学管理思路。

(五)促进了学生自主、协作学习

按照新的教学模式要求，教师积极做好学生的导学工作，引导和推动学生利用网上资源自主学习，除了要求学生定期定时上网学习外，还积极组织开展多种形式的自主学习活动，取得了良好的效果。全校所有班级都建立了学习小组并定期开展小组学习活动，各班都在网站上建立了班级活动平台——校友录，以沟通师生之间、学生之间的联系，通过“校友录”交流学习情况，共享学习资料，并实现班级留言、班级共享、班级相册、班级论坛等多种活动功能。通过这些活动提高了学生自主学习能力。

(六)促进了学校思想政治工作的开展

教学模式的改革，促进了以转变教师和学生思想观念为核心的思想政治工作的开展，学校通过把思想政治工作和多种形式的教育教学活动开展紧密结合，加强了思想政治工作的效果，使成人中专教育各项工作有了思想上的支持和方向上的保证。

(七)提高了教育教学水平

几年来，在改革和实践的推动下，学校教育教学工作取得了显著成绩，办学规模扩大，专业数量增加，层次提高，教育教学活动顺利开展，质量稳步提高，毕业生逐年增多，社会反映良好。

参考文献

1.张信军.浅议远程学习者自主学习意识的培养.中国远程教育，2004.11

2.蓝斌.现代远程教育环境下教学模式重构.中国远程教育，2005.5

平谷区农民综合素质调查报告

张京红　北京市平谷农广校

摘要　农民是社会主义新农村建设的主体，农民的综合素质决定着农村经济发展的速度，也决定着新农村建设的快慢。怎样提高农民自身素质是农民自身建设问题的主要问题。本文采用调查问卷的形式对平谷地区的农民进行调查，来探讨北京郊区农业与农村现代化对农民综合素质提出的问题，探索提高农民综合素质的途径和对策，全面促进新农村建设。

关键词　农民　综合素质　调查报告

一、研究的目的和意义

农民是社会主义新农村建设的主体，农民的综合素质决定着农村经济发展的速度，也决定着新农村建设的快慢。怎样提高农民自身素质是农民自身建设问题的主要问题。农民素质主要是指科学文化素质和先进科技知识运用的能力。农民素质的提高需要国家的政策扶持和社会的大力配合支持，提高农民自身素质是富民强国的重要举措。要实现农民现代化就要提高农民的综合素质，即提高农民的科学文化素质、思想道德素质、体制和精神的健康素质，以及生产经营的技术和能力。

提高农民综合素质已成为全面建设小康社会的重要内容，率先实现首都现代化建设目标的前提条件。但是当前提高农民综合素质面临着许多理论和实践问题的制约，此次是根据平谷区的实际情况通过问卷形式进行调查，目的就是要认真研究探讨这些问题，选择科学的实现途径和制度安排，对于郊区以及其他大城市郊区经济社会的整体发展都有着十分重要的理论价值和现实意义。

二、农民综合素质调查及分析

本次农民综合素质调查以新农村建设目标为指标，根据“生产发展、生活宽裕、乡风文明、村容整洁、管理民主”二十个字方针。这既是中央对新农村建设的要求，也是其总体目标。这20个字包含的内容极为丰富，涉及农村政治、经济、文化、社会管理等方方面面。

本次在平谷区发放调查问卷244份，收回调查问卷239份，废卷5份。在所收回239份调查问卷中20～30岁有33人、31～40岁有63人、41～50岁68人、51～60岁75人；在被调查的人员中，其中大专学历的52人、中学文化134人、小学文化43人、文盲10人；被调查的人员中大多数收入来源以农业为主。年龄比例如图1所示，文化程度比例如图2所示。

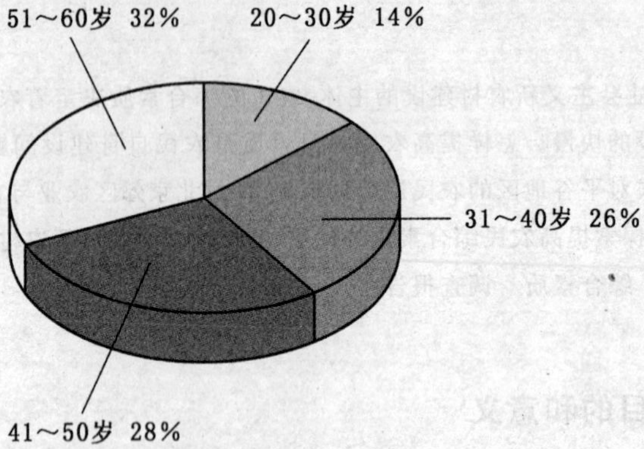

图1 年龄比例

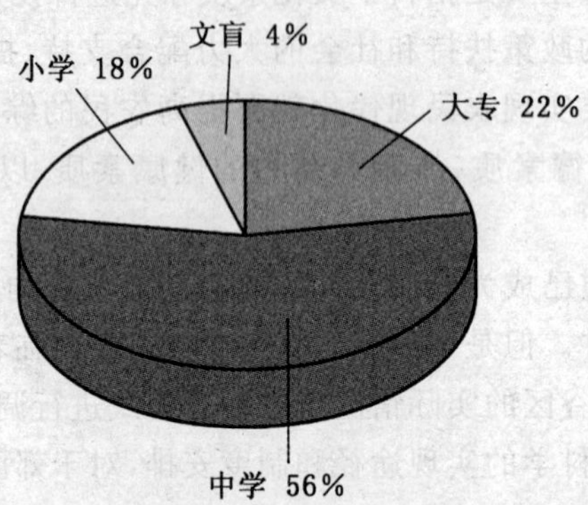

图2 文化程度比例

(一)“生产发展”——新农村的物质基础

新农村建设的首要任务是生产发展。“十一五”时期，农业要加大科学技术的推广应用，实现增长方式的转变。本次问卷对农民的市场经济观念、科技素质与技能和经营能力进行了调查。下面对市场经济观念和科技素质与技能进行重点分析：

1. 市场经济观念　市场经济是农民观念变革的终极决定因素，而农民的现代观念一旦建立，又必然对市场经济的发展起巨大的推动作用。因此，实现农民思想观念现代化是我国农村现代化以至整个中国现代化的前提，要帮助农民从以下几个方面实现思想观念由传统向现代的转变。

本次调查包括市场理论培训、喜欢市场经济、商品生产观念。此次调查的程度分为三等，其中市场理论培训："多"有 36 票，"有"92 票，"无"111 票；喜欢市场经济："是"有 77 票，"一般"119 票，"否"43 票；商品生产观念："有"92 票，"模糊"102 票，"无"45 票。了解程度的比例如图 3 所示。

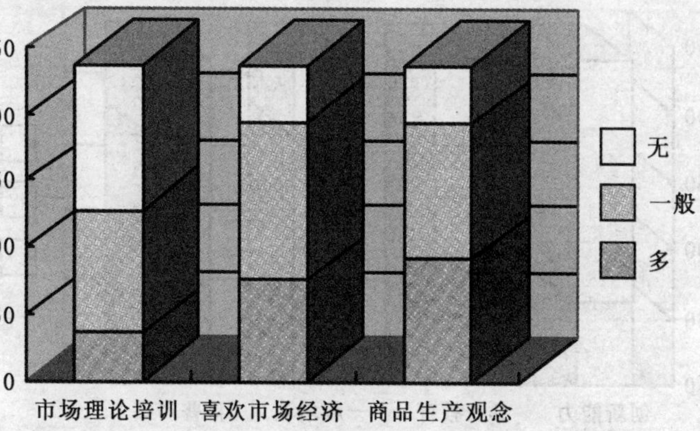

图 3　市场理论比例

现状及主要问题：根据以上指数所显示，改革开放以来，随着农村商品经济的发展，多数农民也开始了观念现代化的历程，一般性的了解认识了市场经济观念。从"以粮为纲"到发展多种经营，到第一、二、三产业结构的形成，从自然经济条件下的传统农业向商品经济条件下的现代农业的发展，都深刻地显示了多数农民的思想观念的新陈代谢的历史趋势，农民知道了运用市场经济理论的增加来适应市场的发展与需求。但是，农民对市场经济观念深入了解的并不多，经过市场培训的只有一小部分，对此只停留在表面上的认识，对商品生产观念模糊的占多数人群。还有一部分农民生活在封闭的小农经济环境中，形成了狭隘的经验主义观念结构，部分农民还缺乏与市场经济相适应的价值取向、思维方式和行为规范，在他们的观念结构中，还存在着千百年来传承下来的传统观念、小农意识，以及在过去高度集中的计划经济中形成的惰性和依赖性，成为农村市场经济的发展以至整个农村现代化的深层心理障碍。

2. 科技素质与技能　科学实用技术是农民致富的“跳板”，提高农民的科技素质与技能，对于贯彻落实：“科技兴国”、“科教兴省”，促进农业增长方式转变，有效地开展可持续发展战略，使农村经济的发展真正转移到领先科技进步和提高劳动者轨道上来，具有其深远而重要的意义。

本次调查包括创新能力、专业教育、一般培训和看科普书籍。此次调查的程度分为三等，其中创新能力：“有”60 票，“一般”127 票，“无”52 票；专业教育：“多”51 票，“少”125 票，“无”63 票；一般培训：“多”50 票，“少”132 票，“无”57 票；看科普书籍：“多”71 票，“少”110 票，“无” 58 票。科技素质与技能比例如图 4 所示。

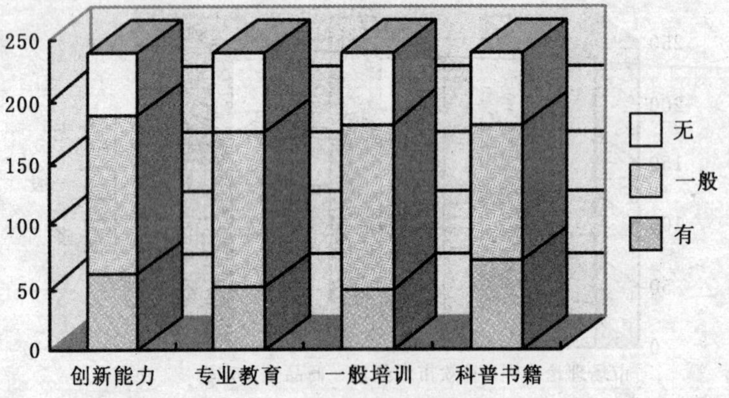

图 4　科技素质与技能比例

现状及主要问题：发展农村经济离不开高素质的劳动者，根据以上指数所显示，不少农民对经济发展没门路，没有项目，安于现状，主要原因就是他们的科技意识差，文化素质低，对农业科技方面出现的新品种、新模式了解的过少。大多数人很少接受培训，很少接受专业的教育，没有创新能力，少量的阅读参考有关书籍，只是按部就班的运用其他人的方法方式，不能根据自己的优势和有利点来提高自己的效率，开办一些特色产品，包装自己的项目等等。科技文化程度可以直接影响农业劳动价值的创造，素质问题决定劳动价值的高低。因此，努力学习科技文化知识，提高土地利用率、生产率和商品率，已成为农村中广大农民的迫切要求。

(二)“生活宽裕”——新农村建设的核心目标

随着社会的发展，农民生活质量发生了深刻变化，使得农民更加注重追求生活质量和消费结构升级。建设与改善农民生活直接相关的基础设施，是农民生活宽裕的条件之一。本次问卷对农民的理财能力、生活品位、生活技术、技巧和身体素质进行了调查。下面对理财能力和生活品位进行重点分析：

1. 理财能力　随着国家各项优惠政策的实施，农民的收入在不断增加，除了各金融机构积极为农民创造良好的理财环境以外，农民朋友也应转变自己的理财观念，在现有的条件下积极去打理家财。如何理财也成为农民遇到的一个新问题。

本次调查包括精打细算、基金股票和家庭理财等。此次调查的程度分为三等，其中精打细算："是" 134 票，"一般"95 票，"否"10 票；基金、股票："多"18 票，"少"32 票，"无"189 票；家庭理财账本："有"45 票，"曾有"57 票，"无"137 票。理财能力比例如图 5 所示。

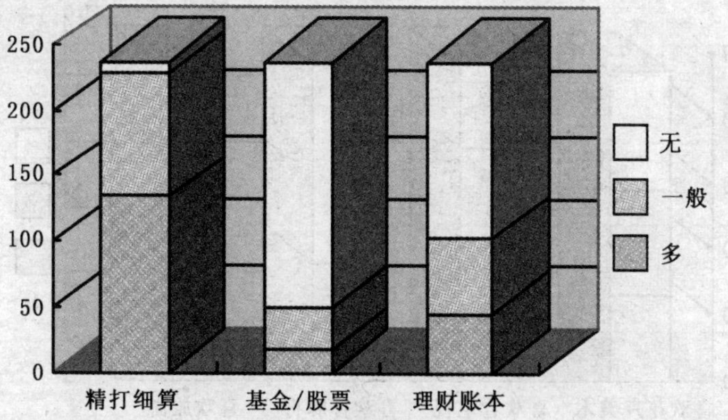

图 5　理财能力比例

现状及主要问题：根据以上指数所见，农民对自己的钱财能做到合理利用，对各个方面能做到精打细算，不挥霍乱花。但是对于基金、股票了解得人不在多数，原因是，在应对 CPI 上涨的损失中，城里人可以通过买基金、买股票等理财途径得到补偿，农民由于不会理财，抗风险能力弱，使得农民不得不选择储蓄这一传统理财方式，并且农民没有过多的钱财用于股票及基金，对股票基金的运作更是了解的少之又少，农民想投资都不知道去怎么投，特别是根据广大的农民群体，村内及少开展投资理财知识普及和教育，包括一些投资理财的知识教育，也包括风险教育，老百姓不知如何合理躲避风险，进行理性理财、有效理财。社会应广开投资理财渠道，让老百姓有更多的机会和更宽的渠道去合法追求财富的保值增值。在理财品种日趋多元化的今天，农村理财市场是一个有待开发的市场，如何帮助广大农民打理好手中的钱财，不但是农民的强烈期盼，也是金融机构开拓经营空间的当务之急。

2. 生活品位　加强镇村文明建设，倡导健康文明生活方式。收入增加、消费水平提高是农民“生活宽裕”的前提，但生活方式的转变应该是新农村的根本标志。倡导广大农民加快形成文明的生活理念和生活品位，不仅要提高吃、穿、用、行、娱的质量，更要提高文化和精神生活的质量，要追求文明、健康、向上的生活品位。

本次调查包括喜欢花卉、美术、看电视、打麻将和旅游。此次调查的程度分为三等，其中喜欢花卉：“是” 64 票，“一般”80 票，“否”90 票；喜看电视：“是”175 票，“中”52 票，“否”12 票；喜打麻将：“是”23 票，“中”65 票，“否”151 票；喜旅游：“是” 96 票，“一般”86 票，“否”57 票。生活品位比例如图 6 所示。

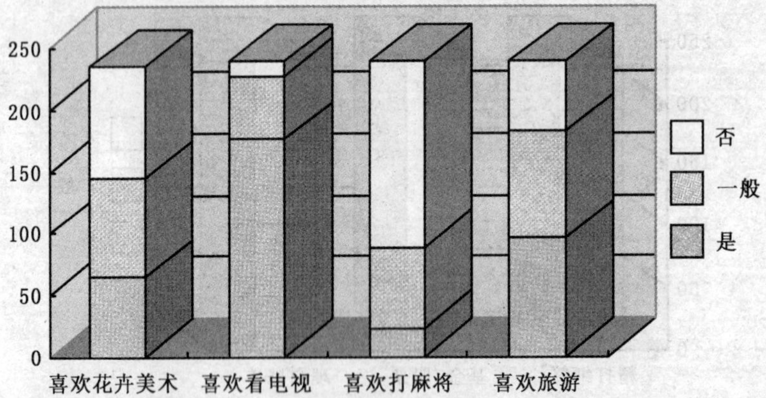

图 6　生活品位比例

现状及主要问题：根据以上指数所见，村里生活在健康有序的发展。有大多数人对旅游和花卉美术感兴趣，一方面旅游即可强身健体，又可增长历史文化知识，了解中国的每一个角落；另一方面花卉美术等文化艺术的熏陶，可以积极挖掘农村蕴藏的独特的民族文化资源、丰富的乡土文化，培养和激励“乡土艺术家”，激发农村自身的文化活力，为农民提供丰富多彩的民间文化活动和精神产品，使他们在劳动之余能感受到本土文化的熏陶，通过城市文化资源服务农村，提高农民的文化艺术修养。但是本次调查显示，将近 10% 的农民喜欢把打麻将、打牌作为自己的消遣方式。可见，扑克牌、玩麻将在农村有一定的影响力。如果仅仅是利用棋牌麻将进行消遣，本身并无可厚非，甚至在某种程度上也是有利于身心健康的，但是棋牌、麻将却很容易同赌博结染在一起。在农村，赌博已经成为不利于农村精神文明建设的一个重要因素。

(三)"乡风文明"——提高农民整体素质

乡风文明本质上是农村精神文明建设问题,内容包括文化、风俗、法制、社会治安等诸多方面。新农村建设的主战场在农村,主要力量是农民,只有广大农民积极投身于这项事业中,"乡风文明"这道风景线才能亮丽起来。本次问卷对农民的政治素质、现代文明素质、乡规民约、理论素质进行了调查。下面对政治素质进行具体分析:

构建和谐农村是实现社会主义和谐社会的关键,提高农民的政治素质是和谐农村构建的基础和重要内容,也是构建农村和谐社会的必然要求。建设社会主义新农村,需要提高农民的思想政治觉悟,培养有理想、有道德、有文化、有纪律的新型农民。

本次调研包括三个代表内涵、喜欢新闻联播和关心农村改革。此次调查的程度分为三等,其中三个代表:"清楚" 113 票,"模糊"83 票,"不知"43 票;喜欢新闻联播:"是"139 票,"一般"86 票,"不"14 票;关心农村改革:"是"143 票,"中"70 票,"否"26 票。政治素质比例如图 7 所示。

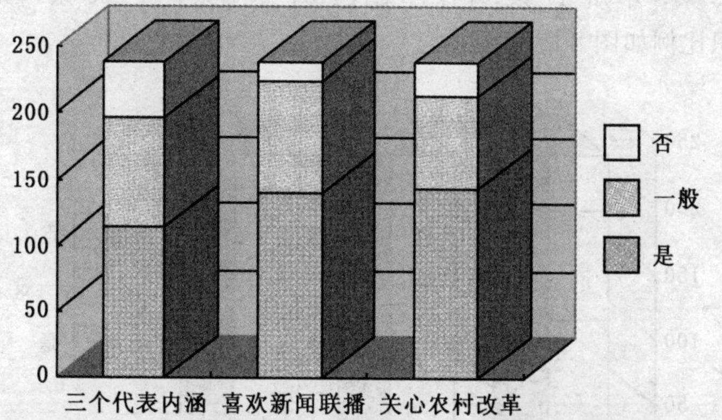

图 7 政治素质比例

现状及主要问题:根据以上指数所见,多数农民会通过电视等渠道关心国家大事,喜爱看新闻联播,重要新闻首先都在新闻联播中发布,节目宗旨"宣传党和政府的声音,传播天下大事",大多数村民可以做到多看多了解,新闻联播可以说是一本最真实的教科书,内容涵盖政治、经济、科技、社会、军事、外交、文化、体育……无所不包,经常看新闻联播可以提升村民的精神文化素质。但是由于受各种因素的影响,当前更多农民的思想道德和科学文化素质还存在着一些与新形势、新任务要求不相适应的方面，对当今社会提倡的三个代表内涵有很多人不知道或者很模糊，认识不到“三个代表”重要思想的历史地位。加强对农民思想政治教育，帮助他们提高思想觉悟和道德水平，增强政策法制观念，是摆在我们面前的一项十分重要和紧迫的任务。

(四)“村容整洁”——改善农民生存状态

“村容整洁”是建设社会主义新农村的要义之一，也是构建和谐社会应有之义。建设新农村，改善村庄卫生环境，最主要的是为农村地区提供更好的生产、生活、生态条件。本次问卷对农民的环境生态意识，卫生习惯，村容规划、实施和庭院进行了调查。下面对环境生态意识进行具体分析：

随着社会生产力的发展，特别是近半个世纪以来，科学技术的突飞猛进，人类改造自然的规模空前扩大，使农村有了新的景象。农村农业、企业的空前发展，对生态环境发生着深远影响。注重农村生态环境，坚持可持续发展的道路。

本次调研包括环境意识、环保内容的了解，环保自觉性。此次调查的程度分为三等，其中环境意识：“有” 163 票，“模糊”65 票，“无”11 票；环保内容：“知道”147 票，“模糊”75 票，“不知”17 票；环保自觉性：“好”147 票，“中”69 票，“无”23 票。环境、生态意识比例如图 8 所示。

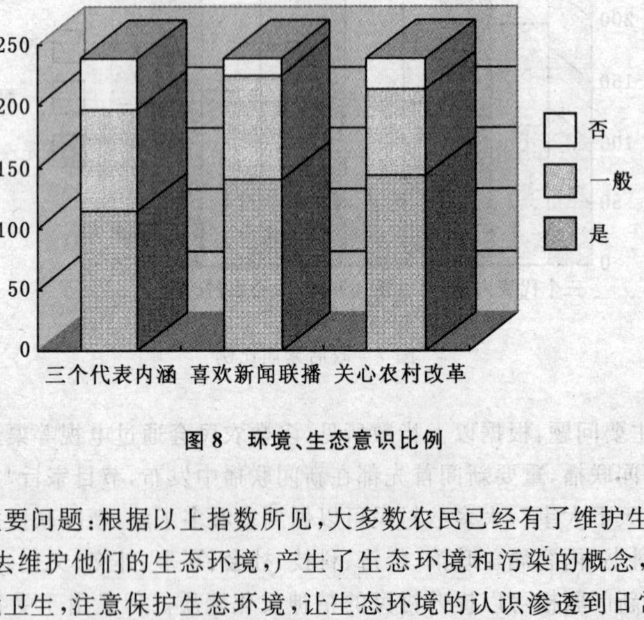

图 8 环境、生态意识比例

现状及主要问题：根据以上指数所见，大多数农民已经有了维护生态环境的意识，农民愿意去维护他们的生态环境，产生了生态环境和污染的概念，能够自觉地做到搞好环境卫生，注意保护生态环境，让生态环境的认识渗透到日常的生活中。但是还有一部分人群没有环保意识，对环保内容模糊，环保自觉性不强，虽然农村自然环境较城镇好,但同样存在种种污染问题。由于乱倒垃圾,不少村庄路畔沟渠中堆着垃圾,烈日暴晒后气味难闻。这一现象的产生,除了企业污染等因素之外,农民生活方式也是一个重要原因。塑料袋就是一例:不能降解,污染环境,掩埋到地里后影响种植物生长,动物吃了后会导致死亡。农村和城市是有机联系的整体,农村环境保持不好,也必然会影响城市的环境。那种"先污染,后治理"的做法使我们付出了极大代价,农村环保决不能走城市老路。因此,增强农民环保意识,使大家都来爱护自己的家园,是一件非常重要而紧迫的事。

(五)"管理民主"——健全村民自治制度

目前,我国农村地区实行村民自治制度。从全国来看,各地具体情况差别比较大,但基本制度已经确立起来。完善农村基层民主自治制度是实现乡村管理民主的关键所在,必须切实维护好农民的民主权利,创造农村安全祥和、农民安居乐业的社会环境。本次问卷对农民的法制观念,民主意识管理素质和管理方式进行了调查。下面对民主意识进行具体分析:

加强民主管理,是推进农村经济发展的必然要求。中央确定的建设社会主义新农村的五项任务,既相互联系、又相互促进、相互制约,互为因果,是辩证的统一体。其中,发展经济是首要任务,管理民主则是确保经济发展等目标顺利实现的重要保障,只有加强民主意识,才能稳步推进农村经济发展,有效促进社会主义新农村建设各项任务的顺利完成。

本次调研包括是否喜欢参加选举,是否喜欢参加会议和是否喜欢提意见。此次调查的程度分为三等,其中喜欢参加选举:"是" 141 票,"一般"73 票,"否"25 票;喜欢参加会议:"是"115 票,"一般"90 票,"否"34 票;喜欢提意见:"是"86 票,"一般"99 票,"否"54 票。民主意识比例如图 9 所示。

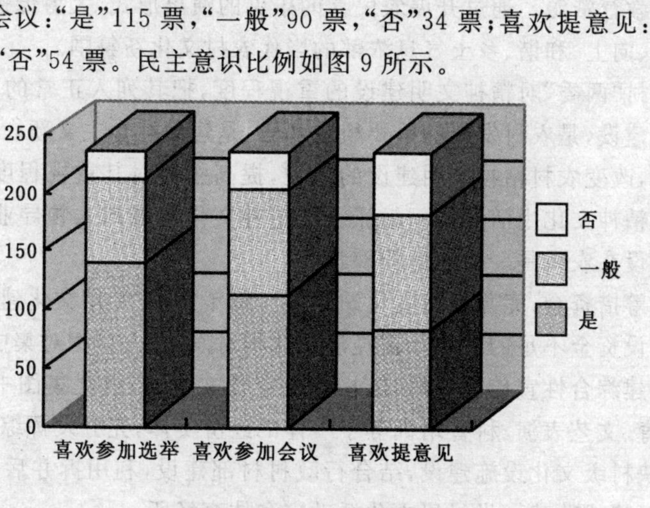

图 9 环境、生态意识比例

现状及主要问题：根据以上指数所见，农民了解到了自己的选举权和被选举权，积极自愿的参加选举，对农民来说，这是他们政治生活中的一件大事，并且喜欢参加会议，通过会议多了解村内发生的大小事务，具有参政意识。但是有一部分村民监督意识淡薄，对村内事务不闻不问，不喜欢向村内领导提意见，使得两委成员不能了解民心民意，所以加强农村民主管理意识、推进基层党风廉政建设，事关全局，意义重大。

三、提高农民素质的对策建议

培养造就千千万万高素质的新型农民，是社会主义新农村建设的本质和根本任务，也是最为迫切的要求。农民是建设社会主义新农村的主力军。当前平谷地区广大农民存在着文化素质偏低、科学技能偏差、道德法制观念淡薄等问题，直接影响到了新农村建设。要改变这一现状，有效推进新农村建设，必须在提高农民综合素质，培养文化型、技能型、文明型农民上下功夫。

(一)提高农民文化素质，培养文化型农民

1.加强农村文化队伍建设，培养专职农村文化干部队伍，大力传播先进文化。农村文化干部队伍是农村文化的主力军、先锋队，现阶段应主要抓稳定和提高。依靠强有利的政策保证，采取有效途径吸引专业人才充实到基层文化站、文化服务中心，弥补基层文化干部缺乏的不足。吸引专业的人才担任村干部，引导农村精神文明建设。同时，办好乡镇成人文化技术学校，让职业教育和培训延伸到乡村群众。要积极建立现代教育体系。着力发展现代远程教育和电化教育，使广大农村地区享受到优质教育资源。通过开展农民喜闻乐见的演出形式，大力传播先进文化，努力营造健康、向上、和谐、乡土气息浓郁的当代农村文化新氛围。

2.提高村“两委”对精神文明建设的重视程度，把其列入正常的工作考核。农村精神文明建设，是农村发展的重要组成部分，是建设社会主义新农村的需要。根据实际情况，改变农村精神文明建设的地位，提高领导对其重视程度，坚持把农村经济发展与精神文化生活发展一起抓。把精神文化发展列入领导业绩考核，改变精神文明建设在农村是一个洼地的现状。

3.积极筹措资金，完善乡镇文化站建设。每年安排“专用文化建设资金”，改变农村文化建设资金不足的现状。在经济文化相对发达、人口相对集中、交通相对便利的乡镇新建综合性宣传文化站，依托综合宣传文化站，组建集图书阅读、广播电视、宣传教育、文艺表演、科普培训等于一体的经济实体，充分发挥综合效能和辐射作用；要加快村级文化设施建设，结合行政村村部建设，利用拆并后的政府和学校办公设施，新建或改建一批村民文化活动室和体育场所。

4. 开展“五下乡”活动，组织社会各界开展送理论、科技、文化、卫生、法律下乡活动，切实丰富活动内涵，不断创新活动形式，建立长效机制，使“五下乡”活动成为在农村“宣传知识、释放活力、服务群众”的有效载体；要开展群众文化活动。把开展群众性文化活动与建设社会主义先进文化、和谐文化，传承弘扬民族文化结合起来，利用农闲、节日、集市开展运动会比赛等符合农村特点和农民需求的群众文化活动。以旅游为依托，加强民族文化、旅游文化建设；要培养农村文化人才。充分发挥现有的民间专业人才、退休干部职工、农村教师的作用，经常性开展群众性的文化活动，搞好传帮带，在活动中发现和培养人才。

(二)提高农民科技素质，培养技能型农民

1. 要明确培训任务。制定完善劳务输出技能培训规划，每年开展引导性培训和技能培训，培养一大批懂科技的新型劳动者，为新农村建设提供强大的人力资源优势。

2. 要创新培训方式。以活动为载体推动培训，深入开展“跨世纪农民培训工程”、“学科技致富竞赛活动”、“绿色证书工程”等活动，使农村劳力基本掌握1～2门适用技术，使科技入户率达到98%以上，劳动力素质较有大的提高。

3. 要发挥专家服务基地的作用。通过多种途径，进一步发挥好基地专家的指导作用，给农民传授科技知识，解决技术难题，培养更多的技术能人。

4. 要发挥农技推广机构的作用。加强区级农技推广中心和乡镇农技推广站建设，使其成为技术集成的基地、技术展示窗口、技术培训的平台。大力推行基层农技人员包村联户，逐步形成农技人员抓科技示范户、科技示范户带动普通农户的技术推广模式。

(三)提高农民道德法律水平，培养文明型农民

1. 全面落实《公民道德建设实施纲要》，要充分运用大众传媒、文化活动以及体育活动等，努力营造有利于农民思想道德建设的良好社会氛围。深入开展学习实践社会主义荣辱观宣传教育活动，推动“三个代表”的基本内涵进农村、进校园、进家庭。要建立载体，发挥基层党组织主导作用，注意扶植和发展农村思想道德建设过程中的自我教育和管理的各类组织。要建章立制，加大农民群众的监督力度，把“德治”和“法治”结合起来，制定完善“文明公约”、“村规民约”等规章制度，通过严格的科学管理，约束和制止不文明行为。

2. 突出宣传法律知识教育，抓好土地管理、经济建设等方面法律法规的宣传教育，抓好禁毒禁赌、反邪教组织及信访法律法规和村规民约的宣传教育，使法制宣传教育贴近农村实际，让农民受听、受用。

3. 狠抓新农村建设示范村文明创建，把提高农民道德法制水平作为文明创建活动的重要任务，把文明创建活动作为新农村建设的重要内容，使新农村建设示范村既成为物质文明的示范，又成为精神文明的示范，相互促进，共同发展。

总之，广大农民群众是建设社会主义新农村的主体，培育新型农民是新农村建设的重要组成部分，培育新型农民的实质是提高农民综合素质。着力提高农民综合素质为建设社会主义新农村奠定坚实的人才基础。

参考文献

绿谷.杂志，2007(9、11)

关于果树绿色证书教学过程的探索

周秀平　北京市平谷农广校

摘要　农广校的果树绿色证书教学，是指在教师的指导下，使学员掌握理论知识和基本技能，并学以致用，逐步转化为自身能力的过程。教师、学员、教材、教学手段是构成教学过程的四大本质因素，只有不断探讨和研究果树绿证教学过程，使四者达到最佳的结合，发挥教学过程的整体作用，才能保证教学质量，取得良好的教学效果。

关键词　果树　绿色证书　教学过程

果树绿证教学，是指在教师的指导下，通过教学手段，使学员掌握基础理论知识和基本技能，并学以致用，逐步转化为自身能力的过程。教师、学员、教材、教学手段是构成教学过程的本质因素，四者缺一不可，从研究四因素入手，探讨绿证教学过程：充分发挥教师的主导作用；调动学员参与课堂学习的主动性；认真编写教材；灵活运用多种教学方式与方法；使四者达到最佳的结合，发挥教学过程的整体作用，保证教学质量，取得良好的教学效果。

一、提高教师的自身素质，发挥教师在教学中的主导作用

教师是教学过程的主导因素，教学活动是在教师的组织指导下进行的一种有目的的活动。教师在引导学员掌握知识的同时，也把自己的观点、思想、品德修养，潜移默化地渗透给了学员。因此，作为一个农广校的教师，应具备较高的政治素质，较好的品德修养，才能有效地发挥教师的主导作用，实施高质量教学。

(一)较高的政治思想品德修养

教师必须具有坚定、正确的政治方向，才能自觉贯彻党和国家的教育方针，引导学员树立正确的思想观念。

教师必须具有不畏艰苦，踏踏实实，勤勤恳恳，勇于奉献的精神，热爱农村教育事业，爱岗敬业，对农民倾注更多的热情，对农业有较强的服务意识，才能有效地为农民、农村、农业服务。

(二)教师具有扎实、广博的专业知识和丰富的教育教学经验

教育者必须比受训者知之较先、知之较深、知之较广。教师在业务方面要博学

多闻，既要有扎实深厚的理论功底，又要具有丰富的实践和教学经验。要想搞好果树绿证教学，农广校教师必须具备：

1. 精通所教学科的基本理论和专业知识。深刻理解和熟悉本学科知识结构特点，了解学科发展动向和最新研究成果，及时更新知识，充实教学内容。

2. 懂得成人教育理论，掌握成人教育的规律和方法。在教学中遵循成人教育规律，做到有的放矢。

3. 有从事农村成人教学工作能力。包括钻研和处理教材的能力；了解学员特点，因材施教；组织教学的能力；以及较强的语言表达和实际操作能力等。

才能充分发挥教师的主导调控作用，准确地传授知识，引导和帮助学生实现学习过程，高质量地完成以教师活动为主线的教的程序。

二、研究学员的特点，调动学员参与课堂学习的主动性

学员，是教学过程的主体因素，是学习的主体，学员的心理、年龄、知识水平等特点都影响着学员主体作用的发挥。果树绿证教学的教育对象是农民，农民的特点影响着教学效果及教学过程的实施。

教师只有充分了解农民的特点，才能有针对性地开展教学，因材施教，使农民从不知到知，从不会到会，在求知的道路上，少走弯路。让他们不仅接受了课本上的知识和技能，而且能最大限度地发展他们的创新能力，使他们的知识水平迅速、有效地得到提高，完成“教”与“学”的共同活动过程，保证教学质量。

（一）农民不利于教学过程实施的因素

大部分农民文化水平较低，只有初中以下文化程度；文化层次不同；年龄结构参差不齐，年长的偏多，记忆力差，理论知识的讲授存在较大的难度；农民居住的分散，交通不便，集中起来不容易；农业生产占据农民大量的时间，学习和农事活动之间矛盾突出，定期施教在农忙时节尤为困难。

以上诸因素，增加了绿证教学的难度。所以，实施教学过程应考虑这些特点。安排上课时间应躲开农忙季节，多利用农闲时间；备课也要考虑到农民的特点，因材施教、因需施教。

（二）农民也有很多利于教学的特点

农民有一定的社会和生产经验，对自己从事的农业生产问题，有足够的感性认识，很容易掌握基本技能的操作；具有稳定的心理和思想成熟性，善于观察、分析和思考，容易发现新事物，提出新问题；具有明确的学习目的，掌握了某项果树技术，能学以致用，速见成效；具有浓厚的求知欲望，在生产过程中，深刻体会到了知识的重要性，迫切需要获取知识，掌握技能，改变自己的处境，尽快走上致富的道路。因

此，农民在学习中表现出很强的主动性和刻苦性。

根据这些有利的因素，我们可以在教学中，培养学员的探究性思维，启发学员去发现、分析、总结生产中的问题，充分发挥学员的主动性，通过知识和技能学习，结合生产，很快转化为自己的创新能力。进行教学内容的编写时，要充分考虑这些特点，突出操作性、实践性，淡化理论性；突出针对性、选择性，淡化系统性；便于学员的理解和掌握。灵活运用更适宜他们的教学方法，比如：讨论式、直观性的教学方法，打破单一的课堂教学组织形式，为多种教学形式如：现场教学、实验教学、示范教学等并用，可以提高教学效果。

三、认真编写乡土教材，提高绿证教学质量

教材是教学过程的客体因素。教学活动是围绕着这一因素进行的，教材是教师“教”的依据，是学员“学”的对象，教材编写的好坏，直接影响着教学效果。因此，依据计划与大纲的要求，地方的经济热点，编写出适合地区特点的“乡土教材”，是绿证教师的一项艰巨而重要的工作。

（一）教师必须熟知自己所从事的绿证教学工作的特点

果树绿证教学，是农民的继续教育，有着不同于普教的教学目标、教学目的、教学对象与教学模式。

1. 从教学目标与方向看　绿证教学的目标是要改变或优化农村从业人员的知识结构，以专业技术教育为主，让农民在较短的时间内，掌握新知识和新技术。

培训方向的确定，与地区需求、经济发展特点相适应。平谷区属于偏远的半山区，全区40万人口，有15万人从事果树生产，平谷是农业生产的大区，果树生产是我区的主要经济产业。把绿证培训的方向定为：以果树专业培训为重点，同时兼顾蔬菜与畜牧业的培训。

2. 从教学的目的看　果树绿色证书培训，突出技能，注重实效。以知识教学为主线，让学员达到“掌握知识，运用技能，再将知识与技能转化为致富的能力”的目的。

所以，教师在乡土教材的编写过程中，既要重视知识技能的传授，又要考虑受训者的能力发展。

3. 从果树绿证教学的模式上看　摆脱了普教的模式，又不完全等同于学历教育。课程设计以农民的现实需要为依据，基本设定为栽培与植保两门课程。

首先，教师根据统编教材，拟定培训计划，编写乡土教材。

其次，培训时间300学时，教师根据生产情况灵活安排教学时间。

再者，统一的培训方式：集中办班、集中授课。

考试办法：由任课教师统一出题，自己阅卷。

(二)根据地区特点、农民的需求，针对性的编写出乡土教材

一部好的教材，就是将已知的真知，经过加工、提炼、编成学员易于领会、便于掌握的系统知识，缩短学员认识过程，提高认知效率。

绿证教材在编写时，以地区的需求为本，充分利用地区资源，上课前先搞好调研，确定出授课的内容和侧重点。

绿证教学内容的编写，从果树栽培、植物保护和综合知识三方面来考虑。每部分的内容编写，从当地实际需求、栽植特点出发，本着实际、实用、实效的原则。充分考虑农民的特点、学科特点，给以添加或取舍。坚持“以人为本，突出技能，注重实效”的培训理念，不同的地区，写出不同的乡土教材。

全区都有桃树栽植，桃树栽培与植保知识都要安排。水峪村是有名的枣区，应以枣树为主；北寨村则以红杏为主；东牛角峪村以梨为主。其他树种，根据树种的多少安排讲课次序和内容，树种多的内容要多，安排在前边讲，树种少的内容少些，放在后边讲，没有的树种就不讲。

以南独乐河镇北寨村绿证班的教学内容编写为例，说明教材编写的过程。

附表：北寨村的果树绿证培训计划安排如下：

	不同树种基础知识	重点	难点
果树栽培	基础知识概况（杏、桃、柿……） 栽植状况 生物学特性、土肥水管理、整形修剪要点 植物生长调节剂应用	“北寨红杏”的特点；栽植；生产存在问题分析与防范；技能操作：冬剪、夏剪、接树等	北寨红杏生产存在问题分析及防范措施
植物保护	昆虫分类的基本知识。（杏、桃、柿……）的常见病、虫害的识别、防治技术。综合防治方法 常用杀虫剂、杀菌剂的性质、剂型、应用	红杏的细菌性穿孔病、黑斑病、疮痂病的防治方法；蚜虫、卷叶虫、杏仁蜂防治方法	红杏黑斑病防治方法 综合防治方法
综合知识	建立标准化果园的基础知识：安全食品、有机食品等概念。真、假化肥与真、假农药的识别。计算机的简单操作知识：专业知识查询、正确发布供求信息。最新的实用技术、最新的品种信息、与最新的药剂介绍等	真、假化肥与真、假农药的识别；最新实用技术、品种、药剂的信息	计算机的简单操作：专业知识查询；正确发布供求信息

北寨村是我区当家品牌红杏的主产区。在培训前，先深入生产中去调查，将红杏生产中存在的问题与现状搞清楚，然后制定出适合本地区的乡土教材，写出授课计划(见上表)。这样针对性的安排教学内容，再将调研的成果，结合实践，在课堂中讲清楚，教会学员用理论知识解释生产中的现象，训练学员的思维能力，既解决了农民急需搞明白的生产问题，又将调研的新成果形成技能，让学员懂得认识过程又是创造知识的过程，将学到的书本知识，变成分析问题、解决问题的能力，学以致用。

绿证教学的内容，是与时俱进的，需要不断的更新和完善。北寨村属于南独乐河镇，镇里有社区教育网络，可充分利用网络资源，将农民们带到这里，给他们讲解计算机的基础操作知识，学会网络的使用，信息的查询与发布，借助网络将自己的农产品销售出去，帮助农民解决农产品卖难的问题，即拓宽了学员的知识面，学会了电脑的简单操作，又使得教学内容更规范更系统。

在其他地区的教学，都有综合知识的内容。把目前最新的品种，最好的药剂，最新的技术信息，从这个窗口，传授给农民，扩大他们的知识视野，增强农民的创新意识，提高他们的果园管理水平，驾驭市场的能力。

四、灵活运用多种教学方式与教学方法，求得最佳的教学效果

教师在教学过程中，要达到教学目的，完成教学任务，必须采用恰当的组织教学的形式，适当的教学方法，有效地控制和利用教学时间与空间，才能取得最佳的教学效果。

(一)集中授课与分散教学相结合，灵活施教

根据农民的特点灵活安排授课时间，在农闲时候多安排课时，上午在室内讲理论知识，下午到田间树下实习操作。农忙时节，理论知识的讲授安排在晚上，白天教师仅占用少量时间集中大家到室外实习操作；大部分时间教师在百姓的田间树下进行流动指导，即全员培训与个别指导相结合，有针对性的教学。

(二)面授与电化教学相结合

教师除了进行面授教学外，还可根据具体情况，充分利用农广校电化教学的先进手段，组织农民收看光盘、录像，特别是多媒体计算机辅助培训，不受时间和空间的限制，把“现实”的生产片段搬进课堂，学员可以反复播放各种现实场景。本人在许多乡村进行绿证培训时，经常组织农民在多媒体教室观看“桃树长枝修剪技术”、“桃树病虫害防治”、“梨树打药技术”等科技光盘，收到了较好的教学效果。

(三)教师“讲”与学员“看”、“议”相结合

一讲：就是由教师讲授新知识，讲解有关原理，即讲授式教学方法。讲授式教

学，是农民培训的最普遍的教学方式，要求教师讲述的内容要严谨，结构明了，逻辑性强，概念准确，操作的环节、步骤翔实。语言要清晰，快慢适中，抑扬顿挫，详略得当，让学员掌握课堂教学的知识点。

果树绿证教学，具有较强的实用性、实践性、专业性。过深的理论课程，对文化不深的百姓来说，理解起来会困难，觉得抽象乏味，所以应尽可能地使理论教学通俗化，从学员身边事说起，由浅入深，可以提高学员的听课兴趣。通过讲解，不仅让学员明白：怎么做？还要让他知道：为什么这样做？这就要求教师在组织教学时，专业理论尽量用喜闻乐见的生活实例进行解释，降低学习难度，缩短师生的心理距离，使学员在趣味中获得理论知识。

如：花芽分化理论我们可以略去不讲，夏剪要用到花芽分化的起止时间知识时，可以用"女人九月怀胎"的例子做比，桃花芽分化从六月中旬开始，到翌年春季结束，需要 9～11 个月的时间，无需把花芽分化理论都生硬地讲给他们，他们一样能接受这个知识点。通过四次夏剪培养果枝，是实践教学过程，应把桃树夏剪的时间、内容、方法讲透彻，并手把手教会他们夏剪操作，这也是我们教学的重点。

二看：就是看实物，即直观性的教学方法。包括去现场参观别人的经验；去树下直观地看病症与虫子的为害状；观察修剪反映；观看教师的操作技术等等。课堂教学与田间示范、指导结合起来，让学员通过听、看、触摸来达到教学的目的；有时也可以采些标本，比如：果实、叶子、枝条、昆虫等，放到课堂上，让学员观察识别，辅助教学，使学员有身临其境的感觉，达到直观的教学效果。

三议：就是讨论式教学方法，让学员积极参与到教学活动中，各抒己见，发表看法。通过讨论，实现学员与学员、学员与教师的良性互动，老师可以课前拟定好题目，也可以让学员随意提问，便于教师明确学员需要什么，有针对性教学。虽然没有到田间，也达到了实践教学的效果。比如，有的学员提问：桃树为什么会流胶？桃果为什么有软化现象？如何减少？这是生产中百姓常常遇到，却不能自己解决的问题，农民比较感兴趣，可以通过课堂议论，启发学员充分思考和交流。然后教师做小结，从感性上升到理论，用理论解释现象，从眼前的流胶现象分析，归结出相应的规律。桃树流胶的原因不外乎两种，一种是生理流胶，是由栽培措施不当，如：修剪过重、氮肥过量、栽植过深、土壤黏重等原因引起的，这种流胶我们用眼睛观察，都是在大的枝丫处流胶。可以通过改善栽培措施，增强树势，预防或缓解流胶；另一种是真菌流胶，主要发生在骨干枝的背下，呈一串串的眼泪状的流胶，可以通过铲除病斑，涂抹或喷打药剂进行治疗。再带他们去地里观察流胶的树体，这样既直观，也通俗易懂，比较符合成人的认知特点，易于理解和掌握。

五、几点体会与思考

果树绿证教学，是发展的过程。需要我们继续在实践中探索，在探索中总结，在总结中不断提高的过程。

目前，教学中存在着以下几点问题：最近几年的农产品价格低迷，存在着农民增产不增收现象，使部分农民参加培训的积极性不高；考试办法有待于改进，任课教师自己出题，自己阅卷，学生过关与否都掌控在教师手上，不利于提高办学质量；学员没有一本固定的教材，增加了教师的备课难度及学员的学习难度；由于部分学员的文化程度过低，出现学习知识与掌握技能脱节的现象，很难达到“掌握知识、运用技能”的预期目的，影响了培训效果。所以，解决“百姓的买果难；改革考试办法；提高学员的文化水平”等问题已势在必行。只有及时找出并解决问题，弥补不足，才能完善我们的教学过程，提高教学效果，保证办学质量。

参考文献

1. 唐士富. 农村成人教育学. 大连出版社出版，1993

北京联合大学应用技术学院、北京市平谷区第二职业学院主办《职业学苑》2003(1)

2. 农业部科教司，农业部财务司财政部农业司，团中央青农部等. 跨世纪青年农民科技培训工程工作指南. 北京：中国农业科技出版社出版 2001:10

加强农民远程教育机房管理的有效途径

张朝阳　北京市顺义农广校

摘要　农民远程教育机房的安全工作应从设计与施工、日常维护、日常管理入手加强安全管理，提高使用效率。

关键词　远程教育　机房管理　途径

我区在2004年开始进行农民远程教育机房建设，至2007年全部镇和部分村建成了远程教育机房。机房的配置很好，还为每个机房中都装备了投影机，网络通过政府网光纤接入，是广大农民进行信息技术学习和日常获取生产技术信息和销售信息的重要场所。农民远程教育机房具有计算机数量大，使用人员复杂，使用人员素质参差不齐，安装软件数量多，使用率高，管理人员多非专职，管理人员水平也是参差不齐等特点。由于使用者人为因素和病毒的影响常常出现这样那样的问题，轻则系统运行缓慢，重则重要软件无法运行，严重影响教学工作的正常开展和日常使用。

为了保证农民远程教育机房系统的正常运行，必须从以下几个方面采取措施。

一、从物理层面加强安全

机房应尽量选择较大空间，并配有防护栏、防盗门、并安装闭路监控系统，与镇村监控室相联接。机房应设前后两个门，以便一但出现灾害事故迅速疏散人员。

还需要给设备分配电力。采用配电箱来分配电力负荷，把电源分成多路，每一路送给不同的设备。当某路电源及其设备断路或短路时，可切断故障电源而不会影响其他设备的正常工作。机房内应安装空调设备，并且要求空调功率计算时不只要考虑机房面积，更要考虑机房设备散热，空调必须采用独立的线路供电，以防止空调启动和停止时产生的浪涌对其他设备的正常工作产生影响；网线要按标准与设备的供电线路保持一定距离，防止网线受到电磁干扰；机房施工时供电线路、网线要考虑不要对使用者造成伤害，无法避免和人员接触的地方要避免突出地面，如采用金属线槽一定要有可靠接地。

机房内要配备足够的至少两个灭火器，布置在机房前后，灭火器采用液态CO_2

灭火器，定期组织消防演练和疏散演练。

二、从软件层面加强安全

(一)来自黑客、病毒的威胁

利用操作系统本身提供的安全措施来加强安全。首先选用 NTFS 文件系统，可以让管理员设置文件及目录的存取权限，使用户只能按系统给予的权限进行操作，从而有效地防止人入侵，并使病毒无法执行；有关数据表明，不少人在安装 Windows 2000 或 Windows XP 时，只图使用方便，没有考虑安全问题，一定要给管理员组成一个高强度的口令，所谓高强度口令，通常由字母、数字、特殊字符组成，长度不低于 8 位创建一个新的管理员账户，把默认的 Administrator 管理员账户删除，为新的管理员账户设置足够复杂的密码，创建一个受限用户，由使用者使用，为了便于使用，受限用户不设密码，删除没有任何安全措施的 Guest 账户。这样赋予机房管理人员和一般学员不同的权限，既便于机房管理人员即时维护计算机，又能使一般学员能够进行基本的操作。

据官方公布的数字，2008 年 1～7 月出现的病毒是前五年病毒的总和，传播方式和途径多样化，病毒欺骗性增强，计算机病毒破坏方式更加多样化，传播速度极快，病毒变种增多，难以控制、难以根治，这些特点都使得机房管理越来越困难。黑客、木马程序大多是利用安全漏洞来进行传播、攻击系统、破坏数据等操作，那么应及时地给机房的每台计算机系统打上最新的补丁，可以 360 安全卫士来检测和修复系统漏洞，为了方便管理补丁更新，可以布置一台 WSUS 服务器，以实现补丁管理的本地化。

(二)来自互联网上的威胁

机房都是通过光纤接入政府网，网络入侵直接给机房带来了安全隐患，IE 漏洞成为种马的首要目标，因此必须及时的更新 IE 漏洞补丁。互联网上随处可以下载到黑客工具和恶意脚本，用户只要几分钟就可以学会使用方法，利用这些工具进行攻击，因此必须安装有效的防病毒软件和防火墙软件，并及时更新。

对机器狗、ARP 攻击，建议安装 360 安全卫士，把 360 的所有保护设置为开启。

安装还原卡，设置还原卡保护 C 盘，设置每次重启还原。(常用还原卡有小哨兵、华君、三茗等)。安装 360 网吧还原系统保护器，除了可防御已知机器狗病毒穿透还原，还可抵御以下可能发生的还原穿透攻击：①所有的磁盘设备脱链式穿透还原攻击；②所有的磁盘过滤绕过方式穿透还原；③SCSI_REQUEST_BLOCK 方式穿透还原；④所有的 PASS THROUGH 指令穿透还原(RING3 下穿透还原技术)

保证还原系统正常工作。

以上工作完成后，系统已经有了较好的抗攻击能力和防病毒能力，这时设置系统属性自动更新为关闭，杀毒软件自动更新也为关闭。可以用网络克隆的方法把母系统克隆到其他计算机上，即用 Ghost 创建映象，用 GhostSrv 8.3 For Max 工作室汉化版作为服务器端软件，用 MaxDOS57s－g83 做客户端软件。完成后重启计算机，为每台计算机修改一下计算机名和 IP 设置即大功告成（克隆时注意客户端如装有还原卡，还原卡就设为开放模式，待克隆和修改计算机名和 IP 后再设为保护模式）。

三、从管理层面加强安全

有些时候管理的重要性要比技术的更为突出，没有好的管理，再好的技术也难以得到充分体现。必需制定行之有效的管理制度，明确机房管理者、机房上课老师、机房学员各自责任。机房的制度要严格执行。

针对农民远程教育机房授课教师很多不是计算机教师，而且流动性相对较大这一特点，机房内重要易损设备要用简单明了的办法告知使用者。比如在关闭投影机时，有的教师不待投影机散热风扇停止转动就断掉电源，这种做法很容易造成投影机灯泡的损坏，为了避免这种现象的发生，采用"明白纸"的办法，把关机时注意事项打在彩纸上并塑封好后放在总电源和投影机遥控器等显要位置，使教师能够得到即时提醒，这样可以减少不必要的损失。

学校的计算机房一般是由教师管理学生上机，教师是管理者，学生是被管理者。一般是指派一名管理人员管理，负责机房的设备管理和维护、上机学生的管理、机房的清洁卫生等一系列工作。这种模式虽然好处很多但也有不足之处。机房的有些管理工作相当琐碎，而且有很大的重复性，比如操作系统的恢复，软件的安装，卫生的检查，设备的维护和保养等。管理教师在这方面要付出相当多的精力，而机房管理者一般都是兼职，很多时候在时间上不能顾及，这时机房的管理与维护质量就会受到影响。如果中途管理教师有事外出，则管理可能陷于无序状态。因此，我们创新了由管理教师的主要工作变为组织、管理和辅导几个学生组成管理小组，机房的各项管理工作由几个学生管理小组直接负责的模式。

(一)机房管理组织

在实际工作中，可以成立一个机房管理小组，由机房管理教师负责组织、监督，成立以下小组：

1. 机房维护小组，负责机房的软硬件维护，由于这部分工作对计算机技术要求高，由于涉及机房技术核心，因此人员要少而精，而且要基本固定。

2. 上机管理小组，负责各班上机时的纪律和卫生情况，由于涉及每个上机的班级，因此人数可以多一些。

3. 机房卫生小组，专门负责机房卫生的打扫。可以与上机管理相结合。

这样，机房的大部分工作交给这三个管理小组负责，机房教师对机房的工作进行保持和改进，做好组织小组的监督和检查工作就可以完成大部分机房工作。

让学生管理小组管理机房，在具体实施时要注意以下几点：

(1)在管理小组组建的初期，管理教师既要管好机房，又要不时对管理小组的工作进行指点，特别是对机房维护小组的培养，这些都要花费管理教师大量的时间和精力。

(2)各个部门的工作记录及学生上机情况。

(3)在人员的选拔上，除了遵守自觉自愿的原则外，应当少而精，人少便于管理，而且能够杜绝一些不能以身作则的人进入。

4. 动态原则。即人员不是绝对固定的，可以实行晋级制和淘汰制。表现好的学员可以由 2、3 小组升至 1 组。对表现不好的人员进行及时提示，甚至淘汰。这样形成竞争机制，以利于调动参与者的积极性。

(二)资源管理

1. 为了计算机的有效使用应该定期对电脑进行检查。包括硬件和软件，甚至应该检查电脑使用记录。及时发现问题，及时解决。避免“不合格”的电脑留给下次上机的学生使用。

2. 参与管理的学生也是一种人力资源。对于参与机房管理的学生，我们应该知人善用。并且让他们很好的熟悉各自小组的工作章程和有关的常见问题解决办法。

(三)管理体系的优点

1. 可以保证机房管理的稳定性，机房管理不再只受教师因素的影响。即使有时候管理教师不在，机房管理也能照常进行下去。

2. 机房的管理比原来更细更好，上机管理尤为明显，每次上机后上机管理小组都会上交一份上机情况表反映本次上机的纪律、卫生和机器情况，从而使管理教师不在机房却能掌握本次上机的纪律卫生情况，然后根据情况做相应的工作。

3. 可以培养出一批计算机技术领先的学生，让一些基础好的学生学到更多的知识。对管理小组工作的奖励可以是提供上机时间，管理小组成员可以凭兴趣，在专业教师的指导下，经过自己的摸索，慢慢地也学出自己的专业特长来。

4. 各个小组工作经历或是事故处理的过程形成文件，可以留给下一届的同学学习，保持了机房管理人员素质提高的持续性。

5.整个管理的组织组成一个整体，这个整体是以提高学生在机房学习效率为目的的，这个组织不断地改进并建立记录，可以帮助机房管理者探讨管理模式。

6.机房让学生管理是对学生的一种锻炼，“让学技术的学生懂管理，让懂管理的学生学技术”也是当今社会培养复合型人才的需要。

参考文献

1.王毅.学校机房管理浅谈.甘肃科技纵横，2006年第03期

2.王玉芬.浅谈计算机机房的管理技巧.福建电脑，2006年 第01期

3.金剑中.网络还原精灵和Ghost在计算机机房管理中的应用.科技信息(科学·教研)，2008年 第13期

实践引导财务会计教学改革初探
——建立实践基地的思考

刘淑珍　周海燕　北京市顺义农广校

摘要　实践课程教学实效是需要有实践环境作支持的，稳固的学生实践基地的建立，是提高实践环节教学效果的最为有效的途径之一。为此，我们从本地区实际出发，充分利用本区的经济资源，在 2003 年通过联合协作方式，搭建起财务会计专业校外实践基地教育平台。通过教学实习，将课堂教学中的潜性问题显现化，在学校的教育教学中不仅要教会学生记住和理解会计的理论知识，还要教会他们在各种情况下既规范又灵活地运用这些知识。通过会计教学改革，培养出既能满足当前社会需要，又能适应社会发展的复合型会计人才。

关键词　实践　财务会计　教学改革

财务会计专业学生，就其培养目标是为经济建设培养一批应用型财务会计专门人才。这一目标要求我们所提供的教育产品，不仅仅掌握一定的财务会计基础理论和相关学科知识，还需要具有处理各种交易或事项的实践经验及专业技能。而这种技能的培养，单纯地依靠的课堂教育是难以达到的。因此，我们在财会专业教学计划中设置了实践性课程的学分，并有具体的实践性课程实施方案。但是，实践课程教学实效是需要有实践环境作支持的。稳固的学生实践基地的建立，是提高实践环节教学效果的最为有效的途径之一。为此，我们从本地区实际出发，充分、利用本区的经济资源，在 2003 年通过联合协作方式，搭建起财务会计专业校外实践基地教学平台。

一、建立稳定的教学实践基地的原则

(一)选择定点的实践基地，必须与我们教学要求和教学层次相结合

集中实践教学活动效果与实验基地的资质和实力有着直接关系，这是我们开展这一教学活动的基础和前提。我校经多方联系，与顺义明鉴会计师事务所签订了学生实习协议。该所是顺义区最大的一所会计师事务所，有审计部、验资部等多个部门，注册会计师达 32 名。事务所涉及经济业务比较全面，可以为我们学生提供各种会计实践活动机会，如在代理记账中，学生可以通过对被代理企业一般会计

业务处理，进一步深化财务会计知识；在年审业务中，学生可以从审计角度对会计处理进行审核，加深对审计理论的理解；在资产评估业务中，可以了解各类资产评估特点，使学员在实践活动中掌握各种评估方法的选择和运用；在资产验资业务中，学生可以深化对公司财务理论的理解等等，选择会计师事务所作实习地点可以广泛涉及财务会计专业业务。

(二)稳定的实习基地建设应以“从实际出发，互助互利”为原则

在实习基地协议中，考虑到事务所一般业务具有经常性，而我们学生教学实习是环节性教学活动，因此，实习时间由学校根据课程安排选定，每次实习时间为60～80学时。我校学生和老师参加事务所全部工作均不向事务所索取劳务，学校还从办学经费中拿出一定经费，对事务所指导学生工作给予一定象征性的报酬。

二、教学实习全过程管理

我校2004级财会专业学生在2006年寒假期间，学生在顺义明鉴会计师事务12名注册会计师的指导，到过如西单商场顺义联营大楼、北京燕京啤酒厂、天竺房地产开发公司、北京众望食品有限公司、京顺汽车设备公司、北京市碧瑶摄影公司等50多家企业，涉及的行业包括工业、商业、饮食业、建筑业、服务业等，涉及的所有制包括内资企业、外资企业。

(一)准备充分有目的地开展实习

在2006年11月学校请会计师事务所审计部的经理为学生进行业务培训，讲解所有会计科目的用法以及实际中新的要求，使学生对实习内容有了比较深的了解；12月2日主管教学校长为到事务所实习的20名学生召开动员会，讲了目的、要求及学校的殷切希望，指派专业课老师负责实习工作，对实习中出现的问题及时向学校反映汇报。充分的准备工作，为学生完成实习工作打下了坚实的基础。

(二)及时沟通保证了实习的效果

学校每天与学生及时沟通，了解学生在实习过程中遇到的问题，及时指导学生补足欠缺的知识，如学生对某零部件制造有限公司长期待摊费用分摊存在，负责实习工作的专业教师及时与事务所的注册会计师沟通，解决学生实习中各种的问题，使学生在实习中学习、在实习中提高。

为了从制度上保证对实习过程及时了解、有效指导，我们建立实习日志制度，积累经验和有关资料。督促学生认真从事实习工作，实习日志其主要内容包括：记录每天的工作内容、出现的问题、解决的方法及心得体会。为使学生能按要求去做，每天早晨7:50到事务所，由我校带队指导教师组织交流例会，收学生前一工作日的实习日志，指出以前日志中反映出的各种问题和不足，保证学生在审计师事务所实习质量。

(三)撰写实习报告提高学生归纳分析问题的能力

在实习结束时完成实习报告,锻炼学生综合运用所学理论知识的能力、研究或阐述某一方面问题的能力,指导学生深入实践,结合实习中遇到的问题作深入分析。要求文字简练,层次清晰,针对性强,在 3 000 字左右。实习报告是学生整个实习工作的全面汇报,是实习绩效的体现,它反映了学生实习的深度和质量,同时也反映了学生的归纳和分析问题的能力。一位参加实习的学生在她的实习报告中写道:通过这次实习,培养了我的人际交往及团队精神,这些在工作中非常重要,也是个人素质的体现;在专业知识上,我从一个起初看到账本不知所措,对师傅交待的任务很迷茫的人,到对会计工作已经有所了解,知道了会计工作的程序;从一个对税收一无所知,到了解了税收的初步知识。这些虽然还很肤浅,但我至少已经迈出了这项工作的第一步。学生在实习报告中均有同样感触。

三、通过教学实习,将课堂教学中的潜在性问题显现化

从学生撰写的实习报告及实习交流汇报会中,我们看到学生实习后在许多方面有了突破性的进步,他们对财会知识从不理解到理解,实际操作从不规范到规范的。但从实习中我们也发现财会专业的教育教学有待提高,如学生在实习中普遍反映第一次拿到明细账不能准确地计算出其合计数并与总账、报表核对一致,如我们在会计学讲授的资产负债表编制方法之一,是根据明细账户分析填制的“应收账款”,但是在实务操作中应收账款明细账,有的余额在借方,有的余额在贷方,我们学生却是把所有余额累计,导致账表数据不一致;原始凭证不知如何附在记账凭证之后;小规模纳税人的销售收入按销售发票数全额记入,不知其含有增值税。仔细分析学生在实习中遇到的问题、困惑,凡此种种,均是我们教育教学中存在的问题,深入分析,可以归纳为以下几个方面:

(一)会计教学中对实际问题的讨论分析不够充分

会计专业教材多是对会计制度的讲解,并在此基础上增加了一些简单的例题、练习,教材内容不生动,把本来丰富多彩的实际经济业务简单化,限制了学生的思维,使其不能很快适应复杂的实际情况。财务会计与税法,两者在实际中密不可分,购进材料、销售产品、固定资产清理等经济业务的发生都离不开税务知识,财务会计与税法的分离,导致学生记账错误,在实际工作中会给企业带来不必要的损失。

(二)实践环节缺乏

学生在校的实验活动集中在会计学基础课程中,简单的会计业务引导学生对

会计工作入门，由于该课程实践性较强而其理论又比较抽象，特别是对于从未接触过会计工作的同学来说，更是感到难以理解和掌握。通过做“基础会计学模拟实验”，对凭证、账簿、报表等增加一些感性认识，在学习凭证、账簿等章节时，通过做模拟实验，掌握会计凭证的填制、账簿的登记等具体操作方法。其他的课程中接触会计凭证、账簿、报表的机会很少，即使接触，也很少有比较完整的经济业务、来源于实际的原始凭证供学生练习，会计专业毕业的学生没有见过银行对账单、增值税发票，不知道如何报税，实践环节的缺乏，丧失了整合学生全面会计知识的机会，更重要的是学生缺乏运用其知识解决实际问题的能力。

四、提高财务会计专业学生素质的具体措施

财务会计专业的学生应有能力将有关方针、政策、制度、准则等牢记在心并认真领会与掌握；应有能力对会计信息资料进行加工整理；在工作中面对各种新的经济业务、各种新的经济环境，在现有的准则制度没有规定的情况下运用判断能力和创新能力进行会计处理。财务会计专业的所有学生全部参与实践基地实习是不现实的，如何解决学生中存在的问题，达到教育教学的目的呢？我们认为应采取以下方法，提高财会专业学生的整体素质。

（一）加大实验环节力度，使学生熟练掌握会计工作程序

会计实验要在整个学生学习阶段不间断地进行，从基础会计的简单业务中巩固学生的基本业务技能，使学生能熟练、规范地填制记账凭证、登记账簿，从财务会计、成本会计不断复杂的经济业务中使学生掌握胜任繁杂实际工作的能力，毕业之前的综合实验、会计电算化课程，提高学生对所做业务进行财务分析、提出管理建议的能力。学生的实验要在各门专业课中进行，经过不断的会计实验，模拟实际的会计工作，使学生能熟练掌握会计工作的程序。

（二）运用角色互动教学，强化学生对企业经济业务关系的认识

企业的经济业务之间是有密切联系的，如购进原材料，要涉及销售方、购买方，企业内部要经过采购、仓库、财务等部门，教学时为学生指派角色，演示原始凭证的制作、传递、记录等，不但能提高学生对会计知识学习的兴趣，体会借贷记账法的绝妙之处，还能强化学生对企业经济业务关系的认识，使学生认识到做假账必定会被发现，培养学生不做假账的职业道德。

（三）与会计师事务所、企业签订实习合同，减少学生对实际会计工作的陌生感

学生在会计师事务所、企业实习过程中，能全面提升学生对会计工作的认识，我校财会专业学生的寒假实习就充分证明了这点。此次实习为学生提供了实践的机会，使其消化了所学知识，接触了新鲜有趣的事物，并发现、弥补了自己知识上的

欠缺，增强了他们对会计专业的认识，实现了学校教育教学的目标。学校在以后的学生实习实践活动中应当建立在对学生进行礼仪培训、相关专业知识培训的基础上，制定相关的规章制度，实习的表现与毕业鉴定挂钩。

学生毕业后面临的会计活动是复杂多变的，因此在学校的教育教学中不仅要教会他们记住和理解会计的理论知识，还要教会他们在各种情况下既规范又灵活地运用这些知识。通过会计教育改革，培养出既能满足当前社会需要，又能适应社会发展的复合型会计人才。

浅析英语中与数字有关的词源

张向军　北京市延庆农广校

摘要　本文旨在以对英语词源的介绍，以及与数字有关的词的来源，演变和发展，再加上英语十二个月份名称叫法的来源为对象，通过具体，形象，生动的举例，清晰地展示了一些具体的词来源。把罗马数字，阿拉伯数字和英语数字的不同之处和起源的相通之处作比较，以期有一个整体且相联系的概念。本文尽量注意融合实用性、知识性、可读性、趣味性于一体，并使其带有一定学术性，既适合于英语教师、科研人员和翻译工作者，也适合于大专院校学生、中学生及广大英语爱好者。

关键词　英语　数字　词源

一、引言

词源学是词汇学的一个分支学科，研究单个词的历史来源和音义变化，也研究词汇中的同源词。以更加专门的术语来说，词源是在有限的词法特点和语义特点方面，从各个语言文化阶段的历史语法所做的截取。在某种可能的程度上，必须详细说明各个阶段的实践和实证的形式，或是通过相对的年代顺序，或是通过客观论据或文献。好的词源作为一种截取，必须提及尽可能多的原型，关联形式和阶段，并置于空间和方式限制的范围内。如果无法表明完整的重构，那么应该提供形式来揭示论证的轮廓和证实这些论证。

数词是人类最早认识和使用的词类之一。数字是人类思维发展到一定阶段，为适应社会活动的需要，在符号的斑竹下产生的。“数字是语言学中的一个特殊的领域。在科学的数字世界中，它的功能是计算、秩序严谨。职司分明、是实数；而在人类心灵中的数字世界中，它的功能是表义，许多数字经过‘神话’后或为‘玄数’、‘虚数’、‘天数’，他们有着极其丰富的外延和内涵。”

二、关于0，1，2，3数字的词源发展演变

《易经》中早就有“结绳而治”的记载。传说古代波斯王打仗时常用绳子打结来计算天数。用利器在树皮上或兽皮上刻痕，或用小棍摆在地上计数也都时古人常

用的方法。逐渐形成数的概念和计数的符号，结绳刻印记数法不方便表示大的数目，而且也不好计算。罗马人发明了一套新的计数方法，能简单有效的记录很大的数字。罗马数字的符号很简单，一共只有7个：I(代表1)，V(代表5)，X(代表10)，L(代表50)，C(代表100)，D(代表500)，M(代表1000)。如果一个数字重复写几次，就代表这个数字的几倍，如果一个数字重复写几次，就代表这个数字的几倍，如，要表示150就是LLL，4写成IV，6写成VI，V是5的意思。第二条原则是：即把数字放在原来的数字的左边，代表减去，而放在右边则代表加上。DC表示500＋100＝600。这些数字的拉丁文写法分别是1—mono，2—bi，3—tri，4—quar，5—pent，6—hex，7—hept/sept，8—oct，9—min，10—dec，100—cent，1000—mile。

英语中表示"一"的单词，出现的频率最高的是one和sole，还有表示"同一"的前缀"mono，homo"等。其中"sol"的构词能力很强，比如说作为词根的：isolate使隔离，desolate荒凉的，两个孤单的人在一起"console安慰，慰藉"，太阳只有一个，我们称它为solar，太阳系就是solar system.

关于two。两个孩子在同一个妈妈的肚子里，就是"two in"，就是"twin"双生子。Between就是be two in，"在两者之间"，"twist扭曲"叫做"two－ist两个主义者"，注意到"扭曲"起码需要两个不在一条支线上的力作用，就很好理解了。还有一个表示"二"的单词是"double双重的"，"du，di"就是双重的意思。比如我们说双排气管的汽车叫做dual pipes；如果有人"对自己自由主义，对别人共产主义"，我们说他是dual citizenship。dual是"双重的，两个"的意思。"du"进一步引申为"怀疑"的意思。汉语的"惑"字就是"心中认为或者还有第二个选择"，叫做"迷惑"的意思。英语中怀疑的表示方法和这个也惊人的一致。"dubious可疑的，不确定的"，它的同义词"doubtful可疑的"，也来自于"有双重性"的意思。

关于three。这个单词变成构词的词素的时候，"h"脱落，变成"tri"。比如说"tripod三脚架，triangle三角形"，而"trivia闲话、小道消息"就是在三岔路口，特别容易流传的东西。Trinity是一个基督教中的宗教用语，叫做"trinity三位一体"，他代表基督教中的"the union of Father, son and Holy Spirit in one God"。古罗马有三个部族，所以"部族，部落"这个单词叫做"tribe tritbe三个存在"。而部族是要向帝国去捐献、进贡的，这个单词"tribute贡品，颂词"就是"使他去成为不足的一捐献"的意思。虽然部族对帝国忠心耿耿，但是两个部族之间有冲突却是常事—"diatribe猛烈的口头攻击"就是形容这种行为的。每次发生这些争吵，三个部落的长老就会一起搬出在象征法官的"长板凳bench"开庭主持公道。所以"tribunal法官席，特别法庭"这个单词由此而来。"三"引申出来更多的意思，比如中文中的"白发三千丈""三思而后行"这些都是虚指，代表多的意思，东西一多自然有了“琐碎、细节的”，所以“trifle 琐碎，少量”，“trinket 小饰物，琐事”。连“trick”也不是什么大智慧，而是“小诡计、骗局”。

关于 Four。凡是表达四份的意思都是 quarter，比如说一年四季的“季度”；NBA 篮球一场分成的四节，美国大学一年中分成四个学期，东南西北有四个“方向”，一个城市的四分之一的街区，一个月出现两系的四分之一弦月，都成为 quarter。和四有关的单词还有很多，比如 4“quart 夸脱”就是 1“gallon 加仑”。古代把得了传染病的地区封闭隔离起来 40 天的行为叫做“quarantine 隔离，检疫”；由于石英总是以整四面体的晶体造型出场的，所以也被称为“quartz”，“quarantine”四十天(quar)一个人(an)挺(tine)过来就是隔离的意思。石英 quartz 是导体，Z 就是通过的电流，石英总是用来做表，可以防止“Z—Z—Z—Z”打瞌睡。

数字 7—sept，8—oct，10—dec 和日历上面的九月，十月和十二月差了两个数字。因为罗马人实行的是古罗马历法，第一个月是从公历的三月开始的，所以它们的月份自然也比我们现在用的公历晚了两个月。在中国，我们阴历的元月往往不就在公历的三月吗？依此类推，阴历的七月是阳历的九月 September，而八月、十月分别是阳历的十月 October，十二月 December 了。Octagon(八边形)，Octopus(八爪鱼)这些单词也可以望文生义了。同样道理，dec，cent 和 mill 分别代表十、百和千，一个 decade 就是“十年”，一个 century 等于“100 年，世纪”，而一个 millennium 就是一个“千年”。所以，一元钱有 100 cents，每百分之一叫做 percent，水从凝固点到沸点共有 100 度，每一度叫一个“centigrade 一百分之一的等级”。

1 mile＝1 000 meters，而 1 000 millimeters＝100 centimeters＝1 meter。就是我们常用的公制的 mm，cm 和 m。现在欧洲的主要道路原来都是古罗马帝国扩张时修建的行军道路，为了准确的标明路程，他们以罗马为原点，每隔一里在路上立起一块石头，并标上距离罗马的历程。这种石头被称作“milestone”里程碑。如今我们说某项发明是 milestone，也就是说，它的出现标志着旧的一个阶段的结束和一个全新阶段的开始。

当年的罗马帝国征服者的铁蹄最远到过印度，何其广大！这种表达方式用以表达千数量级的数字很方便，但是不能表达更大的数字。聪明的罗马人于是制定出第三条原则，他们想既然我们最大的数字就是 1 000，我们在任何数字上加恰珩，就表示这个数字的 1 000 倍。这样能表达的数字就能达到 1 亿。这在当时几乎是无限的同义词。Million 就代表 mile 1 000 上加一横——100 万。Millionaire 就是百万富翁。如果 mile 上面加两横，也就是 bi＋million＝billion 10 亿。Tri＋million＝trillion 1 万亿。这就是为什么在西方的数字表达是以三个零为一组了，每三个零就表示增大 1 000 倍。

这种方法在数字的记录上已经完全可行了，但是随着数字运用的越来越多，对数字运算的需求变大。而罗马数字的表示方式并不是那么适合做运算。由于数字本身就要做一道加法或者减法，遇到头上加横就更无法适从了。这个时候，西方文明又一次开始向东方文明探求。当时的印度人就使用着一套很好的数字表达和运算方法，这套方法经过阿拉伯人的整理和流传，在公元9世纪传入欧洲，这就是被后来人称为阿拉伯数字的1,2,3,4,5,6,7,8,9和0。0的引入是数学一个巨大的milestone。正如现在对一些的新技术的惧怕一样，当时的罗马人非常惧怕新的技术方法，禁止了长达100多年。这种技术方法从6世纪印度起源，到7世纪开始传入阿拉伯，一直到200多年后才在欧洲逐渐表现出其巨大的力量。在拉丁文里模仿"零"的读音而做出来的一个音素叫做"nil"，在哲学领域中间也写成"nihil"，"annihilate"消灭，清空的意思，而认为世间一切皆虚无的"nihilism"虚无主义也随之产生。"失效的法律或者合同"，叫做"null"，代表"无效力"的意思。在数学里面，就写成zero。零带来的十进制也随之通用，造词取早期十的写法，叫做"decimal 以十为基数的，十进制的"，而把阿拉伯数字称为digit，表示从0到9的任一数字。由于人们一般用十根手指计算，所以digit还有"手指"的意思。近年来计算机的发展也为digit增加了新的含义。计算机的雏形是计算器。所以计算机叫做computer. Computer中的信息以数字的形式储存，所以这些信息叫做digital"数字的，数码的"。

三、关于月份的词源，来自罗马神话的词源

一月

在罗马神话中Janus(汉译作"杰纳斯"或者"雅努斯")是天门神，早晨打开天门，让阳光普照人间，晚上有把门关上，使黑暗降临大地，他的头部前后各有一副面孔，同时看着两个不同的方向，一副看着过去，一副看着未来，因此也称两面神，或者被尊称为时间之神。罗马有好几座Janus神庙。Janus的右手指上刻有数字CCC(300)，左手指上刻有数字LXV(65)，含在一起恰是一年的天数。从纪元前1世纪起罗马人把祭祀Janus的节日和新年结合在一起。罗马的执政官也在元旦这一天就职，并向Janus献祭，祈求国家的安宁。为了纪念Janus，罗马人把正月成为Januarius (mensis)，意含"Janus之间"，英语借用了该词，先作Januarie。后作January。

二月

古罗马每年举行宗教仪式祭祀畜牧神卢佩耳枯斯，以求人畜土地兴旺，这一节日叫牧神节，祭品为雌雄山羊各一只，献祭以后，祭司把祭牲的皮切成皮条，交与站

在祭坛旁的两个青年，然后由他们手执皮条绕着城里跑上一圈，逢人便抽，已婚妇女很愿挨上一下，因为她们相信这样能治疗不育之症，这种皮条拉丁文叫 februa，它含有涤罪工具之意。由此产生了 februarius 一词。二月的英语名称即源于此。

三月

March 作为三月的月名源自罗马神话里的战神 mars. Mars 是传说中的罗马奠基者之父，因此是罗马的最重要，最受崇拜的神之一。古罗马人在三月祭祀 mars。在恺撒大帝之前，罗马的新年是从公历三月开始的，在罗马人看来，这时不仅春回大地，万象更新，而且也是打仗的较好时节，为此把罗马年的第一个月即公历的三月献给了 mars，意含“战神之月”。

四月

四月是树木抽芽，春蕾绽放之月，富于幻想的古罗马人根据拉丁词 aperire (to open) 造了 Aprilis 一词，作为该月的月名。

五月

人们常把五月称作“欢乐的五月”，其英语名称 may 是 13 世纪从古法语 mai 演变而来的，但若究其根源却可追溯到拉丁语 maisus，而 maius 则得名于古代意大利的春之女神 maia，故意含“maia 之月”。

六月

六月的月名 June 源于拉丁语 Junius。一般认为 Junius 得名于罗马神话中司生育婚姻的女神，天后 Juno，因为罗马人纪念 Juno 的活动是在这个月的头一天举行，而且从古至今罗马人特别喜爱在这个月举行婚礼。由于 June 和 Juno 的关系，所以 June 常被称作 the month of Juno。

七月

为了纪念恺撒大帝(Julius Caesar)古罗马统帅和政治领袖安东尼，以恺撒的大名 Julius 来命名七月，因为恺撒是这个月出生的。从纪元前 44 年，即恺撒遇刺的那年，这个月名就开始使用。

八月

古罗马帝国第一代皇帝原名 Gaius Octavianus。他是恺撒大帝的甥孙及义子。公元前 27 年罗马元老院因其卓越功勋授予他 Augustus(拉丁文意为“神圣的”，“至尊的”)的称号，后世即以此称之。Augustus 为了名传千古以自己的名字给罗马历的六月即阴历的八月重新命名。

九月

按罗马旧历，March 为第一个月，September 就是第七个月。September 这一名词源自意为“七”的拉丁文 Septem。当罗马人采用了儒略历之后，他们保留了原先的好几个月名，September 就成了“九月”。

十月

该词源自意为“八”的拉丁文 octo。在罗马人采用新历法之前，October 原指旧历八月，以后才改指十月。最初英国人把十月叫做“ wine－month ”，即“酿酒之月”之意。

十一月

November 原指罗马旧历的第九个月，它源自意为“九”的拉丁文 novem。早先盎格鲁－撒克逊人把十一月称为“sacrifice－month”，意即“献祭月”，因为他们在这个月祭神。

十二月

在罗马旧历中 December 并不指十二月而指十月。他源自意为“十”的拉丁文 decem。在英语十二月最初也并不叫 december，而叫“mid－winter－monath”意即“仲冬月”，早先的基督徒则因基督诞辰在 12 月而称其为“holy－month”，意即“圣月”。

四、结束语

综合以上所举有关数字和月份的词源，以及与数字有关的词的发展演变过程，不难看出，英语本身的形成和发展使人无法忽略词源在词义中的地位和作用。本文只是以数字和月份为例，简单介绍了一部分词的来源，谨以此文作为词源教学过程中的一个小插曲。

Cronbach (1942:204)早在 20 世纪 40 年代，在他从事母语(L1)词汇测试研究时就提出了什么叫“懂得一个词”这一问题。在他看来，“懂得一个词”意味着学习者可以识别理解一个词所需的以下五种行为：

(1)目标词的类比(能对目标词进行界定)

(2)目标词的运用(选择目标词适当的用法)

(3)目标词知识宽度(能说出目标词的不同意义)

(4)目标词知识确切性(在所有可能的长河中能确切地使用目标词)

(5)目标词易联想性(能创造性地使用目标词)

学习、了解、掌握更多的词源对英语的学习是有很深远的意义的。

参考文献

1. 新东方英语. New Oriental English. 总第 14 期，2004 年 6 月号

2. 陆国强. 现代英语词汇学(新版). 上海外语教育出版社

3.何克勇.英语词源浅析.清华大学出版社

4.戴卫平,张学忠,高鹏.英语说文解词.英语词汇与英语文化

5.庄和诚.英语词源趣谈.上海外语教育出版社

6.第二语言词汇习得中词汇认知的研究.当代语言学,2003.4

7.汪文标.英语词汇学高级教程.外语与外语教学,2002.11

8.陈燕.试论词源教学在英语词汇教学中的作用和意义

关于数据库应用课程设计教学的几点思考

尹铁英　北京市延庆农广校

摘要　数据库应用课程设计是农广校 2＋3 大中专接轨中计算机类专科的一个非常重要的集中实践环节，是从理论掌握到实践应用的升华，对培养学生的实践能力和创新能力有着重要作用。本文作者从自己的实践教学出发，阐述了在课程设计的选题、设计、报告和检查四个方面的观点，旨在优化实践教学效果和提高实践教学质量。

关键词　数据库　课程设计　教学　思考

《数据库应用课程设计》是 2＋3 大中专接轨中大专计算机应用、电子商务、信息管理、信息系统开发与维护等专业的一门集中实践环节课程。主要任务是在掌握了数据库应用系统开发的基础知识基础上，使用可视化开发工具（VC＋＋和 VB）和数据库管理系统（ACCES 和 SQLServer）进行数据库应用系统的开发，通过该课程的学习和实践，培养和锻炼学生进行数据库应用系统的设计与开发的能力。

课程设计是继理论课程、课程实验后的一个综合性实践教学环节，是对课程理论和课程实验的综合和补充。课程设计是学生应用所学课程的专业技术知识解决实际应用问题的演练，是设计思想、设计能力、编程调试能力及查阅整理资料能力的综合应用，是对学生进行系统开发训练的重要环节。课程设计培养了学生综合运用已学过的理论和技能去分析和解决实际应用问题的能力，对加深课程理论的理解和应用、切实加强学生的实践动手能力和创新能力具有重要意义。课程设计是开放专科学生必不可少的一个综合性实践学习环节。

我通过对《数据库应用课程设计》的教学和指导，对数据库课程设计实践教学有如下思考。

一、选题是方向、是关键

课程设计题目的确定非常关键，应围绕专业的人才培养方案，从该课程设计要达到的教学目的出发慎重考虑，是整个课程设计工作的方向。

选题的理论基础是中央电大课程设计实施方案，具体题目还要结合专业课程的教学大纲，题目要较全面覆盖理论课程所学专业知识，要适合实践教学和启发创新，同时又要联系将来的工作实际，具有实用性、先进性、综合性。课程设计工作量的确定要以中等水平的学生在规定时间内经过努力能完成任务为依据。题目成果应具有相对完整功能。

在选题工作动员方面，一般要详细讲解选题原则，结合学生所学专业课程给出一些参考选题，可以演示几个不同类型、不同风格的作品，让学生有一个全面的、直观的认识。同时重点强调在原则许可的范围内，最好选择自己爱好的和感兴趣的题目，最好和自己将来的就业方向相结合。

二、设计是难点、是基础

设计是整个课程设计的难点，所谓的难点一是学生会感到困难，二是教师指导会感到很难；所谓基础是它将为设计报告提供原材料。但是在很多时候，大家都把它忽略了，往往都是选题结束后，就让学生自己进行资料收集、进行设计就可以了。实际表明这样做是不可以的，因为学生虽然选了题目，但是头脑中没有清晰的设计步骤和工作流程，会很盲目，很难进入状态，收不到理想的效果。

首先，在课程设计题目确定后，指导教师要按照学生所选题目，按功能给学生提供一些源代码，要让学生去读代码，在读的同时查阅书籍和资料，有条件的地方还可以安排学生在机房调试代码，这样既可以提高学生课程设计的学习兴趣，又可以使学生对之前学习的课程知识进行综合运用和反思总结。

其次，根据自己的选题需求，选择代码，修改和移植代码。学生在设计的过程中，把经过第一个阶段调试通过的代码结合自己课程设计要完成的任务，进行代码设计和移植，同时与自己前台界面元素进行关联。

第三，系统测试，在实验环境中，在教师的指导下，学生综合调试自己的设计，特别需要主要注意的是功能间的互相通信，以及要考虑设计结果与课程设计要求之间的差距。要完善整个设计，同时还要测试设计的稳定性。

另外，教师在指导设计的整个过程中，一定注意引导学生将理论知识应用到实践中，尝试自己解决问题。只有这样，学生才能真正得到提高，课程设计才能达到较理想的效果，从而为将来的毕业设计及上岗工作打下扎实的基础。

三、设计报告是重点、是提升

设计报告是重点，是学生进行课程设计的过程中，总结出的经验和方法，是课程设计的理论提升。在设计报告方面，指导教师一定要以发挥学生的主动性和创造性为出发点，培养学生独立思考和解决问题的能力。当学生在写作中遇到问题时，应先带着学生理清思路，启发引导学生去想自己是如何设计的。

指导教师在课程设计开始时，一定要强调让学生注意在选题中收集素材、在设计中收集素材，按照中央电大要求，给出学生完成设计报告的写作规范和写作模板，让学生很快的走入写作的过程中来。

四、检查是督导、是保障

指导教师要随时检查学生的设计进度和设计质量，发现问题及时指正，避免有大的返工和最后来不及完成的情况发生，保证实践总体效果。

指导过程要注意一是经常性，二是渗透在选题阶段、设计阶段和设计报告阶段。不要嫌麻烦，不要想当然，要亲临一线进行指导，检查督导是整个课程设计工作的保障。

总之，我们要本着“以学生为中心，让学生走进来，多参与”的原则，精心设计和指导学生的课程设计整个过程，就会收到较好的效果。

参考文献

1. 孙玉琴. 教学研究与教学实践[M]. 东北大学出版社，2005

2. 王鉴. 实践教学论[M]. 甘肃教育出版社，2004

3. 罗锡文. 加强实践教学工作提高人才培养质量[M]. 华南理工大学出版社 2004.

开放教育大专学生课堂问题行为现状及原因调查

张学兰　北京市延庆农广校

摘要　在课堂教学过程中，学生由于这样或那样的原因违反课堂规则，妨碍及干扰课堂活动的正常进行或影响教学效率，这些妨碍自己的学习、有时还会干扰教师教学和其他同学学习的行为，我们称之为“课堂问题行为”。本文以 2006 物业管理(1)、(2)班学生为个案，对开放教育大专生的课堂问题行为现状进行了调查，结果发现大专生课堂问题行为具有普遍性、持续性、种类多等特点，调查表明课堂问题行为产生的原因是多方面的。

关键词　开放教育　大专学生　课堂问题行为　现状　原因

课堂教学是学校日常教育教学的主阵地，是学生进行学习活动的重要场所，课堂教学质量的好坏、效率的高低直接影响着学校的教育教学质量。近年来，由于大学扩招及社会上对人才层次的片面追求等诸多原因，开放教育入学门槛逐渐降低，导致大专生生源质量逐年下降，随之出现的一系列课堂问题行为一直困扰着教师，严重影响到学校的教学质量和声誉。严重的课堂问题行为使老师普遍感到“难上课”，进入课堂就如同走进了“深渊”，根本体会不到教学的乐趣；学生也认为课堂如同“牢房”，在其中根本无法体会学习的乐趣。因此，要全面提高学校课堂教学效率，必须规范课堂教学秩序，整顿课堂教学纪律，加强课堂管理，控制和减少课堂干扰。

一、课堂问题行为的概念界定

我国学者邵瑞珍等人则将其界定为“儿童不能遵守公认的正常儿童行为规范和道德标准，不能正常与人交往和参与学习的行为”。李志等认为：“课堂问题行为就是学生在课堂上表现出来的与课堂教学目的不一致，影响自己或干扰他人学习的行为”。马彦宏认为：“课堂问题行为是指妨碍自己的学习，有时还干扰教师的教学和其他同学的学习，直接影响课堂教学质量提高的行为”。

本研究认为课堂问题行为是“在课堂中发生的，违反课堂规则，妨碍及干扰课堂活动的正常进行或影响教学效率的行为”。结合该定义，判定学生课堂问题行为主要从以下几个方面考虑：一是该行为在课堂里经常发生；二是该行为违反已制定的课堂规则；三是该行为影响他人或自己的学习。

二、开放教育大专学生课堂问题行为现状调查

学生的课堂问题行为无论是对教学、对学生本人的学习及个体的社会化都有严重的负面影响。我校的大专生是一个特殊的群体，是中职毕业后直接进入大专的学生，年龄一般在17～19岁。这些学生大多数经历过“中考”的失败，在中职学校学习相对松散，因此学习基础较薄弱，学习习惯较差，问题行为比较集中。本文通过问卷调查、课堂观察对课堂问题行为的现状及原因进行探讨。

本研究首先采取对学生进行问卷调查的方法，内容包括：学生课堂问题行为出现的频率；产生课堂问题行为的原因。本次调查对象为本校2006级物业两个班的在校学生，其中(1)班23人、(2)班25人共48人，其中男生38人，女生10人。共发放调查问卷48份，回收有效问卷48份，回收率为100%。问卷调查采取不记名和即时完成的形式，保证了调查结果的真实性和有效性。

(一)学生有课堂问题行为的人数多，具有很大的普遍性

调查结果表明：学生的课堂问题行为具有普遍性。许多学生都认为自己在课堂上曾有过一些问题行为，有些学生的选项竟多达10种，有3种以上课堂问题行为的学生占74.6%，出现频率较高的课堂问题行为集中在走神、开小差(78.8%)，随意讲话(56%)，看课外书籍(45.4%)，上课睡觉(21.5%)等四项(见表1)。学生的课堂问题行为虽然具有普遍性，但其程度轻重是不同的，从表1可看出，课堂问题行为以轻度为主。

表1　你在上课时有过以下行为吗？ %

	问题行为	经常有	偶尔有
1	走神、开小差	78.8	20.3
2	随意讲话	56	32.4
3	上课睡觉	21.5	42.1
4	吃东西	6.3	9.9
5	无故旷课、迟到	16.3	53.7
6	看课外书籍、做无关作业	45.4	30.1
7	玩手机、听MP3	9.9	13.5
8	羞怯，害怕老师提问	13.1	7.6
9	擅离座位走动	13.7	25.3
10	顶撞教师	3.5	79
	出现三种以上问题者	74.6	

(二)学生的课堂问题行为具有持续性

为了更好地了解学生的课堂问题行为现状，在调查的基础上进行了课堂观察，并对较为突出的课堂问题行为人数及持续时间进行了记录。表2结果显示各班有问题行为的学生比例很大，(1)班为86.9%、(2)班为80.0%。对这些问题行为我又进行了时间抽样观察，即每5分钟观察一次可能出现的问题行为，直至下课。以(1)班为例，从表3可看出：随意讲话、上课睡觉、看课外书籍、听MP3等课堂问题行为都是从第二个时段开始，人数持续递增。随意讲话行为在41～45分钟时达到14人，上课睡觉行为在21～35分钟时最多，达8人，看课外书籍人数在31～45分钟时达10人。这说明学生的课堂问题行为大多在上课5分钟后出现，课堂问题行为出现后，人数有递增趋势，时间具有持续性。

表2　一周课堂观察的平均数

	(1)班23人	(2)班25人	总数
上课迟到	3	2	5
看课外书籍、做其他作业	7	6	13
睡觉	5	7	12
玩手机、听MP3	2	3	5
随意讲话	3	2	5

表3　课堂问题行为时间抽样观察记录

观察时段	问题行为种类及人数						
	随意讲话	上课睡觉	吃东西	无故迟到	看课外书籍	玩手机、听MP3	擅离座位走动
0～5			2	2		1	
6～10	2	1		3	4	3	1
11～15	3	3	1		5	3	
16～20	5	3			5	3	2
21～25	8	8			7	3	
26～30	10	8			8	4	
31～35	12	8			10	4	1
36～40	14	7			10	4	5
41～45	14	7			10	4	7

三、开放教育大专学生课堂问题行为的原因分析

学生课堂问题行为具有人数多、持续时间长、难管理等特点，产生这些问题行为的原因是多方面的，在调查时，许多学生都不止选择一项，见表4。

表4 你认为产生课堂问题行为的原因

	原因	百分比(%)
1	学生因素	64.3
2	教师因素	13.2
3	家庭因素	25.8
4	环境因素	25.7
5	其他	12.6

从表4中可看出，选择自身因素的比例最高，占64.3%，这说明学生对课堂问题行为的原因有一定的自我认识。

(一)学生独特的心理特点

我校开放教育大专学生是由中等职业学校毕业后直接人学的，这些学生大多是因“中考”失败，经各类学校筛选后淘汰下来的“次品”。“中考”是一个人生中的重大转折之一。中考失败，对每个人的心理都是一个沉重的打击。另外，由于中职学校、开放教育大专在社会上的地位不高，因此学生们难免产生低人一等的感觉，于是“自卑”便成为中职学生最普遍的心理特征。极度的自卑导致极度的自尊，他们随时都处于自我保护中，对教师充满“敌意”，为产生课堂问题行为埋下隐患。

(二)很多学生家长文化水平不高，在教育子女方面存在不少问题

有的家长管得很严，但简单粗暴，动辄打骂，效果甚微；有的家长则疏于管理，自己忙自己的，对子女的教育基本上是放任自流。我们知道，父母是孩子的第一任老师，孩子是通过他们的父母亲学习和了解社会的，父母所持的价值观、道德观、行为方式、生活风格就是孩子学习和了解的内容。因此，家长的所作所为直接影响到孩子心理的形成。这也是学生课堂问题行为形成的重要原因之一。

(三)教学内容及方法不符合学生实际

多年来，我们所确定的办学目标是培养初级技能型和应用型人才，但由于我们办学条件有限再加上种种社会因素，我们并没有真正坚持应有的办学目标，存在着部分普教化的现象(指过多强调文化素质教育而忽视职业素质培养等现象)，失去了大专学生就是直接为社会培养高素质劳动者的应有定位。我们对学生的培养目

标定位偏高和要求不务实，直接导致课程设置、教育教学内容和要求严重脱离了学生的实际状况，违背了学生到学校学得一技之长的初衷，无法激起学生的学习欲望，也就从根本上导致了教与学的严重脱节，使课堂问题行为日益增多。

通过本次调查可以看出，在开放教育大专课堂上，约九成的学生会发生课堂问题行为，严重影响课堂教学效果，而发生这些问题行为的原因是多方面，要想彻底矫正这些问题行为，需要学校、家庭、教师、学生多方面的努力。为此，学校应对课堂问题行为引起充分的重视，在教师和家长之间架起沟通的桥梁，共同对学生做具体可行的工作。期待早日营造起良好的课堂环境！

参考文献

1. 林格伦. 章志光等译. 课堂教育心理学. 昆明云南人民出版社，1983
2. 邵瑞珍. 学与教的心理学. 上海华东师范大学出版社，1990
3. Emdund. TEmmer，等著. 王毅译. 中学课堂管理. 中国轻工业出版社，2004
4. 李志. 课堂问题行为及控制. 中小学教师培训(中学版)，1997 第 4 期
5. 马宏彦. 中学生课堂问题行为的调查与思考. 普教研究，1993 第 3 期

谈德育活动对职高生就业的促进作用

高艳军　北京市延庆农广校

摘要　根据我国大学生就业现状的分析，目前我国大学生就业受到各种因素的制约，就业压力大，形势严峻。因此加强和改进对学生就业前的培训和指导就尤为重要。针对我校职高生面临实习就业的现状，以及存在的就业观，成才观功利化，社会责任意识、道德意识淡化，心理承受能力比较弱等方面的问题，结合学生的实际，本人通过组织学生开展多渠道，多形式的课内外德育活动，收到了较好的教育效果。具体来说：德育活动有利于职高生正确认识自己，对自身成长产生紧迫感；德育活动有利于职高生对理论知识的转化和拓展，增强运用知识解决实际问题的能力；德育活动有利于职高生适应社会、服务社会的能力；德育活动有利于职高生组织协调能力和培养团队精神；德育活动有利于提高职高生个人素养，完善个性品质。

关键词　德育活动　职高生　就业　促进作用

职业学校教育要坚持就业为导向，这是新时期社会对职业教育的根本要求，是国家在“十一五发展规划”中关于教育的重要原则。随着信息时代市场经济的高速发展，社会最需要的是具有熟练操作技能和一定文化知识的高素质劳动者和高技能专门人才。为此，职业学校必须大力推进职业教育办学思想的转变，坚持“以服务为宗旨，以就业为导向”的职业教育办学方针，积极推动职业教育从计划培养的市场驱动转变，从传统的升学导向向就业导向转变。

然而，目前职校生自身也存在不少问题：首先，诚信问题，不少毕业生发现求职时有一定的证书、文凭、履历能为找工作带来方便，有的学生凭勤奋刻苦，在学习期间努力争取获得相关证书，不刻苦学生则通过投机取巧或造假来骗取企业初步信任，对毕业生整体形象造成一定的损害。第二，学生整体素质有下降趋势。第三，学生自身定位偏颇。学生“高不成，低不就”心理定位严重影响就业。第四，求职途径把握不准。不少学生没有针对自己的切实优势，通过重点了解用人单位实际需求情况，提高就业率。因此，加强职校生的就业指导，提高就业率成为职校发展的生命线，通过德育活动的开展，提高职校生的整体素质，把满足社会需要与促进就业作为学校教育教学工作的龙头，就成为职教工作者的艰巨任务。我通过一年多的德育活动实践研究，认为德育活动对高职生就业准备，起到了一定的促进作用。

一、德育活动有利于高职生正确认识自己，对自身成长产生紧迫感

我在对学生就业观、择业观以及自身素质是否满足企业用人需求方面调查时发现，74%的同学对自己的就业没有“职业规划”，65%的同学对自身以及企业所需人才缺乏了解。根据学生的实际需要，我邀请延庆县优秀的企业家，优秀员工以及往届优秀的毕业生到校进行讲座、座谈，讲解自己的成功体验，自己的奋斗历程，告诉学生企业需要什么素质的人才，在校应该做好哪些准备。另外组织学生到企业实习参观，如到北京恒宇华康药业有限公司、龙庆建筑公司、下屯农机厂等企业参观，8名同学到颖泽州、申亚菲等五个物业公司实习，切身体验，切身感悟企业所需人才条件以及自身的不足，正确认识自己，对自身成长产生紧迫感。通过这些广泛的德育活动，让学生看到了自己和社会需要之间的差距，看到了自身知识和能力上存在的不足，比较客观地去重新认识、评价自我，逐渐摆正个人与社会、个人与人民群众的位置。

二、德育活动有利于高职生对理论知识的转化和拓展，增强运用知识解决实际问题的能力

学生以课堂学习为主要接受方式，而课堂学习所获得的知识基本上都是间接的、系统的理论知识。这些知识对学生来说非常重要，但这些理论知识并不代表学生的实际技能，往往难以直接运用于现实生活之中。而且，在实际的生产生活中，许多问题单靠某一方面的知识是难以解决的，需要考虑诸多因素，运用多方面的知识的技能才能解决得了。德育实践使学生接近社会和自然，获得大量的感性认识和许多有价值的新知识，同时使他们能够把自己所学的理论知识与接触的实际现象进行对照、比较，把抽象的理论知识逐渐转化为认识和解决实际问题的能力。我们安排8名同学到五个物业公司实习，使他们所学的知识转化为解决实际问题的能力。通过实习自己发现了哪些是课本上学不到的，理论的知识如何运用到实际工作中，解决实际问题。

清明前夕，为配合进行革命传统教育，我要求学生利用周末回村采访革命英烈，写一篇传记。学生写的是本村的甚至是自己的叔伯亲人，感情真挚，有的可写，而且这项活动牵动了许多人的心，几乎在每个学生背后都站着不少的人：他家的人，他家族的人，他们村的人，大家都给他鼓劲儿，支持他写好，希望他写好，孩子也意识到自己责任重大，故而责任心很强，唯恐写不好给英烈、给家庭、给家族、给本村人脸上抹黑，所以用心备至，结果出人意料。学校进行“来自家乡的报告”的征文，效果也很好。学生利用周末或分组或个人分头回村采访调查，写采访记录，回

来整理成文。像这样的活动，让学生写的都是本乡本土的真人真事，学生熟悉，有一种亲切感和自豪感。同学们运用所学知识结合实际，态度是积极的，热情是高涨的，不会写看书或找老师求教，用所学知识解决了实际问题。

三、德育活动有利于高职生适应社会、服务社会的能力

随着社会的不断发展，对各种人才的要求也随之不断变化，竞争已成为社会的基本特征。因此，专业面窄，社会适应性差，综合能力不强的人才在市场竞争中必然处于劣势，社会实践使大学生广泛地接触社会，了解社会，不断地参与社会生活，在实践中不断动手、动脑、动嘴，直接和社会各阶层、各部门的人员打交道，培养和锻炼实际的工作能力，并且在工作中发现不足，及时改进和提高，使之更新知识结构，获取新的知识信息，以适应社会的需要。我紧密结合实际，多形式开展了社会实践活动。

（一）开展学雷锋服务

各小分队利用课余时间，到香水苑公园、恒生市场、南菜园敬老院等多家单位，尽己所能，不怕脏、不怕累，开展学雷锋活动，以优质的服务赢得当地群众的称赞和好评，同时也努力实践着青年志愿者的精神。

（二）开展文化辅导活动或者是法律宣传与咨询活动

暑期不仅中小学放假，而且正是夏收农忙时节，中小学生处于无人管理的状态之中，号召高职生将这些学生集中起来，对他们进行文化辅导及专业培训。

（三）开展社会调查活动

如对延庆县企业以及部分镇、村产业现状进行了调查，来分析企业经营状况，农村产业结构的调整，并写出调查报告。

（四）开展义务劳动，帮助缺少劳动力的军烈属、五保户收割庄稼

假期正值夏收时节，许多军烈属和五保户因家里缺少劳力，庄稼熟在地里而无人收割，同学们积极帮助这类家庭，为他们解了燃眉之急。

（五）开展勤工俭学活动

开展各种各样的实习勤工助学活动，一方面了解社会，另一方面也解决了自身的生活需要。

（六）环境保护

组织学生积极参与保护“妫水河”行动，进行生态环境调查，宣传倡导环保观念，治理环境污染，装扮母亲河。

（七）积极到企业实习实践

组织 8 名学生到县内五个物业公司实习实践，适应企业的工作环境，为企业做

贡献。

四、德育活动有利于高职生组织协调能力和培养团队精神

社会实践活动没有固定的模式，也没有固定的场地和对象，一般是在一个比较开放的环境下，面对着不断变化的对象，学生也成为一个主动的参与者。大多数情况下，他们要自行组织活动，要独立面对和解决各种问题。在这种情况下，没有了课堂教学的太多束缚和校园生活的限制，学生们的积极性被充分调动起来，兴趣高涨，思维也空前的活跃起来，往往会产生一些创造性火花，在实践中敢于开拓、敢于创新。我曾经搞过这样一个活动：结合爱国主义教育活动，组织学生到八达岭看红叶，饱览祖国大好河山。红叶好则好矣，美则美矣，能够前去观赏当然很好，但是要求同学不许坐车，进行一次秋日登高的教育活动。一路上同学们相互帮助，有说有笑，观赏途中互相搀扶，相互鼓励。我要求学生用各种修辞描绘眼前的大好秋景。学生眼观美景文思泉涌，口出妙辞，这种寓教于乐的形式，收效非常好。回校之后，又趁热打铁，让每个学生写一篇同题作文，或记叙文、或说明文、或议论文。这一活动前后进行了五种训练：一是登山体能训练；二是意志磨炼；三是培养了同学们登山下坡互相扶助关系他人的品质；四是语文知识的复习和运用；五是饱览了家乡绚丽多姿的大好秋景，以自己的观察所得，以自己之口，以自己之手来赞颂描绘家乡之美，从而激发学生的爱国热情。德育活动其实是一种训练，他既可以把知识学活，激发学生爱学习的深厚情感，又可以锤炼其道德品质，并具有创新精神。

五、德育活动有利于提高高职生人际交往能力，完善个性品质

在德育活动中，学生要同各种各样的不同身份的人打交道。这些人中既有活动伙伴，又有社会群众和指导老师，在这种情况下，学会如何与同学分工合作，与老师、群众配合学习；如何恰当地处理人际关系，融洽的与他人相处就显得尤为重要，而德育实践活动现场正好成为考验学生修养品性的好环境。如为配合延庆创卫工作，我组织同学到妫川广场、香水苑公园、川北小区等公共场所搞卫生活动。这类劳动，能使学生深刻体会自己是社会中的一员，有责任关心家乡的一切事情，学会当家做主，自己的事情自己做，自己的问题自己来解决。清明节组织同学步行到平北抗日纪念馆祭奠先烈，步行到八达岭赏红叶，到海陀山野营拉练，这些活动不仅使学生受到了深刻的思想教育，更加锻炼了学生的意志品质，学会了互相关心，团体协作，提高了个人修养，从而锻炼自己独立生活的能力，并养成艰苦奋斗、勤俭节约、孝敬父母、关爱他人，继而关心社会和国家的发展，勇于承担重任的优良品德。

参考文献

1. 彭斯杰. 怎样找一个好工作. 海洋出版社

2. 刘宏宇，刘倩. 职业规划——如何帮助孩子选择职业

3. Clarke g. Carney Cinda Field Wells 著，曹书乐，肖奔放译. 找到适合你的职业.

4. 职业导刊

教无定法,“无为”换“有为”

——浅议课堂教学中如何实现“主体参与,教法创新”

郭玉涛　北京市延庆农广校

摘要　苏霍姆林斯基曾说过:“只有能够激发学生进行自我教育的教育,才是真正的教育!”所以教师应该真正地把学生放在中心位置上,围绕他们展开自己的教学活动。要做到最大限度的“读”学生”“懂”学生、调动学生、培养学生。首先,教无定法,因势利导。即寻找学生生活中的兴奋点,设法激发学生参与活动的情趣。其次,互换角色,教学相长。教师把舞台让给学生,自己退居幕后,有想法的同学到讲台上来讲。再次,求异创新,多元归一。教师真正的作用是在课余时间为学生在课堂这一舞台施展他们的才华提供指导和道具。总之,“教无定法”。我们要经常站在学生的位置上,对教育教学进行逆向的思维,才能够求异创新,实现教育改革的真正成功。

关键词　教无定法　主体参与　教法创新

苏霍姆林斯基曾说过:“只有能够激发学生进行自我教育的教育,才是真正的教育!”而现实中我们的教育仍完全把学生放在一个被动地位,一味地使他们消极、被动、照猫画虎地去实践教师的思想、教师的意志,而不管它是否符合学生发展的需要。因此,教学活动中,只见教师的“身先士卒”,很少见学生的自我奋斗。所以唤醒学生的自觉意识,培养他们的自主自立精神,把学生由被动的教育对象转变为主动的学生主体,是新时代教师教学的重心所在。怎样才能在教学活动中真正体现学生的主体地位,教师的主导作用呢?我认为教师应该真正地把学生放在中心位置上,围绕他们展开自己的教学活动。要做到“迎学生之所需,促学生之所喜”,这样才能有真正的针对性。即最大限度的“读”学生“懂”学生、调动学生、培养学生。

一、教无定法,因势利导

我们判断教学方法是否得当的标准之一就是学生的反馈:如果学生打不起精神,表现得厌烦或无动于衷,就说明你的工作出了问题,要赶紧思考新的对策、新的方法。中学生是追求新鲜好奇的一代,如果我们的活动引不起他们的兴奋,甚至毫无反映,这又何谈教学效果呢?所以寻找学生生活中的兴奋点,设法激发学生参与活动的情趣，应成为我们思考教学工作的出发点和落脚点。不管是什么样的教学方法，只要学生能够兴致勃勃地参与其中，教育工作就成功了一多半。今年我所教授的高一数学教材是新编的，其中指数函数与对数函数一章中多次涉及到利用计算器求值问题，如果我仍是为赶进度，手把手地事必躬亲，学生肯定只是机械模仿，毫无兴趣，效果自然不佳。为此，我在教学方法上做了革新尝试：首先把班内学生分为若干组，每人发一份自印说明书，在规定时间内展开自学活动。其次开展操作比赛，题目有每人必做、每组比做、抢答题。这一下就激发了学生的积极性，每一组每一个人都争先恐后地投入到实践中去。最后在竞赛完毕后，由成绩优异组做计算器使用总结发言。45 分钟的课堂，学生个个都兴趣盎然，积极踊跃，效果非常好。课后，有的学生对我说：“老师，数学课要都这样上就好了，我们就越学越有劲头了。”这就说明教法改革的目的达到了。课下我为此做了总结：我想，我们教师要适应社会发展对教育的实际需要不断创新改革自己的教学方法，要在思考中去创新。也意味着要转变既有的传统的定位，不是将自己置于永远正确而学生必须服从的“教师爷”的位子上，而是时时将自己与学生置换位置，去体验学生在学习上的压力和思想上的需求。这样才能创造出学生喜闻乐见的教学活动内容，设计出新鲜活泼、富有时代特色的教学方法。

二、互换角色，教学相长

要培养学生的主人翁意识，教会学生做自己命运的主人，教师就要退却为从属地位，由主角变为配角或说从台前退居幕后。这种角色的互换需要教师放下架子，提供适应学生成长需要的服务。我把舞台让给学生，自己退居幕后，有想法的同学到讲台上来讲。我则审时度势，从造就一个强大的头脑和眼前实际出发，不时的导语成句。但这不是提示，而且千万不要提示！因为提示是把学生“拖”过横杆去，而学生此刻需要的是纠正错误动作和发展弹跳力。上学期期末考前复习，在练习卷中有这样一题：在等比数列 3/2、3/4、3/8……中 $a_3+a_4+a_5+a_6+a_7=?$ 题目并不难，但我想，如果简单一讲，效果就如同白开水一样，喝着并不过瘾，所以我鼓励学生讲自己不同做法。大多数学生都选择了利用等比数列性质和公式分别求出 a_3……a_7，最后 5 个数求和的方法，共用 6 步。看到每个这样做的学生心满意足的样子，我冷不防地揭示到“这种方法太慢了，有没有更好的方法？”这一盆冷水泼下来，使同学们立刻清醒了许多。这时有几位同学却兴高采烈地说：“有。”我见状立即把“舞台”让给其中一位同学，请他上黑板讲讲他的方法。这个同学的方法是先利用等比数列求和公式求出 a_1 到 a_7 的和，再减去 a_1、a_2。这样计算，减少到只需计算两步就可以了。学生们听了都齐说此种方法要比第一种方法好得多。此时我意犹未尽地鼓励他们说："大家再动动脑子，还有没有更好的。"有的同学在下面嘀咕："还有方法，不可能吧，这种方法就已经是最好的了。"他的余音未落，另外一个同学刷地一下举起手来："我还有一种方法。"我立即再次将舞台让给了他。他说："题目中虽然求的是 a_3 到 a_7 之和，但实质是求这一段数的和，所以数的位置关系并不太大，所以我把 a_3 看作 a_1，a_7 看作 a_5 即把求 $a_3+a_4+a_5+a_6+a_7$ 之中首项为 3/2 的等比数列转化为首项为 3/8 的公比不变的等比数列 $a_1+a_2+a_3+a_4+a_5$ 的和。这样直接用等比数列求和公式即可，不需再减去 a_1、a_2 了，这样只需要一步就可得出正确结果。"他的话音刚落全班同学立即恍然大悟，继而鼓起掌来。我则推波助澜地说："有的同学认为数学枯燥乏味，其实只要你勤于动脑、主动出击，给你带来的反而是快乐。比如今天这道题，大家做完之后感觉怎样？"有的学生幽默地说："味道好极了。"随之我们师生都会心地笑了。

这样上课比教师自己潇洒的"一言堂"下来，要难出许多，但学生的收获和长进却要大得多。这个道理正可谓"自己动手，丰衣足食"。如果仍是教师讲，学生听，间或有些提问，其实质是让学生在教师那块已经开采多遍的土地上重复劳动。而教师若把舞台让给学生，让一个个学生站到前面来"慷慨激昂"的结果呢？是造就了学生之间聪明才智的相互感染。每一个人收获的都是自己开辟的新天地，众多人积累起来是教师一个人那块瘠薄的土地所远不能比拟的。

我把这种做法称为教师"无为"换学生"有为"。我以"无为"淡化教师的中心位置，以"无为"换取学生全面健康的人格发展。教师的"无为"就是放弃一切"保姆式"的教学方法，给学生留下自我活动的空间与时间。教师可以静下心来把握些战略性的大事：钻研教材、更新知识、学习理论、研究学生。正如德国教育家第斯德所说："只有当你不断地致力于自我教育的时候，你才能教育别人。"在不断再学习的过程中，我们教师得以保持知识的新鲜度，思维的灵敏度。这正体现了先哲的"学而不厌，诲人不倦"的教育风范。它使我们在飞速发展的现代化进程中永不落伍，这既有利于提高我们教师的素质，更有益于教学水平的提高。

三、求异创新，多元归一

有位名师曾说过："功夫在课下"。其实质是指教师真正的作用是在课余时间为学生在课堂这一舞台施展他们的才华提供指导和道具。所以我在课下或让学生自制教具，例如自制椭圆仪；或让学生准备课前数学故事，培养其数学常识；或让学生轮值"实习老师"实行每日趣题练习，提高他们分析表达能力；或让学生排演小品应用数学知识，如利用函数图像分析股市行情，促其学有所用。凡此种种，其意皆在培养学生主体意识，促其主动走到自己的舞台前，真正达到"铸其魂，塑其能"的教学目的。

总之,“教无定法”。教育工作的特性决定着教育无固定的模式,无一成不变的常规。我们要经常站在学生的位置上,对教育教学进行逆向的思维,才能够求异创新,实现教育改革的真正成功。

参 考 文 献

1. 北京教育丛书
2. 中学数学教学心理学
3. 班主任

用生活来教育　为生活而教育

——农民培训教学方法初探

郑江霞　北京市延庆农广校

摘要　陶行知先生曾经说过“教育不通过生活是没有用的，需要生活的教育，用生活来教育，为生活而教育。”但在传统固有的课堂教学观念的制约下，农民培训的教学仍然以课本为主，教学内容与学员实际需求相脱节；教学方式单一，学员学习被动，死记硬背，因而教学失去了生命的活力，培训失去了针对性和实效性。因此，笔者认为在当前教学培训中应重点把握以下三个环节：

首先、授人以鱼，不如授人以渔，给农民的生活树起新起点。

其次、师生共同学中做、做中学，教学相长。

再次、以需求为先导、以培养能力为目标，大力实施一体化模块式教学模式。

(一)以市场需求、学员需求、社会需求为先导，转变教学理念。

(二)以培养能力、就业为目标，以实践为重点的教学原则，大力实施一体化模块式教学。

总之，我们广大培训教师只有不断充电、及时学习；勤于和学员进行换位思考、交流；经常在教中学，学中教，从理论到实践，再从实践到理论，不断丰富我们的教学模式；因为教育不通过生活是没有用的，现代农民培训教育需要生活的教育，用生活来教育，为生活而教育。只有这样，才能真正做到授人以渔，给农民的生活树起新的起点，新的机遇，新的动力！

关键词　生活　教育　农民培训

随着中国农业、农民、农村向着现代化转型，在最近一两年间，“三农”问题成为举国上下关注的问题。而“三农”问题的最终决定因素是人，所以农民是现代农业建设和新农村建设的主体。但在当前，绝大多数农民却缺乏实用技术，缺少必要的致富技能。大部分人文化程度偏低，增收致富的能力和素质较弱。这种情况如不及时解决，将直接影响现代农业建设和新农村建设。因此提高农民素质应成为加强“三农”建设的重中之重，也即是当前或今后相当长时期内的一项重要任务。只有农民的素质增强了，科技文化水平提高了，增收才有保障，致富才有基础，生活才能提高，农业才能发展，新农村建设才能推进，社会才能稳定。因此，农民培训工作就凸显出来，被政府各部门和社会各界从不同角度给予高度关注，受到前所未有的重视。

那么，站在农民培训第一线的教学人员应如何开展教学，进行富有实效的农民培训呢？陶行知先生曾经说过"教育不通过生活是没有用的，需要生活的教育，用生活来教育，为生活而教育。"从心理学的角度来分析：人的认识活动也总是和人的情感活动、生活经验紧密联系的。但在传统固有的课堂教学观念的制约下，农民培训的教学仍然以课本为主，教学内容与学员实际需求相脱节：教学方式单一，学员学习被动，死记硬背，因而教学失去了生命的活力，培训失去了针对性和实效性。因此，笔者根据自己在培训教学中总结的一些经验和反思，我认为要想真正提高农民素质，使他们学有所得、学有所用，在当前教学中应重点把握以下三个环节：

一、授人以鱼，不如授人以渔，给农民的生活树起新起点

"毕竟是正规培训，跟以前自己瞎琢磨的就是不一样，比如桌上的餐具的摆放，自己以前就很不规范，更不要说上菜的顺序，荤素及营养的搭配了。对我来说，最大的收获是正儿八经地考了一张中级服务员证。在没有培训以前，饭菜即使做得再好，服务如果跟不上档次，也很难招来回头客。现在好了，服务质量一上去，生意越来越红火，现在上我家吃饭都得像见领导似的，得提前预约。"谈起在我中心举办的首批民俗旅游班毕业学习的经历，旧县镇古城村的赵胜勇颇为感慨。但在培训前，情况却和现在大相径庭：据我单位调查显示，我县从事民俗旅游行业的农村劳力中，初中以下文化程度占 80%以上(其中小学文化程度占 50%)，高中以上文化程度占 20%以下。由于从业人员文化素质低下，且又参差不齐，缺乏相应的技能素质，无一技之长，这就造成了行业服务质量的低层次化，90%以上的餐饮服务员只是依靠出卖体力，以牺牲身体健康作代价，工作苦、累、险、脏，工作时间长，体能消耗大，工资待遇低。因此我认为，培训教学关键在于帮助农村富余劳动力掌握一技之长，不仅要着眼于帮助他们外出打工，更要鼓励他们在本乡本土扎根创业，从而给他们的生活树起新起点。因此，我大胆尝试改进培训教学方式，利用各种手段、方法使教学内容多样化。在培训中我既要强调知识的完整性、系统性；注重知识的广泛性、实用性；做到理论和实践兼顾，知识与技能结合；重视学员的能力培养，符合职业适应性的需要；广泛增设选修课，让学员了解更多的知识，增加选择面；在强调掌握成熟技术的同时，适当兼顾科学、技术、经济、管理发展的最新成果。我认为，培训关键在于帮助农村富余劳动力掌握一技之长，不仅要着眼于帮助他们外出打工，更要鼓励他们在本乡本土扎根创业。几个月的短期培训，不应只是为这些学员打下了基本功，帮助他们初步掌握一门技艺；更重要的是，要帮助他们转变观念，牢固树立依靠一门技艺就业、立业、创业的理念，给他们的生活树起新起点。

经过专业培训，赵胜勇的民俗经营理念、服务意识、经济收入有了质的变化：他除了在村里搞民俗接待外还办起了小小旅行社，为到达本县、及民俗户的游客创设了便利条件；他还替游客想到了：晚上免费中草药泡脚，缓解游人疲劳，早上喝新鲜的牛奶，补充游人营养；他还为年老年少的游人准备了篝火盛会、池边垂钓、果园蔬菜采摘……很快他家一跃成为龙庆峡景区民俗接待“第一招牌”。

二、师生共同学中做、做中学，教学相长

教师是培养高素质合格人才的关键，从事农民培训教学的教师，不仅是理论教学的设计者与执行者，还是联系实际的实践者和指导者。教师自身素质的提高是实现农民培训教学目标、促进民俗旅游产业化发展的根本保证。因此身为教师的我们首先应该主动加强学习，逐渐的自我完善，不断更新教学观念、吸收新的专业知识，树立农民培训教学的新观念，积极探索和实践农民培训的新内容、新方法、新形式。更应经常参加学员们从事的生产实践、积极组织师生进行双向交流活动。同时还要积极开展调研、科研活动，密切关注教学与专业发展新动向；努力学习，拓宽知识面，争取做一名合格称职的真正的“双师”型教师，进而成为我县农民培训事业顺利进行的推动力。

第二，还应加强和学员联系、沟通，及时听取他们的信息反馈，及时对培训进行评价，做好反馈信息收集整理。每次办班时我都将学员个人信息全部进行计算机管理，制作学员通信录，组成学员互帮的队子，任命能力强、肯负责的学员担任班级联络员，这样学员与学员之间，教师与学员之间都有了沟通的渠道，让每个学员都能及时了解培训班的信息。一方面培训管理人员利用课间时间或电话联系，了解学员对培训的需求和建议，及时听取他们对培训的信息反馈。另一方面加强培训教师与学员沟通，对成绩较差的学员进行特别辅导。评价分为三个步骤：首先对学员进行问卷和访谈调查，收集信息；其次把相关信息与培训目标和标准进行比较；最后作为判断，对培训要素进行改进。在这当中关键是培训的问卷设计要合理，有针对性，分析反馈信息要准确并及时运用到实际中去。

第三，教师还应及时掌握学员心理，以鼓励帮助为主。社会培训班的学员年纪一般都比培训工作人员年长，社会经验丰富，自尊心较强，因此学习上遇到困难时，要多以鼓励为主，采用赏识教育，取代批评教育，用耐心细致的教学辅导，激发他们的学习热情，一味批评，贬低，部分学员会有抵触情绪甚至因此放弃培训。

三、以需求为先导、以培养能力为目标，大力实施一体化模块式教学模式

（一）以市场需求、学员需求、社会需求为先导，转变教学理念

"市场更需要财富的直接创造者。"因此在教学理念上我们应以市场需求为指针和导向，市场上需要什么样的实用技术人才，学校就应该培育什么样的技术人才。所以在实际教学中我们应该设置多种教学模式、多种教学内容，力争做到适应市场需求的知识应尽快普及，不适应市场需求的就坚决摒弃。从而为农村现代化培养不同层次、不同类型、不同专业、不同岗位的技术应用型人才。像开办的"和谐邻里关系"教育，就是针对农村现状及新农村建设发展要求而开设的；此外还依据社会需求不定期的开设奥运知识、奥运英语、奥运礼仪……及时满足社会和市场的需求。

（二）以培养能力、就业为目标，以实践为重点的教学原则，大力实施一体化模块式教学

随着社会的不断发展，社会各行各业对人才的衡量标准和人才价值观念无疑地发生着变化。用人单位对劳动力的选择将不再凭一张文凭，而要看他是否具有实际操作和动手能力。而农民培训的宗旨就是按照职业的不同需求，培养多方面的技术型实用人才，为农业和经济的发展服务。这就要求我们的教学理念应该进一步的转变，实行理论和实践并行，并以实践教学为主的教学宗旨。使学员经过短期的培训就能很快进入角色，在进行工作的时候，能很好地适应工作的需要。同时为了提高学员学习的主动性、合格率，激发学员的就业意识，更应在教学中应着力培养学员的动手能力，大力倡导和推进实践教学，因此实践教学就成为当前农民培训教学中尤为重要的部分。实践教学是培养学员操作技能、动手能力的主要手段。在实操、实习教学中，通过师生共同承担实践教学内容，学用结合，教师既能够达到传授知识的目的，又作为师傅向学员传授技能，实地指导生产与经营；学员既学习了应知的知识，又直接从事知识实践活动，增加了感性认识，掌握专业技能，使学员在学中做，做中学，从理论到实践，再从实践到理论，从而切实提高学员的动手能力和综合职业能力。

实行一体化模块式教学，就要求我们的教学一定要围绕培养目标，将教学过程的诸要素，比较系统而又完整地重新整合，融为一体，理论与实习教学相互穿插、渗透、融合，将理论知识与实际操作有机地结合在一起。较好地实现了理论与实践的紧密结合，初步实现了现代技术理论与实操技能的结合，因此，学员分析问题解决问题能力的培养得到加强，并且学员学到的知识与技能融入了现代技术的特性，所

学内容更富实践性。同时将专业理论教学和专业技能教学通过模块(课题)合而为一,教学内容衔接有序,不因重复交叉而产生重复教学,教师的平均课时量减少了,但教学效果和学员学习效果反而有所提高。

总之,农民培训教学工作从微观上看它直接影响到农村劳动者能否脱贫致富;从宏观上看他间接关系到现代农业的发展、社会主义新农村建设和为全面建设和谐社会,因此,这项工作任重而道远。为此,我们广大培训教师只有不断充电、及时学习;勤于和学员进行换位思考、交流;经常在教中学,学中教,从理论到实践,再从实践到理论,不断丰富我们的教学模式;因为教育不通过生活是没有用的,现代农民培训教育需要生活的教育,用生活来教育,为生活而教育。只有这样,才能真正做到授人以渔,给农民的生活树起新的起点,新的机遇,新的动力!

参考文献

1. 陶行知生活教育理论与生活化语文教学
2. 试论陶行知的乡村教育思想及其对我国新农村建设的启示
3. 北京教育丛书
4. 民俗旅游

在计算机培训中培养农民的创造性思维

史玉兰　北京市延庆农广校

摘要　农民在我国人口中占很大比重,如何快速提高农民素质是关系到我国国民经济发展的一个关键问题,成教系统担负着农民转岗培训的艰巨任务,如何在计算机培训中激发农民的学习兴趣、培养农民的创新思维是每个成人教育工作者所面临的严峻课题,计算机教师应在计算机培训中大胆尝试,把计算机作为认知工具,采用任务驱动学习,自主探究式学习、协作交流学习等策略,自觉地配合各种培训内容,有意识将计算机教学与其他培训内容的教与学融为一体,围绕培训知识进行整合,全方位培养农民的创新思维。

关键词　计算机　培训　农民　创造性思维

江泽民总书记多次指出:"创造是一个民族进步的灵魂,是国家兴旺发达的不竭动力。"时代呼唤具有创新思维、创新精神的人才。那么什么是创造性思维呢?何克抗教授在他的《创造性思维的培养》中指出:"创造性思维过程由发散思维、直觉思维、形象思维、时间逻辑思维和横纵思维等六要素组成。"对农民进行转岗培训就是要在使其掌握计算机基本操作的同时,打破固有的僵化思维,培养具有创新精神和能力的新型农民。

在农民计算机培训中教师要尝试改变传统上各类培训分散的教学方法,把计算机作为认知工具,采用任务驱动学习,自主探究式学习、协作交流学习等策略,自觉地配合各科教学,有意识将计算机教学与其他培训内容的教与学融为一体,围绕培训知识进行整合,努力培养农民的创新思维和能力。

一、营造和谐的学习氛围,为思维训练提供宽松的环境

建构主义学习理论认为:"学生学习活动是在一定的情境下进行的,而且学习环境中的情境必须有利于农民对学习的内容的意义建构。"由于农民年龄偏大、文化基础差,接受新知识慢,学习时碰到问题不好意思问,且培训前对计算机的接触很少甚至从没接触过,感觉计算机很神秘,初学时在所难免有畏难情绪。面对这些问题在教学中要紧紧抓住农民的心理特点,改变以往师生上下级的授课模式,采用宽松朋友式的谈话讨论教学法,消除农民和老师之间的距离和隔膜,利用好奇心消

除畏难情绪，引导农民融入学习情境中来，使其在宽松和谐的环境下，自由地、主动地进行思考，激活他们的思维。可采取开场白时先介绍自己的老家，在学员中找老乡；论岁排辈，称呼兄弟姐妹、叔叔婶子拉近距离；适时穿插家乡话，增加亲切感；讲自己学习计算机时的趣闻以打消畏难情绪，讲授知识时，化整为零由浅入深，从最基础的操作讲起，鼓励学员大胆尝试，切记要避免危言耸听，可以一上课先让学元开关机，初步体验成功的快乐，在这样的学习氛围下使他们的思维始终处于高度兴奋状态中，为成功地完成培训任务做好充分的思想准备。

二、发挥计算机作为认知工具的功能，培养农民的发散思维

何克抗教授认为："发散思维并非创造性思维的主体，它作为创造性思维的一个组成要素，指明了创造性思维的活动方向，其实只是冲破传统思想观念和理论的束缚。"只有认清发散思维的真正内涵，才能有的放矢的培养农民的发散性思维。由于农民受接触面、知识水品、劳作方式的影响，造成他们知识面窄、思想保守僵化等问题，在教学中要发挥计算机作为认知工具且实践性强的特点，依据"同中有异，正向求反，多项辐射"三条方针，科学地训练地训练农民的发散性思维。即在网络教学实践中要紧扣培训内容和农民的认知水平，提出大量合理的没有确定答案又有利于农民思维能力发展的问题。让农民从多个角度，多个方向去分析，得出多种可能的解决方案，并分析这些方案的可行性，打破思维定式。如在使用画图软件画月亮时，大部分农民从常规思维出发，采用了曲线工具来画，用两条曲线圈起来，结果花了不少时间，画出的"月亮"还不够理想。而有些农民在老师的启发下却突发奇想，先画好两个大小一样的圆，然后移动其中的一个圆，把它不完全覆盖在另一个圆上面，组成一个新月形，然后用橡皮擦去多余的部分就成了一个漂亮的月亮。这就是一种创造性思维，它打破了常规的操作方法，对于这部分农民要适度地加以表扬，并引导其他农民也能这样创造性地看待问题，能发表自己独特的观点。

三、利用课件的直观性，培养农民的形象思想

何克抗教授在对形象思维进行述时强调形象思维的基础是观察能力、联想能力和想象能力。只有加强这几种能力的培养，农民的形象思维才能得到发展。

教学课件中广泛地采用动画、影响、音响、图片等多媒体形式，它直观形象，为农民的观察、联想、想象能力提供了素材和着眼点，教学应根据实际情况，进行"固定结构型"、"生成性"、"智能型"等不同的课件的制作，有针对的农民进行形象思维的训练，可以借助辅助教学软件，将优秀的教学辅助软件带入课堂，用多媒体进行计算机的理论知识教学，课后辅导也可以借助辅助教学软件。主意选用适合农民

接收水平、界面友好、直观性强、易于操作，能为学习者提供系统的学科知识结构，且重点明确，难点分析透彻，单元练习配合得当，针对性和交互性强的软件。如博彦科技公司的各种应用软件如《即学即用》，洪恩公司的各类学习软件等。并让学员做些简单的课件，如在讲 PowerPoint 时为配合食用菇教学，就带领农民制作“食用菇”课件，运用网络搜集大量食用菇的图片、视频、文字等材料，农民通过对大量材料的查阅，增加了食用菇的表象积累。要求农民在对材料理解和自己想象的基础上，每人至少制作三张幻灯片，再配以柔和优美的音乐，简洁的文字说明，让农民在如此美丽的画面中插上想象的翅膀。这样的教学方法，有利于农民形象思维的开发与训练。

四、利用网络优势加强“协作学习”，发挥主体作用，培养农民的辩证思维、逻辑思维、发散思维

研究性学习是培养创新精神与实践能力的新教育观念在教育领域的体现。小组协作学习是研究性学习最基本也是最重要的教学组织形式。协作学习是解决问题的学习，学习者面临着复杂的综合性的问题，需要学习伙伴集中集体智慧和分工协作，只是不是由教师灌输的，而是由学习者在一定的情境下通过协作、讨论、交流、互相帮助(包括教师提供的指导和帮助)。并借助必要的信息资源主动建构。农民为了得出正确结论，往往要通过较严谨的逻辑推理，列举大量事例，让别人信服。这一过程中农民在自由的氛围下利用网络，各抒己见发表自己的见解，体现自己的思想，为发展农民的个性，培养农民的思维创造极好的条件。

在学习前为农民搜集大量具有针对性的学习资料，并注意这些资料适合不同层次的农民的需求，让农民自主学习，充分体现农民的主体作用。

“协作学习”能鼓励农民自由发挥，自由想象，在教学中可以将农民分成多个小组，每组 4～6 人为宜，学习时给出每组一个课题和一些材料，让农民集思广益，使多种不同观点进行碰撞和交流，要求在较短的时间内使同一组的每一位农民对同一复杂问题，获得多方面的较深的认识，帮助他们了解事物的复杂性。如在讲授搜索引擎的实用和 Word 文字输入时，结合农村特点，让农民搜索相关知识，思考柿子在延庆能种植吗？农民通过比较八达岭以南地区和延庆的气候特点的异同，分析总结出柿子的生长条件，并提出改善条件在延庆种植柿子的几种方案，然后从气候、经济等方面分析这些方案的可行性，最后将总结出的可行性方案用 Word 打出来，这样农民的辩证思维得到了训练，且农民将这一认知过程用计算机打出来，提高了手脑协作能力，激发了农民学习的主动性和积极性，从而认知主体作用得以体现，农民发散性思维得以强化。此外，还要增加农民上机操作的机会，多分析农作

物的科学种植、分析市场需求、南北地域的特点对农作物的影响等，使农民的逻辑思维、辩证思维以及发散思维得到了培养和锻炼。

五、教师积极发挥主导作用，挖掘教材内在因素，对培训内容进行整合，培养农民综合思维能力

各种培训教材中蕴含大量创造因素，在教学中要善于对教材进行充分发挥，并和现代的新技术结合起来，经过巧妙新颖的构思，再加以适当的引导，可以很好地对各种培训知识进行整合，培养农民的综合思维能力。如餐饮培训中折餐巾花属于难点，学员不好掌握。可以结合画图软件来做，让农民根据自己的审美观来设计，并绘制出来，最后对照绘图用实物做出餐巾花成品。这一过程中农民积极参与，能基本按要求完成，既掌握了绘图软件的使用方法，又提高了折叠餐巾花的技巧，从而使农民的创造性思维得到全方位的锻炼。

在农民转岗培训的计算机教学中对农民创造性思维培养的方法还很多，但要注意的是各个环节并不是孤立的培养一种思维，而是在培养过程中各种思维思维相应的都会得到发展，只是不同环节，对不同思维的作用强弱不同而已。同时需要注意的是培训是一个开端，应在教学中总结各个软件的使用共性，使农民能掌握计算机的基本操作，能自己摸索学习使用一些简单软件，为他们今后的可持续发展打下良好的基础。

我国古代教育家荀况说："积土成山，风雨兴焉，积水成渊，蛟龙兴焉。"农民转岗培训的工作在中华大地上如火如荼的开展起来，培训中要使农民每一节课都有所得，就要充分利用信息技术的优势，以各种培训只是为着眼点，积极培养农民的创造性思维，只有这样才能培养出适合时代要求的具有创造性的新型农民！

参考文献

1. 何克抗. 创造性思维的培养
2. 李坚. 课程合理，信息技术应用与教育的核心. 中国教育报，2001. 11. 22
3. 刘儒德. 信息技术与教育相结合的进程. 高等师范教育研究
4. 董玉琦. 信息教育的概念与课题. 中小学电教，1999. 1
5. 唐筱勇. "四结合"试验和创造思维的培养
6. 陈明祺. 运用现代教育纪实培养农民创造性思维
7. 余红. 关于创新的话题

对农民进行计算机的培训与反思

刘海燕　房山农广校

摘要　本文从社会主义新农村的现状和现代教师所具备的基本内涵出发，指出社会主义新农村建设、培养新型农民，离不开成人教育。

关键词　农民　计算机　培训

一、农业、农村和农民的实际现状

近几年，党中央国务院以新农村建设为主题，推出系列支持农业、农村全面发展的综合政策。

政府给新农村建设了一个广阔的政策平台，二十多年的经济改革给新农村建设创造了一个坚实的经济平台，思想的解放和意识的进步给新农村建设创立了一个全新的思维平台，农民兄弟就应该大展拳脚，有一番作为，但实际情形并不是这样。在农村流传着这样几句最能体现他们思想状况的顺口溜："盼致富，无思路；想致富，无技术。"从这样简单的几句话我们可以感受到许多耐人寻味的信息。农民兄弟想改变现状的心情很强烈，可他们无可奈何。富裕的理想只是他们眼前的蓬仙岛，却没有通向仙岛的工具。《新闻联播》报道的天津码头工人孔祥瑞说的"有知识、有技能，我们工人才能有力量"这句话，恰好提示了农民弟兄苦恼的心病症结所在。我国正处于由计划经济向市场经济过度的转型时期，很多人都迷失了自己，农业发展也同样面临着由传统农业向现代农业转变时期，如何发展，如何致富，也让广大农民感到迷茫。

人类已经进入了信息社会，当前国际互联网技术日趋成熟，Internet 逐渐与人们的生活、工作和学习变得密不可分，计算机作为人们获取信息的基本工具，学会使用计算机将是一个人的基本素质。那么，作为农民对计算机的认识又如何呢？他们往往将计算机与打字联系起来甚至等同起来。有的甚至认为：作为农民，只要种好自己的田地就足够了，懂不懂计算机不碍他们的事，不顶吃、不顶喝、不增收、不致富。因此，大多数农民对计算机的学习和使用也是相当有限的，有的甚至根本不懂什么是计算机，计算机究竟能做什么？没有概念。甚至曾听说有一个养狗专业户养了很多狗，就是没有销路。同样也是这样的想法。

房山区农广校是政府办学的成人中等职业学校，长期以来，始终坚持“以人为本，以农为根”的办学理念，，采取多形式、多层次的培训方式，为房山区的社会主义新农村建设服务。2006 年初，房山区农广校开始对韩村河的农民进行系统的计算机培训。通过培训，大多数农民朋友们渐渐地由被动学计算机到主动学计算机，他们已经深深懂得学习计算机对当今社会的每一位公民都同样的重要。在他们当中已经形成了很好的计算机学习氛围，绝大部分农民会进行文字的编辑与处理，已经走上工作岗位，许多专业户会利用 PowerPoint 等多媒体制作工具制作自己需要的幻灯片并运用实践中去。通过互联网就能在家获取更多、更快的信息，狗卖了，发财了，致富了。计算机培训更新了农民朋友们的观念。找到了多年迷惘的困境，达到自己的增收、致富。

二、现就计算机培训工作谈谈自己的一些看法

如果说，崇高的师德，渊博的知识、精湛的技艺是好老师的基本条件的话，那么，坚定的信念、无私的奉献、豁大的胸怀再加上前面三个必备条件是今天当教师之必需。本人自担任计算机教师以来认真贯彻各项教育方针，本着育人为本的宗旨，全心全意地投入到计算机工作当中。

(一)扎根基层，献身教育

我从 1995 年大学毕业从事普教工作已经 12 年了。2006 年初，作为一名军嫂，我怀着对军人的特殊情感，对国防事业的赤诚奉献，把对军人的爱延伸到、扩展到、升华到我的教育事业上——成人教育。以实际行动肩负起一名军嫂的崇高职责。我很珍惜和普教学生共同学习生活的经历，为同学们做了一些力所能及的事情，但仔细想来，这都是作为一名人民教师所应该做的事情，这就是我的工作职责。出于对教育事业的热爱，我本着“奉献教育事业是我应尽的责任，服务人民是我永远的义务”的信念。2006 年初开展自己的成人教育工作——韩村河新型农民计算机的培训，为我校的发展与进步贡献我的力量。

(二)分阶段、分层次对教师进行计算机应用技术的培训班，对不同层次的农民进行不同目标的培训

结合成人教育实际，我在工作中以提高课堂教学质量为工作的重点，扎扎实实做好自己的本职工作，着眼于农民整体素质的提高，在教学中注意发挥教师的主导作用，诱导和启发农民，使他们学会学习的方法，从而乐学、会学。在课堂教学中注意调动他们的积极性和主观能动性，充分发挥他们的创造性思维活动。把课堂教学的立足点确定为培养他们的创造能力。充分发挥他们的特长，培养他们的兴趣

和信心,从而进一步提高教学质量。

以前在普教,面对的对象是 20 岁以前的学生。现在面对的对象是一个大大的群体——有家有业的农民朋友们。在他们当中,有相当一部分的农民以前从未接触过电脑,而且他们的年龄参差不齐,最大的都 50 多岁了,最小的 16 岁,有的甚至没有上过几年学。懂计算机的寥寥无几。这无疑给教学上增添了困难。但我迎难而上,努力教好每一个农民。在教学过程中,我注重从基础教起、从点滴开始,努力把基础知识,基本操作形象的展示给农民,努力把晦涩的计算机术语讲解的生动有趣。一遍一行,两遍,有的甚至十多遍,字不会写的,我去帮他们写,不认识字母的,我要手把手教他们在键盘上一个一个的去找,直到练习会为止。另外,由于农民大部分家里都有农活,从时间上他们不固定,所以我说了,只要他们啥时有时间,我就有时间教他们。有的为了学习电脑,故意把家里多年积攒的钱买了电脑。不能来的,我就去他们家里教他们。有时上完课都七、八点了,我才方可从韩村河赶回良乡,去接还在幼儿园的孩子。作为军嫂的我,既当娘,又当爹。孩子流着泪睡着了,我心痛,可每每看到农民朋友们脸上流露出那种学到计算机的满足感时,痛也就没了,心里有说不出的满足感。所以他们经常对我说的一句实在话:"你真好,真有耐心,像我们这样笨的人你都能把我们教会,教精,遇到你真是我们农民朋友们这一辈子的福分"。虽然接孩子晚了,孩子哭了,但农民朋友们笑了。这就更增添了我时常激励自己的一句话:"要逆造新型农民,掌握一技之长,达到发财、致富,教会他们首先要有耐性,因为他们本身就起点低,农活繁重,学点东西真的不容易"!

另外,有的农民朋友因当天农活忙不完,我就要单独给他们补。在培训过程中,我不敢记"因材施教"的教育原则,在教学中,对待不同的农民朋友们我采取不同的教学方法。对于那些学得好的农民朋友们,我鼓励他们抛书本,去学一些课本以外的知识,以此来获得进一步的提高;对于一些基础比较薄弱的,我抽出业余时间给他们"吃偏饭",亲自带着他们上机一步一步操作,以使他们尽快对电脑熟悉起来。"兴趣是最好的老师",为培养农民朋友们学习的兴趣,我抓住他们都很喜欢上机操作的这一心理,尽量把理论课搬到机房来上。鼓励他们多动手、多练习、多实践。这样既提高了他们的上机操作能力,又加强了他们学习的兴趣,收到了很好的效果。多年来在自己的工作岗位上,我忠于职守,脚踏实地,以身作则,严格要求自己,勤勤恳恳,任劳任怨地工作,恪职笃学,充分发挥了教师的先锋模范带头作用,表现了高度的政治思想觉悟和强烈的事业心。1996 年年底,我被承德市评为校学科带头人;同年又获得市级的优秀班主任的称号;1998 年底兼全校的信息课,有 5 名同学获得了河北省计算机汉字录入第一、第二、第五的好成绩;1999 年 8 月,我又被学校评为骨干教师的称号;2001 年、2002 年、2003 年连续获得高考一次上线最多人数的班级，并且有两名同学获得计算机理论满分的好成绩；2006 年 12 月获得房山区成人教育中心第三届青年教师课堂教学基本功大赛三等奖；2007 年 3 月获得房山区教育委员会年度职成教教学课件评比二等奖。2008 年 4 月被评为“房山区经济技术创新标兵”，5 月又被北京市工会评为“北京市经济技术创新标兵”的荣誉称号。

(三)实施课改，优化课堂

结合教学对象的实际，针对农民朋友们的不同特点，我在计算机课堂教学中，我注重以现代教育观念和理论为指导，努力创设特定的情境（任务）开展各种形式的教学活动。其新的教学模式首先突破了传统教育观念，摒弃传统教育中教师、书本和课堂为中心的三中心论，真正树立以农民朋友为主体、教师为主导的现代教育思想。在各地进行新课改革的背景下，我较早地转变教育思想，更新教育观念，转变教师的角色，成为农民朋友们的学习的促进者，教育教学的研究者、课程的建设者和开发者，社区型的开放教师；引导农民朋友们由接受者变主动学习主全；使媒体从演示变为他们认识的工具；教学过程从传统的逻辑分析讲授转变为他们发现问题、探究问题的意义建构过程。在教学设计中处理好基础知识和技能、过程与方法、情感态度价值观的关系，使多种目标统一到信息素质培养这一根本目标之一中。教学内容不囿于教材的范围与顺序，能根据效益性与经济性相结合的原则，师生主动进行教学资源的再开发；在教学媒体的使用上，提供更多的机会让他们操作媒体，使媒体成为他们学习的工具；教学进程以探究和创造为主。加强对他们学习状态的研究，帮助他们转变学习方式，使他们形成自主学习的品质，主动探究和合作学习的精神，培养他们的创新精神和实践能力，为他们养成终身学习的能力打下良好的基础。

(四)安分守己，任劳任怨

因为我到农广校主要工作就是软件授课、硬件维修。这样式每周除对农民进行培训，另对带兼管机房计算机维修工作，作为学校的普通一员，我总希望能用自己的一技之长为学校做点力所能及的事。我明白：要想做好一项工作，圆满完成学校的任务。就要舍家，顾学校。所以，平时，我只要一有时间，我就会到机房，看看电脑有没有问题。如果听说哪台电脑出现无法启动的故障时，我就会以最快的速度把电脑修好。如果是硬件损坏，就立刻报告教务处。然后直到把电脑修好。另外，为了不让每一个农民朋友们失去一节上机的机会，我每天都要检查一遍机房的每一台机器，如果有不能用，不管是上班时间，还是吃饭时间，我都要把它修好才可离开机房，记得有一次，我和自己还在幼儿园的孩子整整在机房呆一夜，第二天看到孩子满身都是被蚊虫咬的大疙瘩，打心眼的疼。但电脑修好了，我还是乐在脸上；我的工作作风是事事以身作则。处处起模范带头作用，任何大小工作从不讲价钱，一心一意，尽心尽职尽责地做好。在工作中不断提高教学水平，提高管理能力，经常是早上班、迟下班，把教学工作中的各个环节都认真处理好才放心，虽然在事业上取得了一些成绩，但我不会满足，虽然对农民培训没有像高考那样轰轰烈烈，但培养新型农民是我献身成人教育无悔的选择，追求更好是我一生的目标。

三、反思

作为房山农广校的一员，我相信，无论做什么只要心中有爱，就会随着岁月的积累而如精华般源远流长。哪怕经历了人生最痛彻心扉的心疼，也能羽化成蝶般幻化出最美丽的生命颜色……

参考文献

1. 中国大百科全书·哲学卷[M]，北京：中国大百科全书出版社，1982
2. 张文显. 法理学[M]，北京：高等教育出版社，2002
3. 李士忠. 公平博弈、利益协调与和谐社会[J]，经济论坛，2006(7)
4. 陈良明. 论法学教师的法律实践
5. 蒋后强. 高等院校法学教师基本素质探析

如何对农民进行数学培训

商利平　北京市怀柔农广校

摘要　随着农村经济的迅猛发展，越来越多的农民意识到做新时代的农民已经迫在眉睫，因此大部分农民加入到北京市目前推广的“技能＋基础”学历教育培训的行列中。对于农民培训是一个新的课题，是在实践中不断积累经验、总结经验的过程。对农民培训，首先要了解农民渴望得到哪些知识，他们需要解决什么问题，其次怎样帮助他们解决。

关键词　农民　数学　培训

随着农村经济的迅猛发展，越来越多的农民意识到做新时代的农民已经迫在眉睫，因此大部分农民加入到北京市目前推广的“技能＋基础”学历教育培训的行列中。对于农民培训是一个新的课题，是在实践中不断积累经验、总结经验的过程。对农民培训，首先要了解农民渴望得到哪些知识，他们需要解决什么问题，其次怎样帮助他们解决。

数学学科培训难度比较大，绝大多数人对学习数学是不感兴趣的，主要原因是数学比较抽象，不容易理解，逻辑性、推理性较强，一环紧扣一环，如有一环脱节下一步可能就无法进行。我在培训农民时先问了几个问题：你们最关心的问题是什么？回答：发家致富。你们认为女同志穿高跟鞋好看还是穿平底鞋好看？回答：当然高跟儿鞋好看。为什么呢？比如你们家要设计一个鸡圈，需要省料，需要美观，怎么办？生产某种产品怎样做到投资小利润大等等，其中蕴涵着数学的道理，可以说数学无处不在。通过一系列问题引起他们对数学的兴趣，把他们带入学习情境。

一、抓好基础概念

农村学员基础普遍薄弱，因此首要任务就是抓好双基教学，所谓双基，即基本知识和基本技能。例如，我在讲函数奇偶性时主要讲了以下几点：

(一)抓住概念的实质，力求用简短语言，数学符号来描述，表达基本概念

$f(-x)=f(x)$　　偶函数

$f(-x)=-f(x)$　　奇函数

注意强调：

1. x，$-x$ 必须满足定义域且 $f(x)$ 的定义域关于原点对称；

2. $f(x)$ 是偶函数其图像关于 y 轴对称；$f(x)$ 是奇函数其图像关于原点对称；

3. 既奇又偶的函数存在如 $f(x)=0$。

(二)从定义、性质入手，归纳基本方法

1. 证明函数 $f(x)$是奇(偶)函数，首先要验证它的定义域关于原点对称，然后证明 $f(-x)=-f(x)$（或 $f(-x)=f(x)$）。

2. 两个奇(偶)函数的和与差，仍是奇(偶)函数，两个同奇(偶)函数的积是偶函数，一奇一偶函数之积为奇函数。

(三)挖掘相关的知识点，加强基本概念的联系

1. 利用奇偶函数的对称性可进行作图。

2. 奇函数在 R^+ 与 R 上有相同的单调性而偶函数则刚好相反。

(四)围绕基本概念，基本方法，基本联系编好基础训练题，从以下几方面组织题型

1. 考查奇偶性的定义学生是否掌握。

2. 有意识有目的地选用比较容易出错的练习题。使学员“吃一堑长一智”。

3. 考查学生利用奇偶性的图像解决实际问题的能力。

二、注重培养能力

培养能力不是一朝一夕的事，要贯穿教学始终在教学中，有意识地培养学员准确、快速的运算能力；把函数与方程思想融入几何图形中，培养数与形结合的能力；分类讨论的能力，即遇到有参数时一定要分类讨论等。

三、应用数学知识解决实际问题

学数学最主要的目的在于应用数学知识，解决现实生活中的问题，下面我们通过两个具体实例来说明。

(一)黄金分割问题

黄金分割是指矩形的长与宽的比是 1.618，按这种比例设计是最美的。女性穿高跟儿鞋为什么好看呢？主要是因为在设计鞋跟儿的时候使其高度与宽度的比是 1/1.618=0.618，正好是黄金分割的倒数，所以女性穿高跟鞋比不穿高跟儿鞋要好看，其中运用了黄金分割的道理。

我们在设计鸡圈时要想美观也是利用黄金分割的道理，使矩形的长与宽的比是 1.618，这样设计是最美观的。

(二)最大值、最小值问题

在日常生活中,我们经常要解决一些求最大值最小值的问题,比如成本最低,利润最大,收入最高,用料最省等等一系列问题,这就需要建立相应的数学模型来解决,即二次函数模型。

例 1:某农家旅游公司有客房 300 间,每间日租金为 20 元,每天都客满。公司想提高档次,并提高租金。如果每间日租金每提高 2 元,客房出租数就会减少 10 间。若不考虑其他因素,旅游公司将房租金提高到多少元时,每天客房的租金总收入最高?

分析:由题设可知,每天客房总的租金是增加 2 元的倍数的函数。设提高 x 个 2 元,则依题意可以算出租金(用 y 表示)的表达式,由于客房间数不太多,便于大家理解,我们先用列表法求解,然后再用函数的解析表达式求解。

解:方法一 依题意可列表如下:

x	y
0	300×20=600
1	(300−10×1)(20+2×1)=6 380
2	(300−10×2)(20+2×2)=6 720
3	(300−10×3)(20+2×3)=7 020
4	(300−10×4)(20+2×4)=7 280
5	(300−10×5)(20+2×5)=7 500
6	(300−10×6)(20+2×6)=7 680
7	(300−10×7)(20+2×7)=7 820
8	(300−10×8)(20+2×8)=7 920
9	(300−10×9)(20+2×9)=7 980
10	(300−10×10)(20+2×10)=8 000
11	(300−10×11)(20+2×11)=7 980
12	(300−10×12)(20+2×12)=7 920
13	(300−10×13)(20+2×13)=7 820
…	…

由上表容易得到,$x=10$,即每天租金为 40 元时,能出租客房 200 间,此时每天总租金最高,为 8 000 元。再提高租金,总收入就要少于 8 000 元了。

方法二 设客房租金每天提高 x 个 2 元,则将有 $10x$ 间客房空出,客房租金

的总收入为 $y=(20+2x)(300-10x)$

$$=-20x^2+600x-200x+6\,000$$

$$=-20(x-10)^2+80\,000$$

由此得到当 $x=10$ 时，$y=8\,000$.

因此每间租金为 20＋10×2＝40(元)时，客房的租金总收入最高，每天为 8 000 元。

可见，方法一直观易懂，操作起来麻烦。方法二操作简单，但是建立函数模型比较困难。

(三)如何下料问题

如何下料属于线性规划问题。线性规划的数学模型主要在两类问题中得到应用，一是在人力、物力、资金等资源一定的条件下，如何使用他们来完成最多的任务，二是给定一项任务，如何合理安排和规划，能以最少的人力、物力、资金等资源来完成该项任务。常见的问题有：物资调运问题、产品安排问题、下料问题。

例 2：要将两种大小不同的钢板截成 A、B、C 三种规格，每张钢板可同时截的三种规格的小钢板的块数如下表所示：

	A 规格	B 规格	C 规格
第一种钢板	2	1	1
第二种钢板	1	2	3

今需要 A、B、C 三种规格的成品分别为 15、18、27 块，问各截这两种钢板多少张可得所需三种规格成品，且使所用钢板张数最少。

分析：这是一道线性规划问题，需要建立线性规划问题的数学模型，作出可行域，然后找出最优解。

解：设需截第一种钢板 x 张，第二种钢板 y 张，则

目标函数为：$z=x+y$

此问题中，钢板张数为整数，在一组平行直线

$$x+y=t\ (t\ 为参数)$$

中，经过可行域的整点(横坐标和纵坐标都是整数的点)且与原点距离最近的直线是：$x+y=12$，经过的整点是 $B(3,9)$ 和 $C(4,8)$，它们是最优解。

答：要截得所需的三种规格的钢板，且使截两种钢板的张数最少的方法有两种，第一种截法是截第一张钢板 3 张、第二种钢板 9 张；第二种截法是截第一种钢板 4 张、第二种钢板 8 张。两种方法都最少要截两种钢板共 12 张。可见，如何下

料有两种方案供选择，都是本题的最优解。

数学在现实生活中的应用不仅仅是这些，涉及到各个方面，它的应用是非常普遍的。通过应用数学知识解决问题，使学员发现其实数学就在我们身边，并不神秘，鼓励学员勇于探索和解决问题，体现数学的应用价值，发展学员的应用意识和能力。

总之，狠抓基础知识教学，是培训农村学员的首要任务；强化能力的培养，有助于提高学员分析问题的能力；解决问题是学习数学的最终目的。

值得注意的是：目前，对农村学员进行数学知识培训非常困难。课时紧张，教学任务繁重；学员基础薄弱，提高能力是一个漫长的过程，需要有足够的耐心。另外，他们需要的是能够解决其现实生活中遇到的实际问题，那就需要有相应的知识。

参考文献

1. 李宝钟. 中等专业学校实用教材工科专业通用. 数学第二册. 北京教育出版社

2. 人民教育出版社数学室. 高级中学课本. 代数上册

3. 北京市成人教育教学研究中心. 北京市成人中等专业学校教材. 数学下册. 北京工业大学出版社

浅谈农村成人英语教学

刘红梅　北京市怀柔农广校

摘要　本文通过从新农村建设对新农民的需求这个角度，结合这一新时期下农民自身的生产生活与英语学习的密切关系，阐述了如何提高农村成人英语教学水平，从教学内容的选择，教学方法的运用，教育手段的转变和文化差异的渗透四方面进行了详细的论述。

关键词　农村　成人英语　教学

一、农村成人学习英语的社会背景

推进社会主义新农村建设，对劳动者素质提出了更高的要求，也赋予了"农民"这个概念新的内涵。培养称职合格的现代农民，是发展社会主义新农村过程中的关键一环。没有新农民就没有新农村；建设新农村，就要培养新农民。农民是新农村建设的主体，是新农村建设的直接参与者和主要受益者。没有农民科技文化素质的提高，没有适应现代社会发展需要的新型农民，新农村建设就缺乏根本支撑。只有培养造就千千万万高素质的新型农民，把农村巨大的人口压力转化为人力资源优势，形成持续推动建设新农村的力量源泉，才能使农民崇尚科学，崇尚文明，形成农村良好的社会风气。

随着改革开放的不断深入，新农村建设步伐的加快，英语与农民的生活也越来越密切。对于农民而言掌握英语已成为他们必不可少的技能，而英语也帮助他们更好更快的与世界接轨。

二、农村成人学习英语的特点

(一)农村学员对教育功能认识的肤浅性

教育既有促进社会发展的功能，又有促进个人发展的功能，还有协调人与自然的功能，但教育的功能是间接的、含蓄而迟效的，所以它的功能是潜在性的，需要我们发掘它。而农民的思维方式往往很现实，农村有一句长期流传的话："读书哪能当饭吃"，是很典型的传统农民既现实又短视的写照。只有他们直接看到的，才认为是"真理"。在引导、组织他们参与的过程中，要对接农民的现实性，激发自主性，这既是我们工作的基点，也是工作的艺术。

（二）农村学员自身的复杂性

经过认真的分析发现，农村成人学习者具有复杂的因素。首先，学习者具有不同的学习背景，由于农村劳动者学历低，普遍是小学、初中的学习基础，有的甚至只有二三年的学习经历，以前根本没有接触过英语学习。其次，学习者参差不齐的年龄构成。学员的年龄范围大，从二三十岁到六七十岁不等，年龄范围跨度大，这是明显不同于在校学生的特点。再者，农村劳动力的生活情况，工作环境不同对英语学习的需求程度也不同。随着新农村建设的不断深入，新型农民的劳作内容也发生了巨大改变，不再是单一的"面朝黄土，背朝天"的农业耕作，而从事民俗旅游、民俗接待、农产品销售等工作，往往会接触到大量的外国友人。所以教学内容要适宜不同学员，难易程度要适合不同年龄段。因为，在"终身教育"的学习理念不断深化的今天，学习早已经打破了年龄，学历，资历等的限制，而成为了一项公民的基本权利。

总之，我们看清农村、读懂农民，就是要体现教育的时效性，其意义就是要针对农村现状、农民实际，有效地开发农村成人英语教育的潜在功能，把农村成人英语教育定位在为新农村服务的大平台上，既掌握成人英语教育的教育规律，又掌握农村发展的社会规律，充分发挥教育的功能，让农村成人英语教育在新形势、新情况面前，学会科学思维、转变陈旧观念、永远与时俱进、理清工作思路，做到务实求真，不断开拓创新。

三、提高农村成人英语学习的有效措施

（一）教学内容的选择要注重实效性

我们都知道，教和学得法，则事半功倍，不得法，则事倍功半。教学实践证明，各种教学法都不是完美无缺的，每一种方法都有其精华之所在，又都有其不足之处和缺陷所在。成人学习英语者不像在校学生，其个体情况千差万别。所以成人英语学习应该本着"量度适中，难易适中"的原则，教材容量太大，难度太大会使学员造成一种心理上的压力和负担，从而降低了他们的学习兴趣。而一旦他们失去了对英语学习的兴趣，他们就会毅然放弃对英语的学习。中学生和大学生可能会有升学或就业的压力而产生学习的动力。一个从事农业劳作的农民，平时根本用不上英语，这时如果英语能帮助他去发家致富，去寻找就业渠道就成了激发他去学习英语的唯一精神动力。

根据这一出发点，结合所提供的教材，在选择教学内容时，根据由浅入深，由易到难的原则，在尊重教材和大纲的前提下，要尽量满足农民学员生产生活的需要，

要贴近他们的日常生活，要教授学员感兴趣的内容，比如说：英文数字的书写和发音，家居用品的词汇，农产品的名称，餐饮词汇和旅游交际用语等内容。丰富的教学内容满足了不同从业农民的需求，难易适当的知识照顾了不同年龄的农民，也激发了所有农民学员的兴趣。让他们真正体会到学有所得，学有所用，学有所乐。在学习中享受知识带给他们的幸福和快乐。

(二)教学方法的使用要注重自主学习能力的培养

21世纪的教育，要培养四种本领，即学会求知、学会实践和创造、学会共同生活、学会生存；其中"学会求知"是基础。英语作为一种通行的国际性交流语言。在这一形式下，"英语热"经久不衰，但是由于大部分的外语培训教学往往只注重单项或几项技能的训练，没有形成一个完整的体系，对以后的进一步自我学习能力未构成结实的基础。面对这样一些特殊的学习者，"教学生学会学习"已成为教育的热门话题。而如何在英语教学中培养学生的自主学习能力，是值得成人英语教师值得探讨的一个新课题，要使课堂实现由"教"到"学"的转移，要使学员产生由"学会"到"会学"的转变，培养和发展学生的自主性能力是至关重要的。

在授课过程中做到强化基础，精讲巧练，从点到面，边讲边练，把学习能力的培养作为教学目的的一个重要方面。"受之以鱼，不如受之以渔"，说的就是这个道理。教师教授具体知识是一方面，但教授获取知识的方法更有意义，更重要。教师要告诉学员学会的方法在哪里，学员就可以自己打开一大片领地。就英语而言，需要培养的有学习习惯和科学学习方法应用及自学能力，让学员学会英语学习的本领，为今后进一步学习打下良好的基础。学员在教师辅导下学习的时间毕竟有限，这就需要教师在教学中发挥好主导作用，当好组织者。重视学员的主体作用，把学生的主体地位看作教学的出发点。

(三)教育手段的传统性与现代化相结合

目前，绝大多数农村成人教育的主要教育手段仍然停留在"黑板＋粉笔"的传统方法上，而当今已进入了电子化、网络化时代，教育技术已把教育带进了一场全新的革命，学习者只要用鼠标轻轻点着所想学的内容，选择自己最满意的内容，即可获得最省事、省钱的优质教育。因此，农村成人教育的教学含义也起着质的变化，在无所不有的全方位、立体化的教育内容面前，无须也不必每一门课程、每一个内容都"自己"站在讲台上表演了，这也是解决师资的理想途径。为此，教师可以把图文并茂的内容传递到网络上，配上声音，随时满足学员们学习的需求。

(四)教学过程中要注意文化差异的渗透

随着西方文化的不断渗透，东西方文化的不断交融，英语教学中文化差异的渗透也是一个重要环节。文化教育的方法是多种多样的，教师应该采用灵活多变的方法提高学员对文化的敏感性，培养文化意识，使他们能主动地、自觉地吸收并融入新的文化环境中。首先，加强中西文化差异的比较，将中西文化在称呼、招呼语、感谢、谦虚、赞扬、表示关心 、谈话题材和价值观念等方面的差异自觉自然地渗透到英语教学中。其次，利用多种渠道、多种手段，吸收和体验异国文化。可以收集一些英语国家的物品和图片，让学员了解外国艺术、历史和风土人情；运用英语电影、电视、幻灯、录像等资料给以直观的感受，使学员对英语的实际使用耳濡目染。以增加对英语文化的了解，加深对文化知识的实际运用。

总之，成人英语教育，特别是农民英语教育不同于中学英语教学，也不同于大学英语教学。正是由于其特殊性，作为教师，要不断地探索新的教学方法，以使农民学员能在有限的时间内有效地掌握实用性很强的英语，使他们学有所用，学有所得。

参考文献

1. 朱亚莉. 北京市中等职业学校“技能＋基础”成人学历教育试用教材[J]. 首都师范大学出版社，2007(9)

2. 陈乃秋. 成教英语教学学生学习动机的激发[J]. 中国成人教育，2002(2)

3. 郑静. 高等职业教育中大学英语教学的反思[J]. 福建师范大学福清分校学报，2002(3)

计算机课程教学的几点思考

王晓双　北京市怀柔农广校

摘要　本文阐述了计算机教学中使用多媒体技术的优点和重要性以及通过课程内容与教学方法的统一实现良好的教学效果并通过转变教师旧有的观念实行有效的中等职业学校计算机教学。

关键词　计算机　课程教学　思考

目前,计算机技术作为人类最新的科学技术,已经渗透到人类社会的政治、经济、文化、科技、教育、生活等领域,也促进人类进入了信息时代,计算机技术课也成为中等职业学校的必设课程和重点课程,它以基础性、工具性、实践性、应用性,趣味性的特点为广大学生所喜爱,但它又以高速发展性、综合性成为制约学生学习和教师授课的难点。如何才能更好的搞好计算机课教学呢?作为一名从事本学科教学的教师,我就简单论述一些我个人的看法。

一、要利用多媒体,充分发挥计算机在教学中的作用

随着教育思想的不断更新和教改发展的需要,先进的教学思想与落后教学手段的矛盾更加突出,要求现代教育技术,特别是计算机进入教学课堂,以发挥计算机的"特有功能"。"多媒体教学"就是使用多种传递信息的载体与现代教法的最佳结合。多媒体教学强调不仅要让学生掌握理论,而且更要通过多媒体生动有趣的展现相关知识,引导学生去思考,分析,归纳,总结出结论,即让学生主动参与教学的全过程,启发学生的智力,发展其能力,切实提高学生的全面素质。

使用多媒体有以下优点:

(一)用多媒体演示教学内容,直观新颖,利于激发学生的学习兴趣

爱因斯坦说过"兴趣是最好的老师。"多媒体教学可以利用各种教具。如学具、投影、电影、录像、录音等媒体,集光、形、色于一体,直观形象,新颖生动,能够直接作用于学生的多种感官,激发学生的学习兴趣,彻底改变了"教师一支粉笔、一张嘴的满堂灌"式的教学方式。我校在实行多媒体教学的改革教育模式中充分考虑到了直观性对学生的激发和促进作用,所以 2006 年,学校为全校 40 多个班级分别安

装了电子讲桌，这些教学辅助设备的安装，为老师的授课带来了方便，为学生的学习带来了兴趣。例如，在《qbasic 语言》数组排序一节中有这样一例：输入 10 个数据，编程按从小到大的次序输出，学生很难理解排序的方法和排序过程中数据移动的先后次序，因此我在教学时预先设计好数据的移动并制成课件，使用多媒体电子讲桌演示给学生，使学生能直观地看到数据的移动全过程，化抽象为具体，加深理解，同时培养和激发学生的学习兴趣，使课堂教学收到事半功倍的效果。

（二）运用多媒体教学，可引导学生主动参与学习

传统教学只能教师讲，学生听，以教为主，导致学生厌学。多媒体教学一改这些弊端，充分调动学生的各种感官，主动参与学习的全过程，使学生当观众的局面彻底改变。在教学时事先设计好当堂课的教学课件，并设计相应的试题，课堂上教师边演示，边讲解，让学生边学习，边做相应生动有趣的练习，提高学习兴趣。如去年，学校安排我去为社区居民授课，在对居民的培训中，遇到了很多的困难和问题，如居民平均年龄较大、学历层次较低、计算机基础知识薄弱，接受知识的能力较差等等。因此单靠一支粉笔、一张嘴去给学员讲课，他们很难将所学知识轻松地掌握。于是我就将每次课要讲的知识点以课件的形式展示给学生，让他们直观地看到本节课所要学习的重点和难点是什么，并且在讲课过程中，我多次给学员演示操作，并让学生看到生动形象的效果，帮助理解，加深记忆。

学员按照我的方法练习操作，每节课下来，他们当中大部分学员都能将本节课的知识很好的掌握，我想这就是多媒体无法替代的功能所在。

（三）多媒体教学容量大，教学效率高

多媒体教学不仅能把知识更多、更快地传授给学生，还节约了时间，增加了课堂容量，有效地提高课堂教学效率。许多教师感到教材中练习多，课时少，在课堂上书写的内容多，重复的多，利用了多媒体，可以简化教学中的繁琐，加快教学节奏，加大课堂教学密度，节省时间，集中解决教学重难点，既提高了课堂教学效率，也节省教师的力量。如一个教师若担任三个班的同一门课程，在传统教学中，同一节课，他要重复在黑板上书写三次，而利用多媒体，则只需设计一个课件，节省了劳动力和时间，使教师可以投入更多的精力致力于设计好教学模式。

二、针对不同的课程，采用不同的教学方法

教师要认真分析所担课程的性质和学生的基本情况。根据所教课程采用不同的授课方法。我校是一所职业学校，近些年来，我校开设了多门计算机教学课程，我归纳为以下几类：

基础课程：如 Windows，计算机组装与维修等，主要学习计算机系统的基础知

识和基本技能。

技能基础课程：如五笔录入，Office，Internet 基础等，主要训练学生基本的技能。

技能课程：如 photoshop，dreamwaver，flash，3dmax 等，主要让学生在掌握基本技能的基础上学习如何运用计算机软件，掌握相应专业技能。

专业理论课程：如微机原理，网络原理，计算机组成原理等，主要学习计算机理论的基础知识。

程序设计课程：如 qbasic 语言，C 语言，数据库等，主要学习程序设计的开发与应用。

农民培训课程：电脑、纵横、学习教程等，主要学习电脑基础知识和纵横汉字输入法。

对应于不同的课程，教师要采用不同的教学手段，如以下几种方法：

(一)一边讲、一边演示

这种教学模式应有一定的教学设备，如投影仪，网络教室等。适合于软件的操作的教程，如技能基础课程和技能课程的教学。

(二)以上机实践为主的教学模式

以上一节的理论课为基础，布置好上机的作业和练习。让学生以独立的性质来完成。教师从学生的操作过程中发现学生的实践问题，以待下一节课的说明解释。如我在给社区居民培训纵横汉字输入法时，我采用了“1＋3”的授课模式，既上一节理论课(主要讲解纵横汉字输入法的笔形、取码规则、简码等内容)、练习三节课的课堂教学模式，目的是让学员将理论知识灵活地运用到实践中。事实证明，这种课堂教学模式是科学、有效的。

(三)适合于技能课程

在以网络教室为主的机房中上课时，对较难的知识点，教师讲解后学生可实践操作，并能上网查找相关内容，帮助学生理解，加强记忆，提高学习效率。

(四)做好辅助教学

利用计算机的辅助教学软件，在教学过程中使用 cai 和相关软件，起到辅助教学的作用。但要选择合适的课件和软件，可尝试使用市面上常用的教学演示光盘，如开天辟地、洪恩软件等，帮助教师搞好教学，提高教学效率。教师也可结合自己的教学内容，编制适合教学的课件和软件，但课件的制作要生动，有趣，且忌照搬课本，呆板低调。

三、观念的转变

(一)思想观念要转变,要有锐意改革和创新的意识和决心

多数教师仍以传统教学方法——黑板加粉笔教授知识。在现代社会这无异于赶着驴车上高速公路去和奔驰竞争,因此教师必须改变观念,提高认识,要不怕苦,不怕难,努力学习信息技术,迎接教育革命的到来,为适应新型教育模式,培养新世纪合格人才做好准备。

(二)角色要转变

教师要从单纯的知识传播者转变为课堂教学的设计者,学生学习的指导者、引导者,学生活动的导演者;学生则要转变为课堂学习的参与者,发现、探究新知识的学者。

(三)教学观念要转变

1.变知识传递型为引导型。教师要由知识的重述者和经验的传递者,转变为学生学习的引导者和协作者。教师要做“导航员”,引导学生变换学习方法和做好学习过程的指导。如在《Qbasic 语言》教学中有一节要讲到交换两个变量 a,b 的值,这时要引入一个变量 c,我们可以不直接告诉学生方法,而是引入一个例子:如何完好的交换一杯水(a)和一杯牛奶(b)？引导学生理解另一个空杯子(c)在这个过程中所起的作用,从而让学生掌握变量 c 在交换 a,b 时的作用。

2.变知识复制型为知识创造型。信息技术发展迅速的现代社会,照本宣科、死记硬背,条条框框,满堂灌,填鸭式的教学方式必然被淘汰,取而代之的将是具有敏锐观察力和强烈的感召力,善于质疑,引发学生思考,能设计出生动有趣的课堂模式的创造型教师。

3.变知识单一型为通识型。教师要有一桶水,才能给学生一瓶水,教师不仅要会一门课程,更要与信息社会相接轨,要掌握多种知识,不断更新知识,提高自身的素质,全面发展,通识型教师才能真正搞好课堂教学,促进学生的学习,才能在教育中发挥重要作用。

4.变专制型为朋友型。传统教学观念以教师为主,课堂气氛不活跃,教师是一节课的专制者,信息时代的课堂教育要充满生机与活力,要求教师成为与学生和谐相处、平等、互爱的朋友型教师。我们学校施行的关爱教育和教师找学生谈话制度,已经在实际教学中起到很大的作用,学生不仅在学习中感受到老师的关爱,并且可以把自己的烦恼和困难告诉老师,与老师成为好朋友,帮助自己学习和成长。

以上是我教学中的一点心得,希望能对大家的教学起到一点帮助作用,也希望多媒体教学在今后的教学工作中能给教师带来更大的便捷,给学生带来更多的学

习兴趣。

参考文献

1.现代职业教育教学参考丛书

2.中职计算机教学的思考.中国职业技术教育报

成人教育要指导学生自学

曹春兴　北京市门头沟农广校

摘要　成人教学任务的完成主要靠学员自学，所以教师授课的重点不应是传授知识，而是传授学习方法，让学生学会学习。教师至少应围绕划重点、给方法两大方面指导学员自学。我们给出的学习方法应详细具体、有的放矢、突出逻辑、概括本质。

主题词　成人教育　指导　学生自学

成人教育基本上都是利用业余时间上课，课时少但学习内容并不少，因此学员自学占有相当大的比重，可以说，成人教学任务的完成主要靠学员自学。所以教师授课的重点不应是传授知识，而是传授学习方法，指导学员自学。

一、划重点

我说的划重点不是为了应试，根据考题划的重点应付考试当然是绰绰有余，但于学习无益。这里的重点是根据教材中知识点间的重要级别而划，是为了便于学生自学。

通常情况下，一部教材即便写得非常精炼，也不可能所有的东西都有用，为了照顾到系统性和完整性，为了起承转合以利各部分之间的有效衔接，必然要出现一些与知识点关系不大、纯属结构性的文字。计算机教材对每个模块都有特点和功能介绍，且位居模块之首。在对本模块不甚了了时，阅读这些文字是徒劳的；模块运用熟练了，这些文字又是多余的，学员自己就能总结出来，还用你说嘛。

知识点的地位和作用也不是等量齐观的，有些需要真正理解掌握，做到融会贯通；有些谈不上理解，但要记住；有些知道有那么回事，有一定的印象，以后用着了知道到哪儿去找就可以了；有些则不用管它，看都不用看。

现代文学对鲁迅的介绍不论是哪个版本，都占有一章的篇幅，容量是很大的。但其中需要学员理解掌握的恐怕也就是代表作、文学成就、文学地位，其中关键的是代表作，代表作弄明白了，文学成就和文学地位也就搞清楚了。其姓名、文集名称、生活的大体时代、主要职业要记住，这些是常识性的东西，不能闹出姓鲁名迅的笑话呀。其他的就甭管了，现用现查足矣。

一般来说自学者很难辨识这种区别，面对教材，不知道哪些重要，哪些不重要，费了九牛二虎之力，可能做的都是无用功，自己认为没用的可能恰恰是必不可少的。教师应充当向导的角色，当学生走到岔路口时，指给他们最便捷的路径，省得他们走弯路。

二、给方法

另一个让学员头疼的问题是缺乏正确的学习方法。一般的教材都要在绪论中介绍学习方法，但又大多失于空泛，像什么——要理论联系实际呀，要用马克思主义的立场、观点、方法呀，要持之以恒、循序渐进呀……这些都是正确的套话，学什么不得理论联系实际呀，学什么不得持之以恒、循序渐进呀。

(一)学习方法要详细具体

要给出详细具体的学习方法。我们都知道，学习文学要多看、多写，看什么？好作品当然要看，不好的看不看？哪些是好的，哪些是不好的？好的就都看吗？不都看选择哪些？怎样看？拿过一篇作品，从哪儿入手、围绕什么、按照怎样的顺序分析？根据什么标准评判它？许多家长只是简单粗暴地逼迫孩子学学学，却不告诉、也不可能告诉孩子学什么、怎样学，因为他本身也不知道。教师不是普通家长，不但要自己掌握科学的学习方法，还要把它传授给学员，让学生学会学习。

(二)学习方法要有的放矢

不同学科有不同的学习方法。物理化学离不开做实验，文科类通常不需要，数学也不需要。学现代汉语要多看、多思、多写；学古代汉语只能多看，多看也就够了，用不着学写古文；学外语则要听、说、读、写一起上。学计算机看书不重要，看了也记不住，关键要使用，在使用中学习；学文学除了多看多写，更要注意生活积累；历史和地理要结合着学，历史离不开地理，地理离不开历史；哲学和逻辑学重在掌握原理和广泛涉猎、杂取博学……

同一学科不同内容有不同的学习方法。同是外语，单词以及细微的语法规则要在句子中掌握，通过接触大量的句子，通过反复的接触、使用，由不会到会，由陌生到稔熟，这里边原理性的东西不多，死记硬背也行不通，靠的就是重复，一而再，再而三的重复。如同认人，见一回不认识，见两回不认识，见回数多了自然就认识了。时态则需要理解，不理解也不是绝对不行，美国文盲、英国文盲未必懂得这时、那时，人家不也照样和别人交际嘛。但掌握原理之后就容易多了，能省很多功夫。

同样的学习内容，不同学员有不同的学习方法。同样是背一首诗，年轻人可能听几遍就行，别看他们倒背如流，涉及意义却一片混沌；上了岁数就要反复地背，边磨叨边写，最终还离不开理解。记性好的、水平低的先记忆后理解，记性不好、水平高的先理解后记忆。初学计算机，只能死记硬背点击步骤，记不住写下来，没有捷径可走；达到一定水平了，就能自己在菜单或工具中摸索了。模块操作借助的无非是菜单或工具，把二者之一搞定了，基本操作就过关了。所以对于初出茅庐者，计算机是死的，但相对于老江湖来说，它又是活的，是有规律可循的。

不同的学习目的，需要不同的学习方法。同样是学外语，为评职称，为参加职评考试，就必须学、且只需学指定教材。为提高交际能力，就应听、说、读、写并驾齐驱，最好多与外国人打交道，到外国呆几年，不用刻意学，自然就会了。接触不上人家，就只能借助于电脑、电视、录音机、学习机等器具了；要多用外语自言自语，因为没人跟你说呀，别怕人说你有毛病，有条件还应把自己说的录下来，听听是否标准规范；要多朗读外语文章。只要是外文就拿过来看看，外文书籍、外文报刊、外文说明书……来者不拒、兼收并蓄。要多用外文写作，实在没有写作机会，就写日记。

(三)学习方法要突出逻辑

知识点之间通常有着密切的逻辑联系，找到它，学习就有了一条明晰的思路。广义的逻辑关系包括时间关系、空间关系和逻辑关系。

桃小食心虫以什么虫态、什么状态、在什么地方越冬；越冬幼虫什么时间出蛰，在哪里化蛹，蛹期多长；成虫期多长，成虫有哪些特性，在什么地方产卵，产卵有哪些习性；卵期多长，卵有哪些特性；幼虫期多长，有哪些习性，危害规律如何；幼虫老熟后是化蛹，还是越冬。这些看似很复杂，其实彼此之间有着严格的时间顺序，按照这个顺序顺藤摸瓜，桃小食心虫乃至所有害虫发生规律的学习都变得轻而易举了。

疏散分层型的树体结构包括，树干，树干上是主枝，主枝上是侧枝，侧枝上可能还有副侧枝，这些构成树体的骨架，被称之为骨干枝。骨干枝上分布大大小小的枝组，枝组就相当于血肉，实现生长和结果的功能。这是空间顺序。

花芽分化的核心条件是物质积累。果树的各种物质均来自树下和树上，树下是土肥水，树上是光合作用。树下要保证土层深厚、土质良好，肥水适量；树上要通风透光，要有足够的高性能叶片。要防治病虫害，病虫害控制住了，树体才健壮，其吸收合成能力才强旺，树体的各种物质才不至于被夺走。要保持适度的营养生长，太弱了会影响其同化能力，太旺了消耗过多，钱没少挣都花了，没存下。这是逻辑关系，我们可以利用逻辑手段进行高度概括和充分展开。

(四)学习方法要抓牛鼻子

任何东西都有其最本质、最核心之处，如同动物都有死穴，对准死穴，轻轻一点，就可能要命。

汉语言古诗词浩如烟海，思想内容纷繁复杂，艺术形式多种多样，但究其根源，绝大部分都是表现作者瞬间所见、所闻、所历、所感、所思。这种创作源泉的瞬间性，是古代汉语言抒情诗词创作的普遍规律，也是我们开启作品思想艺术殿堂的金钥匙。

毛泽东雪天登高，放眼大好河山，不禁想起历史上为此折腰的英雄，江山代有才人出，而今他们都已作古，共产党将要执掌天下，毛泽东才是文韬武略的古今第一人。《沁园春·雪》由此诞生。

法律千条万绪，但谋求、体现公平公正、正义道义乃其开宗要义。法律的核心是权利与义务，权利与义务的对等性贯穿于法律条文之始终，二者不对等，一方只享受权利，不承担义务，另一方只承当义务，不享受权利，怎么行得通呢？遗嘱继承优先于法定继承，体现了对被继承人的充分尊重，人家是财产所有人，当然有权处分自己的东西，只要处分得合理有效。合理性是我们理解法律的法宝，评判法律的标准，制定法律的依据。当然受法律本身的局限，某些条文不尽合理甚至很不合理，这也是正常的，劣法总是有的，但总是少数，追求合理才是法律的本质和主流。

上述就教师指导学员自学分析了确定重点和掌握方法两个方面的问题，实际上，自学者遇到的问题不止这两个，只不过它们比较普遍、比较重要就是了。

参考文献

1. 吴启仁. 谈成人教师的角色. 现代教育报，2008 年 5 月 10 日第二版

2. 晓廷. 学会学习. 门头沟教育，2007 年第六期

3. 评论员. 全民学习 终身学习. 人民日报，2008 年 6 月 3 日理论版

依托远程教育　大力发展农村(社区)教育

孙树良　北京市门头沟农广校

摘要　随着电脑、网络已经逐步普及到人们的日常生活中,以网络技术为核心的现代远程教育,在高等学历教育、中小学普及教育等领域发展迅猛。但是,教学网络主要覆盖于大中城市。在北京,尽管农村网络基础设施建设日渐完善,但普及率仍远远落后于城区。本文根据门头沟区经济、地理、教育等方面现状,分析了本区农村远程教育的劣势、优势以及发展方向。

关键词　远程教育　农村教育

北京门头沟区,地处京西,总面积 1 455 平方公里,其中山区面积占 98.5%,下辖 9 个乡镇,189 个行政村,总人口 23.81 万(不含外来人口),其中农业人口 8.69 万。地形特点和人口构成决定了我区农业以特色农业为主,其中种植业特色最为明显。但是,目前农业生产是以家庭为生产单位的自然经济为主,集约化、规模化程度不高。门头沟区距市中心 25 公里,交通便捷,依托首都的科技、教育、信息、人才资源等优势,大力发展农村教育得天独厚。

北京市"十一五"规划以来,提高农业产值,改善农村环境,增加农民收入,缩小城乡差距,构建社会主义和谐社会,一直是我区努力发展的方向。近年来,区委、区政府开展社会主义新农村建设,对农村各项事业的发展加大了扶持力度。科技兴农是改变农村面貌的根本途径。因此,如何开展农村教育、提高农村劳动力的综合素质,始终是我区经济社会发展面临的重要任务之一。

随着科技的进步、经济的发展,电脑、网络已经逐步普及到人们的日常生活中。以网络技术为核心的现代远程教育诞生以来,在高等学历教育、中小学普及教育等领域发展迅猛。但是,教学网络主要覆盖于大中城市。在北京,尽管农村网络基础设施建设日渐完善,但普及率仍远远落后于城区。尤其是在山区农村,数字化信息服务还很薄弱,互联网使用率很低,在北京市 330 余万网络用户中,农村人口比例很小,尚不足 5 万人。目前,我区虽然做到了"村村通电话、乡乡能上网",但是网络使用率还远远达不到城市的使用率水平。目前,一块黑板、一支粉笔、一名教师,传统的教学方式仍然是教学的主要手段。电视、广播、书刊、报纸作为人们获取信息、知识的途径还发挥着重要的作用。

自2000年"北京市农村远程信息服务工程中心"成立以来,我区先后在区科委、成教中心、各乡镇政府以及部分行政村建立了农村远程教育站点和多媒体教室,为农村远程教育搭建了一个相对完善的平台,随后区教委又在部分近十余个村配备了电脑与远程接收设备。与其他传统教育手段相比,农村远程教育具备诸多优势,大力发展农村(社区)远程教育理应是我区农村教育事业发展的首要途径。

自从2002年我中心农村远程教育站点成立以来,门头沟农广校结合农村学历教育和各类培训,借助接收到的远程农业教育节目、教学课件,先后多次到部分乡村组织农民进行农业科技知识培训活动,在组织、教学过程中也发现了不少问题,例如:

1. 我区农业主要以果树栽培为主,每个乡镇都有自己的强势项目,但是种植品种过于繁多,种植结构多样化,这就造成了技术要求多样化与规模培训专业化、单一化之间的矛盾。

2. 我区辖地面积大,以深山区为主,镇与镇、村与村,甚至户与户之间的距离较远,交通不够便利,这就造成了组织农民规模化培训与农民参加培训个性化之间的矛盾。

3. 农村从事农业劳动的人员结构老化严重,主要以老人、妇女为主,受教育程度较低,接受新鲜事物的能力较差,更多人喜欢的是直观的、深入田间地头的技术指导。

农村的远程学习者对于远程教育这种开放式的教学方法的使用,在主观认识上和客观实践上存在着一定的矛盾性:一方面,他们看到了利用现代远程教育技术手段进行自我学习的便利性,另一方面,在实际学习中,又在某种程度上,存在着对学校传统教育手段中"面授辅导"的依恋心理。换句话说,在主观心理动机上,学习者对多媒体教学是乐于接收的,但实际上,由于经济条件、自身素质以及工学矛盾等诸多因素的限制,他们对收看录像节目、上网学习又有着一种天然的"恐惧"心理,反而对"面授辅导"更感兴趣,更感亲近。这又在一定程度上制约了远程教育的推广和发展。

4. 在组织培训的过程中,存在培训内容的针对性、时效性和实用性不强,培训者与受培训者的信息交流不畅,这些因素的存在,使农村培训在实施过程中遇到不少障碍。

如何解决以上的问题,充分发挥远程教育在时空和资源利用上的明显优势,使远程教育更好地服务于农业、农村、农民,在建设社会主义新农村中发挥重要的作用呢?我们认为,要充分利用多种教育手段辅助远程教学;注重教育信息的交流;转变规模培训理念,突出个性化服务;大力推广远程教育,逐步提高农民的思想文化素质，具体构想如下：

(1)在农村学历教育中，充分利用远程教育资源，做好农村的学历教育工作。面向基层办学，办农民满意的学校一直是我们办学的宗旨。从2005年开始，我们已经把中专班办到了村里，在镇、村建立了多个教学点，开办了17个中专班，专业涵盖了种植、养殖、经济类、服务类等。中专班的开办，极大地方便了农民学习。在教学过程中，我们尽量减少面授辅导，注重多媒体、远程教育等多种教学手段的应用；在课下强调自主学习，将相关的网站，网络学习资源，以及相关教师的网络联系方式告知学员。

(2)注重培养学习带头人，发挥榜样的示范作用。相对来说，以往的教育培训比较注重教学规模，但是，大规模培训取得的效果并不好。从培训的适应性、针对性和实效性角度考虑，培训的规模要依据培训的内容而定。例如，时效性较强的、涉及政策法规知识普及或主导产业介绍等方面的培训，可以扩大培训规模。在授课方法上，可以请相关专家进行专题讲座和现场指导、答疑。在新农村建设过程中，培训带头人、领路人是非常重要的，因为，这种人受教育程度高，文化基础好，思维开阔，易于接受新知识、新观念，吸收能力强，具有一定的开拓创新能力和影响力。针对这一类人，我们要根据他的个性需要，及时向其传授最新的农业科技信息，农村政策法规，以及其他相关信息和知识，并长期与他们保持紧密沟通联系，经常进行互动交流，使其成为远程教育的典型受益者，成为身边人的榜样，带动其他人，促使周围人群对信息和知识的需求，逐步强化农民对新知识的接受能力。

(3)加强信息互动交流，提倡资源共享。培训过程中，要特别注意培训对象的需求，避免培训内容与培训对象需求之间的矛盾。多与培训对象沟通交流，及时搜集培训需求信息是科学培训的有效途径。具体的做法是：可以采取学员联系卡、电话、网络、教育专干等多种方式、手段与农民群众保持密切联系，及时得到第一手信息。此外，开办培训班之前可做前期的培训需求调查，摸清培训对象急需哪些方面的知识，紧紧围绕培训需求开办培训班次，从而增强培训的实效性。

教育培训资源共享是提高资源利用率的有效途径。就目前我区的农村远程教育信息网来说，每周都有十余个教学课件，三场专家讲座等教学资料，这样的承载量对于任何一个站点来说都不轻松。因此，远程教学站点工作的合理安排就显得非常重要。每个站点在下载相关资料后，需要定期制作下载目录，然后交由某一部门整理汇总，从而形成一个较为完整的农业信息数据库。最后将相关信息以一种合理可行的方式再反馈到各个站点，从而形成一个资源共享的循环过程，充分利用教育资源，达到资源共享的目的。

(4)实现远程网络教学、书刊资料和专家授课教育方式的自由组合。从目前我区实际情况来看，要真正全面推广远程网络教育还需要一定时期的实践探索，加大远程网络教育的普及推广是我们今后工作的一个重点。为弥补远程教育的不足，在教育培训过程中，要充分发挥书籍、报刊文字资料、音频、视频资料在传播思想文化知识、传递科技信息上的重要功能。同时，一些有关主导产业知识的培训，可以聘请相关专家现场指导，从而达到更方便、更快捷地为培训对象提供优质服务的目的。

总之，在我区经济快速发展的形势下，大力发展农村(社区)教育势在必行。远程教育在充分发挥自身优势的同时，也应不断地发展完善。在实施过程中，需要进行科学安排，有不断满足培训对象需求的教学内容，真正体现出远程教育的实效性；需要整合教育培训资源，形成多种教育资源的优势互补；需要探索科学有效的培训方式、方法，切实提高农村远程教育的培训质量，改进培训效果。要紧紧围绕我区“十一五”规划提出的“提高农业产值，改善农村环境，增加农民收入，缩小城乡差距，构建和谐社会”的发展目标，构建我区农村远程教育体系，大力发展农村教育，为我区农村经济社会发展培训更多的实用型农业科技人才。

参考文献

1. 李少元. 农村教育论[M]. 江苏教育出版社，2000
2. 杨改学，俞树煜，等. 现代远程教育[M]. 国防工业出版社，2003
3. 祝智庭. 网络教育应用教程[M]. 北京师范大学出版社，2001
4. 王德海，等. 现代培训的理论与方法[M]. 中国农业出版社，1997
5. 黄清云. 国外远程教育的发展与研究[M]. 上海世纪出版集团，2000
6. 高志敏，等. 成人教育心理学[M]. 上海科技教育出版社，1997

北京历史文化教学新尝试

侯淑兰　北京市延庆农广校

摘要　《北京历史文化》对于我来说是一门新的学科，是一项崭新的事业，也是一次新的挑战。面对相同的学生，而我要改变专业，就需要付出几倍的功夫，去探索更好的教学方法，是完成教学计划的需要，是课改的需要，也是培养现代社会人才的需要。在教学中，我结合学生及课本的实际情况，进行了新的教学尝试，稳步完成了教育、教学计划，顺利完成了任务，同时收到了意想不到的效果。使同学们既学到了历史知识，又得到了多方面能力的培养与提高。

关键词　历史文化　教学　尝试

今年我担任的是《北京历史文化》学科，刚接触到这一学科，有些茫然，不知如何是好，但为了完成教学计划，提高学生各方面的素质，发挥学生的创造力，培养学生的各方面的能力，也做了一些尝试。

一、在线观看，图文并茂，激发学生对历史的兴趣

让历史学家讲历史是一件很有兴趣的事情，但是对于我这个半路出家的老师来说有一定的难度，用我们延庆的土语讲：我是现学现卖。也就是说：我自己先阅读课本自学，看"在线观看"，然后再给同学们讲课，我再怎么添枝加叶也觉得课上得淡瓜无味，同学们的反应是蔫头耷脑。后来我恍然大悟，为何不充分利用班内的多媒体设施，让学生们自己看视频呢。于是乎，我采用了学生看视频，在适当的时候提出问题。这样在线中那教授抑扬顿挫的声音，图文并茂的视觉，让同学们大开眼界，使他们在不同的环境下了解了历史，不论是视觉、听觉都是焕然一新；另外还了解了课本上没有的很多东西，丰富了自己的内涵；在课堂上再也看不到同学们的萎靡不振的样子，取而代之的而是聚精会神地听课，滔滔不绝的谈论。

二、阅读历史课外书，讲历史小故事，提高能力

只让他们一味的"在线观看"不能满足他们的要求，因为无论是男女老幼都不会永远做一件事情，燕窝鱼翅好吃，每天都吃，时间长了，再香甜的东西也会变得没有滋味，那怎么办呢？只能是给他们变变口味了。

现实生活中我们的学生马上面临的是找工作面试，那么就需要有较宽的知识面及很好的表达能力。一方面我为了配合历史课程的学习，一方面为了增加学生的知识面，另一方面作为班主任还有义务训练学生的口才，提高学生语言表达能力，所以我采取了一个活动：阅读历史课外书，讲历史小故事。

现在的学生课外的兴趣很广泛，许多学生都喜欢看课外读物，借此机会，我鼓励同学多读历史书籍，同时每节课安排同学们把历史故事讲给大家听，最后评出历史"故事之星"，看谁讲得最多最好。布置完这项任务之后，同学们都踊跃参加到读书活动中。例如：在讲到《北京的城墙和城门》的时候，学生会看〔瑞典〕奥斯伍尔德·喜仁龙著的《北京的城墙和城门》，给我们讲关于黄城墙根的故事；在讲到《北京的四合院和胡同》时，同学们会看《北京地名漫谈》、《北京街巷地名趣谈》等书籍，会给我们讲四合院里发生的故事，及书中所涉及的地名及胡同名字由来的小故事，让我们知道为什么叫猫儿眼胡同，为什么叫王广福斜街；讲到老北京的社会生活，同学们就看《旧都三百六十行》、《老北京的生活》、《老北京的吃喝》，通过看书，并能声闻并茂的把故事讲给同学们听，使得同学们都知道了老北京的衣、食、住、行，乃至以此为生的各行各业；还知道了现在陈列在颐和园的慈禧坐的第一辆车可以称得上是中国的第一辆奔驰，价值连城；在讲到《迈上五朝帝都的丹墀》一章时，同学们会想到了《杨家将》、《岳飞传》，那可是我们小时喜欢听的评书阿，现在让同学们讲出来也有声有色，不亚于单田芳、刘兰芳；课外书能学到许多课本上学不到的知识，开阔了同学们的视野，培养了兴趣。通过讲故事，学生们也锻炼了自己的表达能力、为人处世及观察的能力。通过这项活动，同学们的各方面的能力都得到了很好的训练与提高。

三、让学生参与教学，让历史贴近现实

作为历史，又是北京历史，作为北京一分子，我们学生应该参与到教学中来，让历史教学更贴近现实。我以此为契机，对我的历史教学作了进一步的尝试：让学生参与教学，从组织课堂讨论开始。在讲到第十四讲《回望 20 世纪北京五大风云人物》时我要求学生选择与课本内容有关的题目，自己看课本、看课外书、上网找材料，再到课堂上演讲。学生讲的题目与课文内容有关，但又超出课本的范围，这无疑对提高学生的学习能力大有好处。学生们一致认为，这样的课很新颖，学到了许多课本上没有的知识。例如讲到我们的领袖毛泽东时，对于现在大多数同学都已经淡化了对他老人家的印象，他们当中有人根本就不知道毛主席是谁，通过本次活动，同学们大量的搜集关于毛主席的资料，使大家深切感受到毛主席这位伟大的无产阶级革命家过人的胆识、博大的胸怀，机智巧妙的斗争艺术，以及他那高大潇洒

的形象、迷人的魅力和丰彩。通过本次活动，大家一致认为这样的课生动活泼，把课本的知识学活了，真切地感觉到历史贴近了现实。让学生参与教学，取得了良好的效果，进一步引发了同学们的参与意识。通过本次活动，学生们能平等地讨论问题，能自由发表意见，这样更密切了师生之间的关系。

四、加强延庆乡土史的教学，提高学生各方面的素养

北京是我们伟大祖国的首都，是我们远古祖先的故乡，也是世界文明发祥地之一。而延庆是我们的家园，是生我们养育我们的母亲，对学生进行延庆乡土史的教育，在提高学生素质方面起到了积极作用。作为北京历史文化主要内容，例如，原始社会的“北京人”、“山顶洞人”、元大都和明清的北京城等等，还有属于新石器时期的北京平谷县上宅遗址、北京城的起源——商周时期燕国都城房山县琉璃河遗址、战国时期燕昭王的改革等等，这些都体现了北京史在祖国历史中的地位。那作为北京的一个县延庆也有许多历史遗迹，如张山营的古崖居遗址，也体现出了在历史上的作用。在讲“掀起北京历史第一页的先民们”的过程中，我让学生们从报纸杂志中或在网上收集有关资料，了解古崖居是怎么样的一个地方。再讲到北京湾里诞生的最早国家和城市时，让同学知道书中所提到的上古就是我们现在的延庆，让同学查资料看看上古的由来及变迁，了解延庆的历史。结合网上作业，让同学们写一篇关于旅游名胜古迹的文章，大家可以身临其境去体会，或上网查看资料，在特定的时间内，学生充分准备并很好地完成了作业。这样，学生就能够把课本知识和形象的历史文物结合起来，真切地体会到历史就在自己身边。我们相信，这对“培养学生具有强烈的民族自豪感、自尊心和自信心，具有牢固的爱国主义思想”有重要的意义。

我对历史教学的方式、方法进行了一些改革尝试，取得了较好的效果，受到了学生们的欢迎。我认为这一切仅仅是开始，不少问题还有待深入探讨。比如，让学生参与教学，补充了不少课外新鲜的知识，但课堂时间不够怎么办？在现有情况下，我们的主要任务是怎么样把教学质量及学生的学习能力得以提高。曾经有教育学者提出：学生能看懂的东西不必讲，每节课都留时间让学生自己讨论。听了他们的说法感觉不错，很受启发，但自己做起来却很难，总不放心，不管什么问题，都得讲到讲全，面面俱到，其实这样适得其反，遭到学生的反感。对于我来说需要观念的转变，要不断冲破习惯势力的束缚。我要继续努力，发扬开拓、创新和改革的精神，使自己的教育、教学水平有更大的提高，使学生的历史素养和全身心的素质有较大的提高。

参考文献

1. 罗哲文. 北京历史文化. 北京大学出版社,2004
2. 阎崇年. 中国古都 北京. 中国民生法制出版社,2008
3. 萧乾. 老北京的小胡同. 上海三联书店,2007
4. 马炳坚. 北京四合院建筑. 天津大学出版社,2004

把学生“激”上讲台

——浅议如何促进学生自主进行专业创新教育

郑江霞　北京市延庆农广校

摘要　21 世纪社会需要的人才不应只是“出现了问题才解决”，更应该是“主动地发现问题并加以解决”。为了培养他们强烈的竞争意识，我为这些学生精心设计了“课前展示制度”。我在课下单独给一些同学布置一些适于发挥其特长的专业小制作作业。然后请大家分析各种优点，这样同学的自卑心理一扫而光。活动后我反其道而行之，特意制作了一些不成熟的半成品，专门设计一些漏洞，请他们分组讨论，设计解决方案，最终全班集体评议，评出最佳方案，选出“最佳创意者”。这样一来在学生中既形成了一个“探究动力场”又形成了一个“创新动力场”。事实证明：学生的各种方案完全超出老师预想的目标，真正达到了职业教学中“青出于蓝而胜于蓝”的境界。使他们不断被鼓舞着，不断激励着……学生超越自我、超越老师、超越书本的热情被完全激发出来了。

关键词　促进　学生　专业创新　教育

问题意识是推动人类社会发展的动力，是人与生俱来的本能，敢于质疑、善于质疑，这是创新精神的发展的基点。但是经过传统教育的打磨，学生的这种本能正在逐渐消失，他们习惯了“教师问，学生答”的模式，只会回答问题，不会提出问题。但是，教育是要有目的地发展人、完善人，使学生具有创造生活、改造社会的能力，21 世纪社会需要的人才不应只是“出现了问题才解决”，更应该是“主动的发现问题并加以解决”。

从教多年来我一直工作在服务专业教学第一线，所教学生都是在中考名落孙山的农村孩子，相对于普高学生他们的学习基础和学习积极性都较差。如何转变学生学习态度，在他们心中建立正确服务专业的形象，再次点燃他们求学的渴望，这是我在当时考虑最多的事情。

没有调查研究就没有发言权。要想找到适合学生实际情况的教学方式，就要先了解每一个学生的具体情况，为了能找到一种合适的激励手段，我仔细地翻看了每一个学生的档案，走访学生的家长，与学生聊天，甚至向他们的初中老师了解情况。经过初步的摸底之后，我意识到这是一群很有进取心的学生，竞争意识也较强。但是由于刚刚进入了一个陌生的环境，还没有找到自身合适的定位，没有明确的奋斗目标，因此有些茫然而不知所措。

为了培养他们强烈的竞争意识，我为这些学生精心设计了“课前展示制度”。具体做法是：我在每节课前留出两三分钟，按照学号的顺序，请一位学生到讲台前展示技能，如：礼仪表演、餐巾折花。起初，这些学生都有些胆怯，而且对这种形式比较陌生，不知道该如何准备，应该选什么样的技能，应该如何把自己的最美丽的一面展示给其他同学，应该如何面对其他同学的考验……学生们一筹莫展。

为了能使活动顺利展开，我帮助最先准备展示的几个学生找好内容，并让他们利用课余时间在空教室里先给我表演一遍，给他们指出不足之处，帮助学生适应站在讲台前的感觉。树立了典范，也就刺激了其他学生，没上台的学生主动向已经成功的学生请教，并在心底里产生了要做“最优秀展示者”的愿望。就这样，每一个学生都被“逼”上了讲台，技能的水平也是长江后浪推前浪，一浪更比一浪高。一轮过去之后，学生积极性被完全调动起来了，学生渐渐不再满足于课前的两三分钟，选择技能的难度也逐步加大，从一开始找“我会的”、“好展示的”、“抓来一个就行”，到结合课堂教学、与教学内容配套相关的，再到能展现专业教学思想的、能代表个人才能和水平的项目。教师的及时鼓励极大地激发了学生的热情，他们的展示时间开始加长，竞争更加激烈。学生自发地、甚至抢着上台展示，“学号”的规定也早就被学生扔到了脑后，不起作用了。

兴趣是最好的老师，兴趣是自主学习的动力，当学生对服务专业课产生了浓厚的兴趣之后，他们就会采用各种方式来表达自己对其的喜爱。例如：新年到了，当其他班学生们都在忙着采购五颜六色的气球、拉花等时，这个班的学生们都在设计自己独特的、象征意义新奇的口布花（“友谊花环”：希望同学们的友谊地久天长；圣诞火鸡：祝大家鸡年吉祥；“丰收鱼”：祝全班同学学业丰收……）有的甚至可以说是精致的工艺品了，为此，我专门制作了品种齐全、琳琅满目的“小展柜”。每当新生入学时，我都会将珍贵的小展柜搬到讲台前，此时在座的每位学生都流露出既惊讶又羡慕的眼神。这时我便顺水推舟的告诉他们，其实你们只要刻苦钻研、勇于创新，不出半年你们就完全可以达到同等水平，甚至完成地更好。那时，这里展示的作品就将被你们取而代之。但是，仍然有个别动手能力较弱的同学，由于自卑心理作怪，不敢积极请教，主动参与，使其自信心更加失落。如何解决这些学生“初学不适症”呢？困惑之中突然我想到画家艾菲罗的成长故事。我们是不是可以学学艾菲罗第二次做法，让我们的学生能充满自信地向着自己的人生目标进军。也许，更多的艾菲罗会在自己的教室里出现。

所以我精心的准备了以下环节：首先，我在课下单独给上述同学布置一些适于发挥其特长的专业小制作作业。课余饭后，我们一起巧妙构思，一起精心制作。任务完成之后，我在每节课前都隆重推出这些被冠以我的名义的作品，请大家分析各种优点。几节课下来后，不明真相的学生们纷纷对小制作赞不绝口。这时，我才把真正谜底揭开。这样一来上述学生的自卑心理一扫而光，取而代之的是强烈的表现欲望。同时这也对其他同学产生了积极的影响：只要努力，就一定可以得到其他人的认可。

其次，为了鼓励学生敢于创新，培养他们敢于质疑、善于质疑学习思路，上述活动后我反其道而行之，特意制作了一些不成熟的半成品，专门设计一些漏洞，请他们分组讨论，设计解决方案，最终全班集体评议，评出最佳方案，选出“最佳创意者”。这样一来在学生中既形成了一个“探究动力场”又形成了一个“创新动力场”。事实证明：学生的各种方案完全超出老师预想的目标，真正达到了职业教学中“青出于蓝而胜于蓝”的境界。

上述活动后，学生心理上的满足感和自豪感是单纯的说教难以带来的，无论是考试中高分还是家长的鼓励，都无法与同伴的认可相提并论。这使他们不断被鼓舞着，被激励着……学生超越自我、超越老师、超越书本的热情被完全激发出来了。

多年的实践探索，我们逐步形成了师生互动、生生互动的课堂气氛，学生接受、喜欢这一形式，他们爱上服务专业课，觉着这门课轻松，有趣。有自己的创意、展示了自我，使他们有学习的成就感。

也曾有人对我说，“照这样下去你还怎么控制这些学生啊？”这样的担心和焦虑我也曾产生过，但是教育的目的是培养人，而不是控制人，也许把学生控制在自己的掌握之中，短时间内会有一定的效果，但是从长远来看会极大地束缚学生的发展。所谓“以人为本”，就是要把学生的发展放在第一位，凡是能够促进学生发展的方法，即使对教师的要求再高，也值得我们去尝试。实践证明，每一个学生中都蕴藏着巨大的学习热情和积极性，只要教师能够摆正自身的位置，甘心做好教学活动中的引导者，给学生留出发展的空间、自主的天地，就能够激发出学生身上的巨大潜能。在这个过程中，学生也就必然会摆脱对教师的依赖，养成自主的学习习惯，为其今后的发展积蓄力量，为终身学习打下坚实的基础。因此，我们要在职教教学中大胆的展开创新活动，将学生“激”上讲台。为他们今后的长足发展打下坚实基础。

参考文献

1. 餐饮服务与管理
2. 班主任. 杂志(2004.11)
3. 北京教育丛书
4. 教师职业道德修养

浅谈农民教学中应遵循的规律

王玉芹　北京市平谷农广校

摘要　文章首先讲述了对农民培训教育的重要性，然后从文化水平、年龄结构、经济收入和心理素质等几个方面介绍了农民学员的特点，最后从①坚持以需为本改变教学内容②坚持以提高实践能力为目标③坚持教学内容与学员文化程度相适应的原则④坚持教学内容与当地经济发展相结合的原则⑤坚持培养学员创新能力的原则⑥坚持知识技能培训与思想道德教育相结合的原则六个方面论述了农民培训教育工作应遵循的方法和规律。

关键词　农民　教学　规律

农民教育是成人教育的重要组成部分。国家实施科教兴农战略，根本在于发展教育，提高农民素质，依靠科技进步，振兴农业。如何根据农民的特点，采取直接有效的教学方式方法，遵循其教学规律，值得深入探索。

一、农民学员的主要特点

农广校学员都是农民，他们是直接从事农业生产的劳动者。只有认识和把握农民学员的特点，才能有针对性地开展教学。与普通学校的学生相比，农民学员具有明显特点。

(一)文化水平偏低，年龄结构参差不齐

大部分农民学员只具有初中以下文化程度，而且年龄差距也较大，年龄偏大的居多，这是教学的不利因素。据 2006 年人口普查统计，我区 273 个行政村 86 034 个农户，共有农村劳动力 138 193 人。大专及以上 1.1%，中专、高中 18.3%，初中及以下 80.6%。我对金海湖镇东上营村的文化学历进行了调查：100 人中，初中以下文化的占 94%，高中以上的只占 5%；年龄结构 40 岁以上的占 60%。40 岁以下的占 40%。

(二)经济水平偏低

农民收入有农业收入和非农业收入。非农业收入在农民收入增长中占的比重逐步提高。

改革开放初期 1979—1984 年农民年均收入增长 15.6%，1985—2000 年农民

年均增收3.8%。2005年,我曾经对平谷区所去的北独乐河村了解他们经济收入情况是一般都4口之家算家长一般都5口人,全年收入8 000～10 000元人民币,是代表户,多数都在这个水平。农民普遍文化素质偏低是制约农民增收的主要原因。这是农民教育工作者应该关注和思考的问题,我们教学的目的就是间接或直接为农民增收服务。

(三)农民学员具有心理和思想的成熟性

农民学员都是成人,善于观察理解、分析、比较和思考,能够发现新问题,并有自己的见解,农民勤劳朴实,有明确的理想。在教学中要充分利用这一优势。

二、农民教师在教学中应该注意的方法和规律

(一)以需求为本位,改变教学内容

农广校的课要想取得好的教学效果,应打破传统的科学教学体系突出教育的职业性、实践性,教学内容以提高农民素质为核心。结合当地农业和农村实际需要确立教学内容。首先把教学内容切入到当地经济发展的热点中去,其次把教学内容落实到农民致富热点中去。如在我校石林峡的旅游管理中专班,地处黄松峪水库岸边,临近旅游景点多,村民服务水平和质量亟待提高,在教学中,旅游淡季讲理论知识,旅游旺季则开展实践实习活动,指导景区管理、服务人员进行现场教学。全村45户有49人参加了学习,通过培训提高了从业人员的素质,2007年每户年收入达10万元以上,帮助了农民增收致富。

(二)以提高实践能力为目标

实践是检验真理的唯一标准,只有经过试验、实习才能使学员的知识转化为实际操作技能。我区以农业生产为主,果品和蔬菜生产是我区农业经济支柱产业,有"中国桃乡"之称,是全国果品百强区之一和首都蔬菜生产的菜篮子。如在果树教学中,应该多在树下讲课,少在黑板上讲课,并抓住果树生长的关键时期,在果农们的田间地头现场讲解果树的管理技术。

(三)教学内容与学员文化程度相适应的原则

教师在培训之前要研究学生,了解学生的知识水平,使所讲的内容适合学员的文化水平。确定教学内容力求通俗易懂,便于接受。如果理论知识过多,一些农民朋友听不懂得名词术语,课堂气氛难以活跃,学员接受效果就会较差。教学时一定要深入浅出,把高深的理论通俗化、现实化、身边化。如我校2006年春季在大溶洞景区举办了两期160人的培训班,景区逐步实现管理制度化、科学化,收效明显,上半年总收入达357万元,和上一年同比增长了77万元,增长率为27.8%。

(四)坚持教学内容与当地经济发展相结合的原则

农村是广阔的天地,各有个的特点,选取教学内容一定要考虑地区特点,根据

农村经济发展需要，选准主攻方向，选好切入点，抓住培训重点，逐步形成“一乡一业，一村一品”新教学。如在我区开展南蔬北果的培训，同是果树的乡镇在北寨村以红杏为主，在水峪村以大枣为主。在培训中以打造品牌优势为重点，讲授杏树枣树的管理技术，引导果农发展休闲观光农业，2007 年新增民俗旅游接待户 50 余家，人均果品增收 5 000 多元。

（五）坚持培养学员创新能力的原则

农民一般都有自己的实际经验和体会，有时候很难改变他们的认识，教师应该帮助他们打破思想束缚，勇于接受新知识，培养创新能力。创新是一个民族生存、发展与进步的灵魂，是民族兴旺的动力。开展创新教育、培养创新精神、提高学员素质，是所有教学都要研究的重大课题，农民培训更要重视这一点。2007 年初我校建成了北京市首批特色农业科技培训示范基地，培训中充分发挥了基地教育培训、科研开发、技术推广作用，召开新品种大型现场会，南独乐河镇 32 户菜农积极依托基地高标准大棚育杭椒、西兰花苗 37 万株，直接经济收入每户达六七千元。

（六）坚持知识技能培训与思想道德教育相结合的原则

纵观现今社会，物质文明极大发展，但人们的道德观念有所下降。帮助农民树立正确的人生观、价值观，使他们具备良好的道德修养，这也是教学的一个方面。例如有一部分学员对前途比较悲观，在计算机培训中就对他们提出：应该多了解一些党的政策，明白我们国家的规划和发展方向，再过 10 年，大部分农村也会有退休养老；在过 20 年机器人时代有可能来临，人的体力劳动会更少，社会所需要的劳动力也会减少，但那时候我们会有失业救济金以及现在知识和技能的储备都还是我们正常生活的保障；再过 200 年我们有可能进入共产主义社会，这样可以让农民对社会的未来充满信心，对自己的生活充满信心和爱心，从而激发农民的求知欲。

综上所述，做农民培训教育工作的教师，就必须掌握农民的特点，了解党和政府的各项具体的惠民政策，具有一定的专业知识技能，并遵循教育规律，才能收到较好的培训效果，成为一名优秀的农民教师，为农村这片广阔的天地贡献自己的一份力量。

参考文献

1. 李水山. 新时期我国农民教育的特点及其规律. 高等农业教育网

2. 北京市人民政府教育督导室. 关于北京市郊区县开展农民教育培训情况的调研报告

3. 朱启臻. 中国农民职业技术教育研究. 中国农业出版社，2003

加强师资队伍建设 大力开展农民中专学历教育

张秋伶　北京市平谷农广校

摘要　平谷区农广校认真贯彻落实北京市教委农村百万中专生计划，提升农民文化素质，结合平谷区的产业结构调整，大力开展农民中专学历教育，教学班办到乡镇、村，办学范围遍及全区各乡镇。我校积极探索适合农民中专学历教育的教学方法，结合农民中专的特点，加强教师队伍建设，创建了一支学习型、创新型、服务型、学者型的教师队伍，保障了农民中专学历教育的有效开展。

关键词　师资队伍　建设　农民　学历　教育

平谷区农广校认真贯彻落实北京市教委农村百万中专生计划，结合平谷区的产业结构调整，坚持以市场需求为导向，积极发挥农广校培训农民、教育农民、提高农民的作用。已招收农民中专学历教育在籍生 1 600 人，其中 2006—2007 学年度注册中专学历新生 730 人，2007—2008 学年度注册中专学历新生 870 人，开设蔬菜、果树、会计、计算机、物流管理、民俗旅游等六个专业，24 个教学班，办学范围遍及全区 16 个乡镇。

平谷区农广校积极探索适应农民特点的教育教学规律，加强师资队伍建设，创建了一支学习型、创新型、服务型、学者型的教师队伍，保障了农民中专学历教育的有效开展。

一、创建了学习型的教师队伍

平谷区农广校坚持组织教师学习教育理论及专业知识。学习有组织、有计划、有评比，双周组织教师学习现代教育的思想和理念、学习农民教育的特点、学习农业部、中央农广校有关农民教育的政策等文件，学期末上交学习笔记；继续教育组织教师学习计算机多媒体在教学中的应用，组织教师学习制作课件，每学期组织课件评比、教学评优活动，极大地促进了教师学习的积极性。

平谷区农广校鼓励教师撰写教育教学论文，每年对发表和获奖论文给予奖励。广大一线教师不断总结教学经验，积极撰写教育教学论文。张秋伶老师撰写的《提升农民文化素质，满足农民文化需求》、李素伶老师的《有效开展农民中专学历教学的几点体会》等论文发表在《农业广播电视教育报》和《农业职业教育》等市级以上刊物上。2005—2008 年 7 月年平谷区农广校教师在各级各类刊物上发表论文 18 篇，获奖文章 6 篇。

平谷区农广校鼓励教师一专多能、鼓励教师争当复合型教师，在时间和资金上给予支持。教师积极学习相关专业知识、时代的前沿知识、社会关注的热点话题等，不断"充电"。有的采取自学形式，到图书馆或上网查阅资料，深入乡镇实际调研，广泛搜集和整理第一手教学资料；有的坐进课堂学习，取得第二个、第三个学历，具有多专业的专业知识，是复合型教师。赵来友老师既是果树专业教师又是政法专业教师；白金慧、李素伶既是蔬菜专业教师又是思想政治专业教师；蔬菜专业本科毕业的刘学宁老师今年又申请学习会计专业，对农民教育事业的热爱、对知识的永不满足，是教师不断学习的源泉。目前，复合型的教师占全体教师的 50% 以上。

二、创建了教学创新型的教师队伍

平谷区农广校针对农民中专学员的特点，根据学员需求在授课地点、授课时间、教学形式的教学安排上体现农民中专学员的特色，适应农民中专的教学。

（一）教学地点采取"室内＋室外"

华山和刘店是两个果树大镇，家家户户有果树，果品收入是每一户的主要经济来源，我们分别在华山、刘店办了果树专业中专班，每一户的当家人、明白人参加了果树班的学习。基础课、文化课在室内上，专业课到田间、树下讲授。果树修剪方法及应用、不同树龄的修剪特点及修剪反应、果树病害、虫害识别及方法，教师在田间、树下讲解原理，有实物、有对照，生动、形象，易理解，易掌握。赵来友老师教这两班《果树栽培》课、周秀萍老师教《果树病虫害防治》课，这二位教师夏天头顶烈日、冬天冒着严寒，顶风冒雪，在田间、树下给学员上课，学员经过学习，不仅掌握了系统的理论知识，而且提高了管理果树的技能。这种上课形式很受农民中专学员的欢迎。

（二）教学形式采取"半脱产＋业余"

平谷区首届种菜技术骨干学历教育提升中专班 90 名学员，他们遍布全区 16 个乡镇，有的要跑几十里路到县城上课，为方便学员生产学习两不误，我们每月前两周集中上课，其余时间让学员业余学习，这种做法受到了学员们的欢迎。学员集中上课，教师一天上 8 节课，连续上 5 天，周课时达 40，教师专业知识娴熟，体力充沛，满足了学员集中学习的需求。

(三)授课时间采取"白天＋晚上"、"旺季＋淡季"

马昌营镇计算机专业的75名学员，一部分在乡镇企业上班，又很少有休息日，白天没时间参加听课，学校就决定分成两个班，一个班白天上课，另一个班晚上上课。特别是在乡镇企业上班的学员白天坚持上班，晚上7:00下班，连家也不回、饭也不吃就直奔镇成人学校参加学习，一直坚持到晚上10:00多钟才回家。他们的这种学习精神也感动了老师，老师更加充分备课，耐心讲解。李素伶老师教这两班《应用文基础》课，顾不上年幼的孩子和有病的公婆，上完课，送走学员，回到家里已是晚上十点多钟。像她这样的教师，还有许多，为了满足农民中专学员的学习，敢于创新。

黄松峪乡雕窝村是市级民俗旅游专业村，每户都有一名农广校旅游专业中专班学员，节假日忙于旅游接待没时间学习。学校对此采取了旅游旺季少上课甚至不上课，旅游淡季多上课的办法，做到"教学课时不减、教学内容不减"，学员也非常满意。

三、创建了服务型的教师队伍

平谷区农广校的试验示范基地建于2007年1月，占地50亩，建有高标准蔬菜大棚25栋，配有育苗床、保鲜库等相关设备。在北京市农林科学院蔬菜研究中心的技术支持和专家指导下，种有金丝芥、羽衣甘蓝、苔菜、番杏、彩椒等果蔬品种50多个。充分发挥基地集科研开发、技术推广、教育培训为一体的综合性作用。教师们通过亲自育苗、定植、浇水、施肥、管理、采摘，掌握了蔬菜种植的第一手资料，为课堂教学积累了丰富的实践内容。2007年5～6月，我们先后组织了160名蔬菜专业中专班学员参观实习，进行现场教学。2007年6月4日，区蔬菜中心又组织了10个乡镇种菜专业大户110余人，来到基地参观新品种萝卜天丽1号和天丽2号，学习蔬菜种植新技术，以便在全区推广，起到了"做给农民看、带领农民干、帮助农民赚"的作用。

教师为学员合理安排活茬，选择适宜的优良品种育苗，耐心指导生产管理的各环节，联系销售一体化的服务，教学与生产实践相结合的办学思路得到了领导的充分肯定，学员的欢迎。

蔬菜中专班学员韩素菊积极参加学习，带领西柏店村160余户菜农于2007年月成立了蔬菜种植协会，被村民推选为会长，大力发展有机蔬菜种植，她主动与三安生物科学研究院合作，订立购销合同，发展订单农业，为菜农解决产供销的难题。全村由31栋日光温室迅速发展为150栋高标准设施大棚，每棚收入由原来的1万元提高到2万元，预计全村今年底种菜收入可达230万元。在她的带领下村民走上了共同致富的路子。

四、创建了学者型的教师队伍

平谷区农广校教师积极发挥试验示范基地的作用，虚心向专家请教、积极参与生产过程、认真总结专业新知识、新技术，并撰写稿件，李素伶老师撰写的《日光温室春黄瓜化瓜原因及防治对策》一文发表在《蔬菜》刊物上，赵来友老师的《核桃夏季嫩枝改良型"方块"芽接技术》发表在《北方果树》刊物上，教师发表在市级以上刊物的专业文章8篇。农广校干部教师积极探索产、学、研一体化，形成了一支学者型的教师队伍。

蔬菜中专班学员王晓玲，结合自身实践系统学习了专业理论知识，提高了综合素质，成为了马昌营镇种植蘑菇的示范户，老百姓心目中的女能人，被推选为马昌营镇食用菌协会会长。她现有3个大棚种植蘑菇，年收入5万～6万元。她致富不忘乡亲们，带领本镇20余户从事蘑菇生产，被誉为"巾帼科技致富带头人"。她培育的香菇菌棒漂洋过海远销到了韩国，并应邀到韩国进行为期3个月的技术指导，多次受到各级政府部门的表彰。

农民中专学历教育，是提升农民文化素质的有效途径，只要我们齐心协力，不断总结经验，更新观念，开拓创新，一定会把农民中专学历教育工作做得更好。

参考文献

1. 许德海. 教育学原理
2. 唐士福. 农村成人教育学
3. 李水山. 农民教育创新
4. 张宝文. 新阶段中国农民教育战略思考

让“项目教学法”走进VB课堂

卢海艳　北京市延庆农广校

摘要　项目教学法突破传统的教学模式，通过示范项目、练习项目、实训项目的学习，学生能更好、更快地掌握所学知识，学习的积极性和主动性大大提高。项目教学法在增强学生的动手能力、思辨能力、探究能力、创新能力和社会能力的同时又能构建一个开放性、研究性的学习环境；并可使学生以足够的空间、按自己的方式去研究学习，同时又能培养一种良好的团队合作精神，从而体现以学生为中心、以学生的全面发展为中心的教育思想。

关键词　项目教学法　VB课堂

质量是学校教育的生命线，而教学模式的不断创新，是保持学校旺盛生命力的前提，因此以创新精神加快教学模式的改革是我们每一位教育工作者的神圣职责和使命。为了更好地扮演教师的角色，本人就项目教学法应用于《VB程序设计》课程教学中谈谈自己的体会和看法。

一、项目教学法的提出

项目教学法是在建构主义的指导下，以实际的工程项目为对象，先由教师对项目进行分解，并作适当的示范，然后让学生分组围绕各自的工程项目进行讨论、协作学习，最后以共同完成项目的情况来评价学生是否达到教学目的的一种教和学的模式。项目教学法糅合了当前三大教学法（探究教学法、任务驱动教学法与案例教学法）的特点，集中关注于某一学科的中心概念和原则，旨在把学生融入有意义的任务完成的过程中，让学生积极地学习、自主地进行知识的建构，以现实的学生生成的知识和培养起来的能力为最高成就目标。

二、项目教学法的教学设计

基于建构主义的项目教学法与传统的教学法相比，有很大的区别，主要表现在改变了传统的三个中心，由以教师为中心转变为以学生为中心，由以教材为中心转变为以“项目”为中心，由以课堂为中心转变为以实际经验为中心。

（一）项目教学法需遵守的原则

1. 以学生为中心，充分发挥教师的协助作用。

2. 项目的选取是学习的关键。

3. 创设学习的资源和协作学习的环境是教师最主要的工作。

4. 要以学生完成项目的情况来评价学生学习效果。

(二)项目教学法教学的具体步骤

根据项目教学的教法思路和教学设计原则，本人认为项目教学法教学的具体步骤有如下六步：

1. 情景设置：创设学生当前所学习的内容与现实情况基本相接近的情景环境，也就是说，把学生引入到需要通过某个知识点来解决现实问题的情景。

2. 操作示范：围绕当前学习的知识点，以便于学生“知识迁移”的要求，选择合适的小项目，并示范完成项目的过程。

3. 独立探索：让学生独立思考，对知识点进行理解，消化示范项目的解决要点，为解决练习项目打下基础。

4. 确定项目：小组通过调查、研究和讨论，并在教师的指导下确定具体的项目。

5. 协作学习：开展小组交流、讨论，组员分工协作，共同完成项目。

6. 学习评价：学生学习的效果直接由完成项目的情况来衡量，包括教师评价、学习小组评价和自评三部分。

三、项目教学法在《VB 程序设计》课程教学中的实践

(一)课程特点和教学分析

《VB 程序设计》是电大开放教育专科计算机信息管理和信息系统开发与维护专业的必修课，通过学习要求学生能够运用 VB 进行简单的应用程序设计，要求学生即要掌握一定的理论知识，又要具有一定的程序设计能力，为做毕业设计打好基础。

基于以上情况，我在教学中尝试应用项目教学法，以项目任务为教学单元，打破书本上原有界限，将各部分知识分解成一个个知识点，为了完成一个项目任务抽取每个部分的不同知识点加以组合。完成第一个项目任务就能清楚简单用户登录界面的设计，完成第二、三个……项目任务，就能独立模仿性地设计出自己的程序，使得学习过程是一个不断成功地完成基础任务的过程。当所有项目任务全部完成，运用 VB 进行简单的信息系统设计就能独立进行了。

(二)转变教学模式的具体过程

运用项目教学法，可以利用“示范项目”、“练习项目”、“实训项目”三级工程项目贯穿整个教学，即以项目作为教学的对象，以实际的任务来驱动学生的学习。具体的教学过程分为三大部分：

第一部分(示范项目入门)是让学生使用教师提供的示范项目,从应用者的角度来了解软件的功能,该部分的项目由教师选取,作为教师对知识点进行讲解的实例,所选取的项目必须简单和典型,便于学生对知识的迁移。

第二部分(练习项目巩固提高)是分组协作学习,各组在项目经理(组长)的组织下,研究确定本组的练习项目,在教师对示范项目各模块开发过程的演示下,针对本组练习项目开展研究讨论、分工协作,共同完成工程项目的系统分析、界面设计、程序编写、程序调试等工作。如通过设计一个小的文本编辑器,掌握菜单的设计方法,单选钮、复选框的使用技术。该部分的项目由学习小组讨论选择,教师指导审定,由于此实例作为学生初始学习的例子,所以也不宜太复杂。

第三部分(实训项目综合应用)通过全体学员共同完成实训项目来掌握一个具体的应用程序的研制过程,从而真正达到本课程的最终教学目标。这一部分的项目是让学生把各章节的知识综合在一起来理解和应用,如设计一个学生宿舍管理系统。该部分的项目由教师和学生共同讨论选定,全体学生共同完成,所选项目的完成难度系数可以比较高。

(三)教学反馈

在将项目教学法引入《VB 程序设计》课程之后,学生能真正理解该课程的学习目的和价值。通过让学生自我完成一些难度系数较小的项目有效地激发了学生的成就感,成功地调动学生的学习兴趣和主动性,再通过逐步地融入更多的知识点来加大项目的难度系数之后,学生对知识的理解和应用能力也大大提高。

综上所述,项目教学法突破了传统的教学模式,通过选取“工程项目”来创设“情景”,通过“协作学习”的方式开展学习,通过完成“工程项目”来达到“意义建构”,通过解决一些现实问题来实现学生对知识的掌握。该教学模式便于构建一个开放性的、研究性学习环境,给学生以足够的空间,允许学生形成自己的看法,按自己的方式去研究的同时又培养了一种良好的团队合作精神,充分体现了以学生为中心、以学生的全面发展为中心的教育思想。这种教学模式在计算机专业课的诸多实践性、应用性较强的课程中均可应用。

参考文献

1. 盛群力. 现代教学原理、策略与设计—现代教学理论与设计丛书. 浙江教育出版社,2006

2. 丁家永. 现代教育心理学. 广东高等教育出版社,2005

网络与传统教学方法结合实践精品教学方法探索

吴　磊　北京市延庆农广校

摘要　随着信息技术的普及和发展，网络教学应运而生，网络为师生创设了广阔自由的教学环境、提供了极其丰富的教学资源、拓展延伸了教学时空、丰富了师生互动方式，对教学观念、教学内容、教学手段的转变产生深远的影响，网络教学对传统教学发起了挑战。我们也应清醒地认识到，事物的存在和发展都具有两面性，网络教学和传统教学一样，有各自存在的优势，也有先天不足的缺陷，如何使它们优势互补，扬长补短，是我们广大教育工作者值得长期思考和研究的课题。

关键词　网络与传统教学方法　实践精品教学方法　探索

随着科学技术发展和信息网络逐渐普及深入，网络教育应运而生。网络教育是在网络环境下，以现代教育思想和学习理论为指导，充分发挥网络的各种教育功能和丰富的网络教育资源优势，向教育者和学习者提供一种网络教和学的环境。网络教育与传统教育各有优势，也各有不足。网络教育与传统教育的教学方法有相同点，更多的是不同点，两者教学方法也各有优势和不足之处。网络教学方法的缺点通常是传统教学方法的优势，而传统教学方法的不足之处也往往是网络教学方法的优势。因此，网络教育和传统教育教学方法存在着有益的优势互补关系。如何才能充分发挥两种教学方法的优势呢？

一、发挥传统教育教学方法优势实践新方法

（一）发挥传统教育教学方法讲授优势，促进教师与学生的共鸣效应

传统教育中，教学活动具有教师把知识向学生进行讲授的过程显著特征。传统教育教学方法人文因素对教育的影响，是任何教学方法所不能取代的。教师的讲授会使学生的思维真正“活”起来，使抽象的东西在教师和学生的教与学的活动过程中默契传递。传统教育特定的活动场所，教师与学生面对面的学习活动，更容易产生师生间良好的心灵感应作用。如思想品德课，教师在讲授法中所表达出来的多种蕴含感情色彩的教学形势、语言及营造的气氛，对教学目标实现是相当重要

的，它对学生的心理才会产生深刻的共鸣作用。特别是针对有关纪律、道德、思想、品格和情感教育等教学内容时，应有意识采用传统教育教学方法，才会达到鲜明的导向作用。

（二）发挥传统教育教学方法的亲和优势，突出师生的情感交流作用

传统教育教学方法中，教师与学生的心理距离近，交流的形式丰富。教师一句话，一个动作，一个眼神，一个暗示对学生的学习影响都非常大。教师带着鼓励的表示，会激发学生的学习热情；教师的警示，会约束学生走神；教师的一个暗示，会启发学生的联想思维；教师的一个引导提示，会帮助学生的思维提高。在这些活动和行为中，教师与学生的关系很亲和，也才更能促进师生的情感交流。这好比一个母亲用自己的乳头或用奶瓶给婴儿喂奶一样，对婴儿的情感和思维影响是两个完全不同的感受。也好比在电视里看到一个伟人或明星，与大家坐在一起的感觉相差甚远一样。所以，我们要充分发挥传统教育教学方法亲和优势，有助于促进学生的情感和学习健康发展。

（三）发挥传统教育教学方法的表演优势，展现教师的示范作用

许多教学知识是在教师讲的过程中，学生认知、体会和理解学习到的。但有的知识是不能完全简单依靠语言和描述能让学生容易理解到的，还需要一定的过程演示和真实展现才会形象生动的让学生领会到。如小学数学的列图式加法运算，教师通过板书形式，采用边写边说边演示的传统教学方法，学生更容易领会到加法运算的规则和方法，这种示范作用对学生掌握知识和技能效果非常突出。

二、发挥网络教育教学方法优势实施新方法

（一）发挥网络教育教学方法的媒体优势，促进教学形象生动化

网络信息几乎不受容量的限制。采用网络教学方法，学生不仅能接触书本教材的内容，而且可以广泛的接触教材以外的学习资源。网络媒体的类型很多，主要包括文本、声音、图画、动画和视频等多媒体因素。多媒体表现形式，也使教学内容更加生动，促进学生学习兴趣的提高。所以，网络教育教学方法具有明显的资源优势，不仅内容量丰富，而且学习资源的形式也丰富。资源的另一个表现方式还体现在网络中的每个人都可能成为学生学习的教师，它是一种特定的丰富的人力资源。多媒体具有很强的模拟和放映优势，可以把真实的教学内容或真实或模式放映出来，对于突破教学重难点效果突出。如地理火山章节教学，运用网络媒体提供火山爆发的真实情形，所达到的教学效果非同一般。在此基础上开展理论教学，可以很好的突破教学重难点。所以，网络教学方法很大程度上可以克服传统教学方法中死呆的说教活动和呆板的文字表述，实现向学生展现形象、直观和具体的网络媒体情境。

(二)运用网络教育教学方法的灵活开放优势,充分发挥学生自主学习和协作学习精神

传统教育教学方法的实施一般都是基于课堂形式进行的,具有很强的时间约束性和空间限制特点。课堂是教师与学生进行教学活动的场所,离开课堂就几乎不能再继续组织教学。我们运用网络教育教学方法,可以提供灵活的学习时间和广泛的学习空间。学生在课余时间利用网络学习,它是传统教育教学方法的一个有益补充,也是网络教育课堂教学的一种延伸。这为学习能力强的学生深入学习和学习能力差一点的学生补充学习提供了条件和机会。当今社会,是体现学生主体精神、个性发展的教育时代。教育提出了发掘每个学生的学习潜能,开展协作学习的目标和要求。网络教育教学方法和开放式的教学模式,为学生充分发挥主体自主学习,加强协同学习和学习交流提供了条件。思维活跃的当代学生,他们也更乐于探索知识奥秘,对网络也情有独钟,这也迎合了当今学生的特点。学生的学习交流活动,可以通过网络的聊天、论坛和留言本等多种方式来实现。教师是网络教育的组织者,同时也是参与者,要当好指导员,共同参与学习互动交流。

(三)运用网络教育教学方法的互动优势,促进探究式学习

运用网络教育教学方法,充分创设网络教学情境,在教师的启发诱导下,以学生独立自主学习和合作讨论为前提,以现行教材为基本探究内容,以学生周围世界和生活实际为参照对象,为学生提供充分自由表达、质疑、探究、讨论问题的机会。学生通过个人、小组、集体等多种解难释疑尝试活动,将自己所学知识应用于解决实际问题的一种教学形式,实现探究式学习。相对传统教育,教师运用网络教学平台和教学方法,更容易为学生的学习设置探究的情境,建立探究的氛围。学生自己去获取知识,自己能发现问题、提出问题、分析问题、解决问题。采用网络教学方法,更容易促进探究的开展,把握探究的深度,交流探究的内容。

三、教学方法实施策略率

(一)整体把握优势合理优化模式

在组织教学时,教师应针对不同的教学内容和目标任务选择网络教育或传统教育教学方法,锐意突破教学重难点。有时表现在同一节课,要分阶段分别运用网络教育或传统教育教学方法;有时表现在同一章节教学内容的多课时中,要分不同的课时分别运用网络教育或传统教育教学方法,在一段教学时期中实现网络教育和传统教育教学方法优势互补。如开始学习某一章节时,教师应优先考虑传统教学方法,让学生对新的章节内容和学习要求有一个适应过程,并打下一定的基础;在中间小节用两种方法相结合的方式开展教学,既能保证学习目标的顺利完成,又

能很生动且较轻松的突破教学重难点;在章节结束部分用网络学习方法,能系统的展现章节结构,巩固章节知识,也能较容易的完成拓展提高学习和补充学习需要。网络教育与传统教育教学方法各有其优势和不足。由于长期习惯于传统教学方法,我们不能忽略网络教育教学方法对当前教学方法改革的影响;同时也不能因为深刻感受到了传统教学方法的弊端,片面刻意追求网络教学方法。一概而论否定其中某种教学方法的优势,坚持固守另一种教学方法都将会导致停滞不前或得不偿失。要采用求同存异的策略,使两种教学方法相互补充,有益共存。

(二)灵活运用实现因“材”施教、因“地”制宜

不同的教师个体,不同的学生群体,不同的教学内容,不同的学习条件都存在一定的差异。教学方法的选择应根据切合教学条件的实际情况,发挥自身特长,尽可能地调动学生学习兴趣和参与程度,有意识地进行传统教育与网络教育教学方法有机结合,达到更佳教学效果。不同的教学内容和教学目标,教学方法和教学过程就应有所不同。网络教育与传统教育教学方法的优势是多方面的,实现的途径也是各不相同的。我们不能把所有的教学理论和优秀的教学方法在每一节课上都发挥得淋漓尽致。只有灵活运用两种教学方法,对教学方法和教学进程进行合理优化,教学活动才会生动,才会达到预定的教学目标。

总之,网络教学方法的运用是当前教学改革的前沿,它的突出优势已经逐渐被广大教师和学生所认识和接受。对于复杂的教学系统而言,网络教育与传统教育教学方法优势互补将需要一个较长时间的探索实践过程。领会网络教育与传统教育教学方法优势发挥的具体途径,清醒的认识两种教学方法的特点,有策略的融合两种教学方法开展优势互补教学实践,才能更进一步的真正体会网络教育与传统教育教学方法优势互补的实践方法。

参考文献

1. 顾建军. 浅析教育的双主体性特征. 教育科学,2000.1

2. 于品海. 网络教育:加速实现全民教育. 光明日报,2001.4.5

3. 王昱虹. 迈步统一路:从《教育管理信息化标准》的颁布说起[J]. 网络世界,2004(10)

4. 万新恒. 信息化校园:大学的革命[M]. 北京大学出版社,2003

浅谈“六环节主体导学法”在教学过程中的应用

路向东　邢　雷　北京市延庆农广校

摘要　根据06级各专业学生在高一、高二阶段的英语学习情况以及高三阶段学习的具体要求进行了深入细致的分析后，在借鉴先进教学经验的基础上摸索出适合学生实际的教学方法，初步总结出“六环节主体导学法”教学方案。“六环节主体导学法”模式包括学案导学、自学探究、讨论切磋、精讲解疑、练习巩固、纠错反思六个环节，具体操作时有准备阶段、预习导学、课堂教学、课后辅导四个步骤。

“六环节主体导学法”着眼学生未来的发展，教会学生如何去独立地、主动地、有效地学习英语，融教与学为一体，是一个教学相长的过程。它是按一定顺序设计、环环相扣的一个整体，在应用时根据我校的不同专业、不同课程的具体情况灵活取舍，有所侧重。

关键词　主体导学法　教学模式　操作程序　教法反思　效果体会

“授人以鱼，供一饭之需；教人以渔，则终身受益无穷”。在英语教学中，我不只满足传授知识，而应着眼学生未来的发展，教会学生如何去独立地、主动地、有效地学习。因此在研究教法的同时，更加重视学法的研究，把二者有机地结合起来，从以传授知识为中心，转向以培养能力为中心，使学生具备可持续发展的能力。基于这种认识，我根据06级学生在高一、高二阶段的学习情况以及高三学习的具体要求进行了深入细致的分析后，在借鉴先进教学经验的基础上摸索出适合学生实际的英语教学方法，初步总结出“六环节主体导学法”教学方案，该方案对提高英语教学质量，培养学生自学能力具有良好的效果。

一、“六环节主体导学法”教学模式简介

“六环节主体导学法”包括学案导学、自学探究、讨论切磋、精讲解疑、练习巩固、纠错反思六个环节，具体模式图解如下。

二、“六环节主体导学法”的操作程序

(一)准备阶段

实施“六环节主体导学法”之前，对新授课程提出预习问题，要求学生课下以学

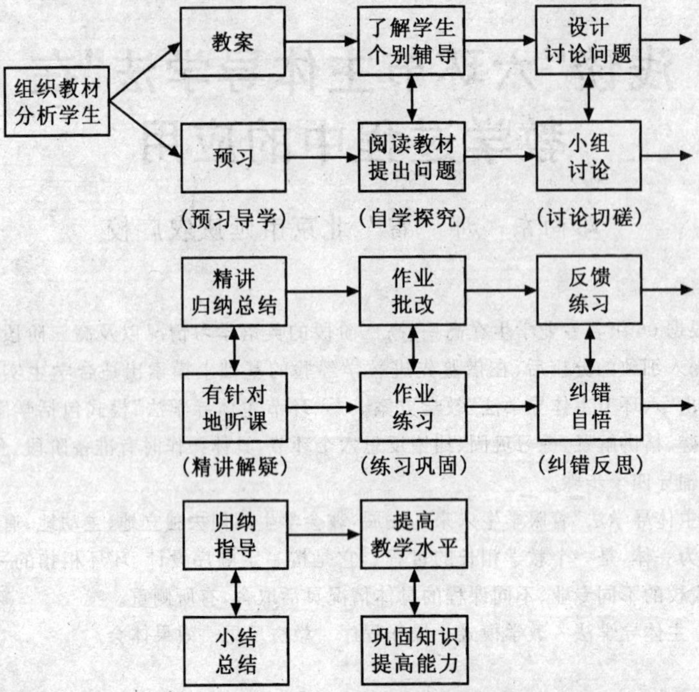

习小组的形式进行,由小组长写出预习问题答案,以备课上讨论。其目的在于让学生明确自己课上应怎样做,从而积极主动地适应这一新的教学模式。

(二)预习导学

在备课时,除分析教材写出教案外,认真研究学生思考的规律,分析学生学习中的弱点,找到能有效指导学生学习的方案,主要包括以下内容:①教学目标、教学重点、教学难点。使学生明确在学习中应侧重哪些问题,解决哪些疑问。②编写自学提纲(或将所学内容归纳为思考题),理清学生思路。③指出注意事项:对学生学习中容易混淆或忽视的问题,特别提醒,引起学生注意。④学法指导:根据所学内容,有针对性地提供学习方法,如:案例课,要将规律性的分析思路或策略提炼出来,明确告诉学生,以便学生在学习中掌握。我将分析思路归纳为两点:首先要明确个案涉及的相关内容,其次是分析案例需要解答的问题,这样就可以减少学生在学习中的盲目性,使学生养成规范分析问题、解决问题的习惯。

预习问题要在授课前一天告诉学生,以便不同基础的学生合理安排学习时间,灵活调整学习方案。基础差的学生可在课前进行充分预习,也可在课后进行针对性的补救,有兴趣的学生也可用课余时间查阅有关资料,对具体问题进行深入的探究。我则可通过检查预习情况获得反馈信息,有针对性地调整教学方案。

(三)课堂教学

为充分发挥学生的主体作用,培养学生自主学习的能力,在课堂教学中,我尽量做到少讲、精讲(一般不超过25分钟)留给自学时间,让学生在教师的启发引导下自主学习。具体操作分以下三个阶段。

1. 自学探究:教师做提纲挈领的讲解或提一些富有启发性的问题,让学生依据预习指导,通过阅读教材完成课堂练习等形式,主动灵活地获取知识。为提高学习效果,也可采用任务型学习法,如让学生完成如下任务:①把重点内容勾画出来,把搞不懂或难以理解的地方提出来,以待讨论和听课时解决;②将所学内容进行归纳总结,写出知识重点或知识纲目;③完成课堂练习等。

在学生自学过程中,了解学生提出的问题,予以个别指导,及时发现各类学生出现的情况,引导学生正确的学习方法,使学生能够把握知识要点,抓住知识间的联系,一步步有条不紊地进行自学。同时还要对学生自学中出现的问题进行归纳思考,及时调整教学方案(讨论与精讲部分),做到对症下药,有的放矢。

2. 讨论切磋:课堂讨论是解决疑难问题的有效方法,可激发学生兴趣,开阔学生思路,提高学生的分析能力,培养学生的合作精神。学生能解决的问题尽量交给学生讨论;经引导点拨后能解决的问题也可交给学生讨论。有了讨论机会一方面可使学生在自学中潜心思考,另一方面通过切磋互议,可使学生对问题解决的方法产生深刻印象。

讨论法同其他教学法一样,也有其局限性,应用不当则会造成时间的浪费,影响教学效果,所以,根据学习内容及学生情况灵活确定。一般确定讨论题目应符合以下原则:①具启发性。能激发学生兴趣,调动学生积极主动参与讨论。②具共性(常为重点和难点)及易混淆的问题。③难易适度。不超出学生认知的"最近发展区"。

讨论一般以小组形式进行,人数不宜过多。为提高效果,要注意以下几点:①适时提出问题,活跃气氛。②当讨论出现混乱时,教师恰当予以干预。③讨论出现错误推论和离题现象时,适时点拨引导,理顺学生思路。④问题解决后及时归纳总结,澄清模糊认识,扫除学习障碍。

3. 精讲解疑:经自学探究,讨论切磋两个阶段后,学生对知识已有较深理解,但也存在很多不足,此时应及时归纳疑点,理清思路,这样使教学减少了一些不必要的铺垫讲述,为精讲创造了条件。

精讲解疑,重在一个"精"字,"精"就是要突出重点,突破难点,对学生已经领悟或可以无师自通的内容少讲或不讲。

精讲讲什么?依据是学生自学及讨论中的信息反馈,一般侧重以下几个方面:

①学生难以弄清的重点和难点。②学生易忽视混淆的内容。③对知识系统归纳，使其条理化。

精讲解疑贵在透彻，贵在理清学生思路。如：基础英语第二册 Unite5 中，要讲清楚现在完成时和过去完成时的概念，就可以利用数学概念中的数轴来演示，如下图所示：

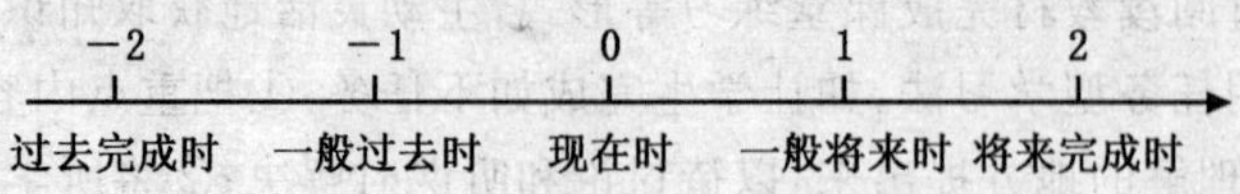

(四)课后辅导

1. 练习巩固：知识的掌握能力的提高，离不开课后消化，适当的作业练习是学生巩固所学知识提高应用能力的重要环节；通过作业批改，可从中获得教学效果的反馈信息，从而改进自己的教学，使教学过程进一步优化。本人根据中职教学规律在作业设计中注意了以下几点。①针对性：通过练习要巩固哪些知识，形成哪些技巧，掌握哪些规律，在发展智能上，提高能力上达到什么要求。②灵活性：作业形式宜多样化，避免单调的机械重复；考虑到学生间的差异较大，作业不搞“一刀切”，将其分为两类：第一类为必做题，侧重基础。起点低，难度小；第二类为选做题，侧重在打牢基础的前提下，开拓学生的知识面，提高能力。起点高，难度大。第一类作业出现问题课上重点讲评。第二类作业出现问题个别辅导。③实用性：基础题涉及到必须掌握的概念、理论，而案例题的设计主要从今后的实际工作需要，如何用英语思维的方式来分析问题解决问题。这类题每周至少安排 1 节案例课。结合学生课上的自由分析，课下分组练习，上网学习，查阅书籍等，来提高运用知识分析解决问题的实际能力。

2. 纠错反思：该过程旨在提醒学生在练习或测验后，及时分析错误原因，找出自身不足，弥补知识缺陷调整学习方法，强化自我监控，提高自学能力。具体过程包括以下五个阶段。

(1)教师纠错：每章的教学内容结束后，要求学生单独“面谈”。根据学生的实际情况，每章的问题设计层次分明，形式多样。之后是每个学习小组组长负责检查，教师再重点纠错。

(2)自我纠错：该过程是学生根据作业情况的反馈，补偿自身缺陷的一个反思过程。在这一过程中，学生除作业本、形考册外，还要准备专门用于订正错题、分析反思的纠错本。要求学生每次拿到作业本后如果有错题，首先要进行纠错，其要求如下：第一，把错题原原本本抄到纠错本上。第二，分析出错原因，若一时找不出原因，可请教同学和老师。第三，针对错误原因进行反思，写出防范措施，避免同类错误再次出现。

(3)小组总结:每章的教学内容结束,教师纠错后,学生以小组形式共同归纳纠错中的问题,商议补救措施,并将情况反馈给教师。

(4)反馈练习:为帮助学生查漏补缺。根据学生的作业情况和纠错反馈,“对症下药”设计相应的练习,让学生有针对性地强化训练。

(5)测试:测试中适当选入纠错反馈的题目,以引起学生重视。

三、教法反思

“六环节主体导学法”充分体现了以学生为主体和自主学习的教学原则,在整个教学过程中学生始终在教师的引导下,积极主动的获取知识,掌握规律;教师在中间扮演的角色是“导演”,是学生的“导游”与“向导”。

“六环节主体导学法”侧重学生能力的培养和学习方法的引导,体现了“能力为本”的教学思想,其整个过程可使学生在学习知识的同时,领悟有效的学法。不断提高自己的阅读、讨论、归纳及自我监控的能力,逐步养成严谨的学习习惯,有利于学生的可持续发展。

“六环节主体导学法”融教与学为一体,是一个教学相长的过程。

四、效果与体会

“六环节主体导学法”是按一定顺序设计,环环相扣的一个整体,在应用时宜根据不同专业、不同课程的具体情况灵活取舍,有所侧重,做到有模式而不模式化,这是能否收到良好教学效果的关键。

若长期坚持“六环节主体导学法”进行教学,可使学生在学习态度,学习方法,学习习惯等方面有很大改善,可明显提高学生的学习效果,这一方法在英语教学中所进行的教法初探,收到了一定效果,但还有待今后进一步总结、完善、提高。职业教育的英语教学对于我们仍然是一个探讨很多的话题,让我们群策群力、相互促进,为社会培养出优秀高素质的人才。

参考文献

1. 刘英陶. 教师职业技能. 教育科学出版社
2. 吴冰. 汉译英口译教程. 外语教学与研究出版社
3. 袁昌寰. 中学英语教学理论与实践. 北京广播学院出版社
4. 陈爱泌. 教师职业道德修养. 北京出版社
5. 茅于轼. 大家的经济学. 南方日报出版社

做好学生心灵的导航员

宋利芳　北京市延庆农广校

摘要

一、“老师，帮帮我！”

“三剑客”中的小A发现自己床铺下的钱少了，宿舍里且只有辰是最后走的。面对辰急需求助的眼神，一番交谈，使他们重归于好。

二、“老师，谢谢您！”

父子俩发生了矛盾，父亲脱口而出“你去死吧！”，引起孩子“我想出去打工，又没身份证。我想让他们再生一个”的想法。利用周记、母亲节，缓和了家庭矛盾。

作为班主任该如何去关注课堂以外学生的思想行为？使走入迷雾中的孩子早日重见阳光，需要我们走进学生的心灵，当好学生心灵的导航者。

关键词　学生　心灵　导航

闲暇时，我喜欢仰望天空：蔚蓝的苍穹飘浮着朵朵白云，它们或孤立，或成群，这不正像我的孩子们吗？那洒脱飘逸的是房杰，不愿受任何羁绊；那羞怯怯躲在一边的是元吉，为什么不和大家融合在一起？那手挽手肩并肩的一定是李岩、刘京、张冰，她们在一起多么开心；那奋力追赶队伍的非飞龙莫属了，看那劲头不达目的誓不罢休；那头对头窃窃私语的莫非是伟婷和李娟，会不会又有了疑难问题？……每次仰头，班里三十四个孩子的身影，总能漂浮在我的眼前。他们的桩桩件件可笑、可恼、可气、可喜的事情，也会随着身形浮现在我的脑海里。

一、“老师，帮帮我！”

到上操的时间了，我正准备去看操，辰从队伍中一步步挪到我面前，嗫嚅着：“老师，我想跟您说件事。”在办公室里，辰向我讲述了事情的原委：本来他们三个是最要好的朋友，常在一起同吃同宿。突然有一天，“三剑客”中的小A发现自己床铺下的钱少了，宿舍里且只有辰是最后走的。于是，辰就成了被怀疑的对象。为此，三人闹得不可开交。“老师她们不相信我。”辰的眼神中充满了委屈。但她那委屈的眼神中又流露出是无奈、是不自信、是无助、是悔恨，我也说不清，直觉告诉我，是他自己造成的，但急需求助。

知道此事后，我并没有武断地判定事情的对错在谁，而是私下把三姐妹单独找到办公室仔细了解情况。当所有的证词都对辰不利时，我心里已经有了答案。然而，此时才真正感到这件事有些棘手。常言道：没有不透风的墙。虽然我一再叮嘱这件事不要扩散，但在那段时间里，班里的气氛明显的与往日不同：当事者整天以泪洗面；旁观者有的猜忌，有的疑惑，有的窃窃私语……我感到此事若不很好的解决，对班级的团结相当不利。那天放学后，我又找了辰。私下里我又找到她的好朋友，向她们提出了这样的问题：对于犯了错的同学，我们是该帮助她，让她回到我们中间来呢，还是该鄙弃她，使她远离集体，逐渐走向歧途呢？她们低下了头，没有回答。我知道她们的头脑中肯定在做激烈的思想斗争。

第二天的日记本上出现了这样的字迹：老师，辰已经向我们承认了她的错误，并保证这是最后一次。我们还是好朋友，我们不会弃她于不顾的。请您放心吧！

这件事就这样过去了，班里又恢复了往日的融洽和谐。但这件事带给了我更多的思考：作为班主任该如何去关注课堂以外学生的思想行为？学生毕竟年轻，难免会有一些青年人的性格弱点：他们虚荣心强，易攀比；处事情绪化，易盲动。这些弱点致使他们往往在遇事时跟着感觉走，不计后果，事后给自己或他人都带来了伤害，却又不知该如何去处理。所以教师应考虑到学生自身的弱点所在，对学生多一分关注、多一分宽容、多一分爱、多一点引导。这样，才能使走入迷雾中的孩子早日重见阳光。

二、“老师，谢谢您！”

说起来非常轻松，想起来却非常沉重。因为在“谢谢您”的后边，还有一句惊人心魄的话：“若不是您，也许今天我已不在人世。”

超是我们班一位出众的学生，他的出众之处在于：个子在全班最高；脾气在全班中最暴；学习成绩虽列中等，但在班级中有一定的号召力。课堂上思维活跃，但往往会信马由缰，有时会把课堂变成辩论会场。

《学习的革命》一书有这样一句话：“如果一个孩子生活在鼓励中，他就学会了自信；如果一个孩子生活在认可之中，他就学会了自爱。”

超这样一个开朗、率直，每天一脸笑容的男孩，这天却出奇的平静，做什么事都打不起精神。我猜想他肯定遇到了什么事。下午，第六节课，我把他约到了校园中的小桃园中：“超，老师有个难题想跟你请教，你能帮我分析分析吗？”他抬头看了看我，轻轻地点了一下头后，又重新把头埋了下去。“我闺女上初二了，她向我提出想自己出去租房住。你们没差几岁，站在同龄人的角度，你能帮我想想这是为什么吗？”超慢慢地抬起了头：“肯定是您管得太多，她接受不了了。”“你能具体说说吗？”

沉默了片刻，超仔细地帮我分析着。从管教方式、说话态度、日常生活等方面详细地谈了自己的看法，话语中透出了对父母们粗暴的管教方式的不满。“你平常在家跟父母怎么相处的，能跟我说说吗？让我借鉴借鉴。”话到此，超又重新低下了头，用袖子抹了抹脸上快要滴下的泪。“我想出去打工，又没身份证。我想让他们再生一个。”从超的反应里，我捕捉到一些信息，孩子心中肯定有了解不开的结，且症结在父母的管教方法上。晚上从与他母亲通话中得到了印证：父子俩发生了矛盾，父亲脱口而出“你去死吧！”从那时起，孩子在家没说过一句话。我们聊了很久，从超母亲的话语中我听出了无助，听出了伤痛。于是，我更加觉出自己的责任之重。第二天，在周记本上我这样给他写道：孩子，人在绝望之时，还能想到别人，这是多么难能可贵，当听到你说出“我想让他们再生一个”的话时，老师几乎落泪，从这可以看出你是一个善良、有责任心的孩子，自己心灰意冷时，还想到日后让父母有所依靠，我欣赏你。但是，特殊的时代造就了你们是特殊的一代——家里的独生子。今后家庭的重担得完全靠你们担起。现在父母辛勤劳作就为了担负起把你们养大成人的责任，你是他们唯一的希望，等他们老了你就是他们全部的支柱。想把责任转嫁，你觉得这是负责任的表现吗？半路当逃兵，那会叫人瞧不起！……

那几天，我时刻关注着超的情绪变化。母亲节的前几天，我提醒超：“节日将到，你能为母亲做点什么？做顿饭？献枝花？”“花以前可以，现在不可能了。”超又黯然了。“一日为师，终身为父，那你为我做些什么？”“我给您买支红玫瑰吧！”“傻孩子，玫瑰代表爱情，康乃馨才是献给母亲的。”“行，明天我一定给您买。”母亲节的前一天，风很大，晚上放学，我把电话打到了超家。“他今天不回来了，要住在他大姨家。放学时，跟我要了 20 元钱，说是给您买花。这么多天，头一次跟我说话。无论他给您买了什么，您一定收下。就当是我谢谢您了。”电话那端，超妈哽咽地说。

第二天上班时，我的桌上安静地躺着一黄一红两枝康乃馨。我叫来超，“你的心意老师收下，老师谢谢你。不过你把这花带回家，送给你妈，祝她节日快乐！”他执意不肯。“一代表一心一意，二代表三心二意，你不会和我三心二意吧？”他紧着摇了摇头。在我的一再坚持下，那支红色的康乃馨最终被超带回了家。晚上我接到超妈的电话：“老师，谢谢您，他已不再拒绝我们了。”

那个星期天，我以带女儿玩为由，到超家去回访，看到母子俩人会心的笑容，我知道我的努力没有白费。

那件事后，我在管教女儿时，或多或少也有了一些改变。因为他让我懂得了：处于青春期的孩子，已经有了自己的主张。他们渴望被尊重，又极易被伤害。

现在中小学生自杀的盲动行为屡见不鲜的原因，主要就在于：他们陷于重压和严厉的爱中难于自拔，他们苦闷、彷徨，他们渴望解脱又难以解脱，最终走上了绝路。这不能不引人深思！

作为一名班主任，尤其是面对着曾经没能考上理想的高中院校、身心一度受挫的大专生，他们的起点参差不齐，他们的学习、思想、行为习惯、修养等方面都存在较大缺陷，我们更应关注学生的生活。

教师是学生人生的启迪者，应走进学生的心灵深处；教师是学生人生中的引路人，应明察秋毫、洞察学生的细微变化。教师应以多重身份、多重角色出现在学生面前。像慈母，有慈母般的疼爱；像知心朋友，有知心朋友般的细语；像严师，有严师般的呵护。让我们做学生前行的助推器，培养他们自尊、自爱、自强的人格，促使他们昂首阔步前进，去探索世界的种种奥妙！

参考文献

1. 班主任，杂志
2. 教育学，心理学

图书在版编目(CIP)数据

京郊农民远程教育研究/郑伯坤主编. —北京:中国农业大学出版社,2009.10

ISBN 978-7-81117-719-0

Ⅰ.京… Ⅱ.郑… Ⅲ.乡村教育:远距离教育-北京市-技术培训-教材

Ⅳ.G725

中国版本图书馆 CIP 数据核字(2009)第 154917 号

书　　名　京郊农民远程教育研究

作　　者　郑伯坤　主编

策划编辑　董夫才　　**责任编辑**　赵　中

封面设计　郑　川　　**责任校对**　陈　莹　王晓凤

出版发行　中国农业大学出版社

社　　址　北京市海淀区圆明园西路 2 号　　**邮政编码**　100193

电　　话　发行部 010-62731190,2620　　读者服务部 010-62732336

编辑部 010-62732617,2618　　出　版　部 010-62733440

网　　址　http://www.cau.edu.cn/caup　　**e-mail** cbsszs @ cau.edu.cn

经　　销　新华书店

印　　刷　涿州市星河印刷有限公司

版　　次　2009 年 9 月第 1 版　2009 年 9 月第 1 次印刷

规　　格　787×980　16 开本　14 印张　257 千字

定　　价　30.00 元